백화점

HYAKKATEN NO TANJO(百貨店の誕生)
by HATSUDA Toru

백화점
도시문화의 근대

지은이 | 하쓰다 토오루
옮긴이 | 이태문
초판1쇄 인쇄 | 2003년 8월 1일
초판1쇄 발행 | 2003년 8월 11일

펴낸곳 | 논형
펴낸이 | 소재두
기획이사 | 김현호
기획위원 | 이태문
편집 | 신달림
표지디자인 | dzain 이명림

등록번호 | 제2003-000019호
등록일자 | 2003년 3월 5일
주소 | 서울시 관악구 봉천2동 7-78 한립토이프라자 6층
전화 | 02-887-3561
팩스 | 02-886-4600

ISBN 89-90618-01-0 02910

백화점

도시문화의 근대

하쓰다 토오루 지음

이태문 옮김

논형

기획의 말

    일본을 가깝고도 먼 나라라고 한다. 감정적인 거리를 뜻하는 말이겠지만, 학문적으로 무엇이 가깝고 무엇이 먼지 아직 불분명하다. 학문은 감정에 흔들려서는 안 된다. 지금까지 우리 학문은 일본을 평가하려고만 들었지, 분석하려고 하지 않았다. 더욱이 일본을 알아나가는 행위는 운명적으로 우리를 이해하는 길과 통해 있다. 그것이 백제 멸망 이후 바다를 넘어간 도래민족의 찬란한 문화, 조선통신사가 전한 선진 중국의 문물과 같은 자랑스러운 기억이든, 혹은 임진왜란, 정유재란, 식민통치로 이어지는 아픈 상처이든 일본과 한국은 떼어놓을 수 없는 적이자 동지이다.

    그런 가운데 근대는 바로 그 질서를 뒤엎는 혁명적인 시기였다. 메이지유신을 통해 서구의 기술과 문물을 적극 받아들인 일본은 동양의 근대화에서 하나의 본보기로 여겨졌으며, 그들 또한 자신들의 기준을 동양에 강제적으로 이식시켰다. 근대는 한 마디로 엄청난 높이, 놀라운 규모, 그리고 무서운 속도로 우리들에게 다가왔으며, 지금까지 경험하지 못한 공포와 함께 강한 매력을 선물하였다.

    '일본근대 스펙트럼'은 일본이 수용한 근대의 원형, 그리고 일본에 뿌리내리기까지 어떤 과정을 거쳐 변모했는지를 살피고자 한다. 특히, 백화점, 박람회, 운동회, 철도와 여행 등 일련의 작업을 통해 근대 초기, 일본 사회를 충격과 흥분으로 몰아넣은 실상들을 하나하나 캐내고자 한다. 왜냐하면, 우린 아직 그 높이, 규모, 속도를 정확히 측정한 적이 없기 때문이다. 다행히 '일본근대 스펙트럼' 시리즈에서 소개하는 책들은 현재 일본 학계를 이끄는 대표적인 저서들로 전체를 가늠하는데 큰 힘이 될 것이다.

물론, 이번 시리즈를 통해 우리가 얻고자 하는 결실은 일본 근대의 이해만이 아니다. 이번 작업을 통해 우리는 우리 근대사회의 일상을 잴 수 있는 도구를 얻을 수 있을 것이다. 식민지 조선사회를 형성하였던 근대의 맹아, 근대의 유혹과 반응, 그리고 그 근대의 변모들을 거대 담론으로 재단하기에는 근대의 본질을 놓치고 만다. 근대는 일상의 승리였으며, 인간 본위의 욕망이 분출된 시기였기 때문이다. 안타깝게도 우리는 근대사회의 조각들마저 잃어버렸거나 무시하여 왔다. 이제 이번 시리즈로 비록 모자라고 조각난 기억들과 자료들이지만, 이들을 어떻게 맞춰나가야 할지 그 지혜를 엿보는 것도 유익할 것이다.

기획자들이 백화점, 박람회, 운동회, 철도와 여행 등을 시리즈로 묶은 이유는 이들 주제가 근대의 본질, 일상의 면모, 욕망의 현주소를 보여주는 구체적인 예라고 생각했기 때문이다. 수많은 상품을 한 자리에 모아서 진열하고 파는 욕망의 궁전, 그리고 새로운 가치와 꿈을 주입하던 박람회는 말 그대로 '널리 보는' 행위가 중심이다. 전통적인 몸의 쓰임새와는 달리 전혀 새로운 움직임을 보여 주었다는 점에서는 운동회와 여행은 근대적 신체가 어떻게 만들어졌으며, 근대적 신체에 무엇이 요구되었는지를 살피는 계기가 될 수도 있을 것이다. 이런저런 의미에서 근대를 한마디로 '보기'와 '움직이기'의 시대라고 할 수도 있겠다.

'일본근대 스펙트럼'은 바로 근대라는 빛이 일본사회 속에서 어떤 다양한 색깔을 띠면서 전개되었는지 살피는 작업이다. 또한, 그 다양성이야말로 당대를 살아가던 사람들의 고민이자 기쁨이고 삶이었음을 증명해 보이고자 한다. 그리고 궁극적으로는 한국사회의 근대 실상을 다양한 스펙트럼으로 조명하고, 입증하는 계기가 되었으면 좋겠다.

논형 기획위원
이태문 · 김현호

한국어판 인사말

한국과 일본 등 아시아 각국의 근대는 서구가 만들어놓은 근대를 받아들이는 것으로 출발하였다. 하지만, 아시아의 근대가 서구와 마찬가지의 길을 걸었는가 하면, 그렇지 않다. 때때로 서구인들은 아시아인들의 사고방식에 이해하기 힘든 면이 있다고 한다. 하지만, 근대라는 시대만을 볼 때, 아시아이든 서구 사람들이든 서로 공유할 수 있는 가치관이 많이 있었지만, 아시아인들은 오랜 역사 속에서 서구 사람과는 다른 독특한 문화를 만들어 왔다. 다시 말해, 아시아의 근대는 이전부터 길러온 문화를 토양으로 그 위에 서구의 근대를 받아들였던 것이다. 이런 점으로 보자면, 근대라는 시대의 변화 속에서도 아시아의 국가들이 서구와 다른 사고방식을 길러온 것은 어쩌면 당연한 일이라고 하겠다.

한편, 아시아라고 하지만 사실 그 안에는 수많은 국가가 존재하며, 저마다 힘을 기울여 온 근대 역시 다르다. 그리고, 서구와 비교할 때 아시아 국가들은 예로부터 오랜 교류의 역사가 있었으며, 문화적 영향을 서로 주고받으면서 성장해왔다. 즉, 각 나라가 키워온 근대와, 거기서 꽃피운 것들은 서구보다 훨씬 가까운 속성을 지니고 있다. 게다가 한국과 일본은 천년 이상 걸친 교류의 역사를 가지고 있다. 일본은 일찍이 한국으로부터 많은 것을 배웠으며, 그러한 문화가 현재의 일본 사회에도 큰 영향을 끼치고 있다.

이 책은 일본의 백화점에 대해서 그 탄생부터, 현재의 백화점 원형이 거의 완성되었다고 여겨지는 1935년경까지의 시기를 대상으로 하고 있다. 일본의 백화점은 그때까지의 봉건적인 가치관이 무너지기 시작, 근대라는 새로운 시대 속에서 근대적·문화적 생활을 동경해가면서도 그 생활이 어떠한 것인지 모르는 사람들에게 구체적인 형태로 가정생활의 존재방식을 제시하였다. 그런 의미에서 백화점은 근대도시의 상징적인 존재였다고 부를 수 있겠다.

백화점 전사라고도 할 수 있는 상점으로 권공장이 있다. 권공장은 식산흥업을 목적으로 개최된 내국권업박람회에 전시하였던 물건을 상설적으로 전시·판매할 수 있게끔 장소를 만든 것으로부터 비롯된다. 권공장은 1900년경에는 크게 번창, 중심 번화가의 몇 군데에 등장할 만큼 성장하는데, 도시에서 생활하는 이들에게 즐거운 장소를 제공하였다. 하지만, 이 후 급속히 쇠퇴해간다.

그 권공장과 교체되듯이 도시에 설립되었던 것이 백화점이다. 일본에서 백화점은 1905년에 오복점이었던 미쓰코시가 "미국에 가서 본 디파트먼트 스토아의 일부를 실현"한다는 백화점 선언을 한 것이 시작이다. 백화점은 디파트먼트 스토아의 일본어역이지만 백화점 설립을 맞이하여 오복점은 구미에 인재를 파견해서 디파트먼트 스토아를 자세히 연구한다. 당시 조사보고서가 남아있는데, 이를 보면 서구의 디파트먼트 스토아의 손님들 대부분이 부인으로 가족동반으로 찾는 경우는 거의 없다고 기록하고 있다. 그런 이유에서인지, 일본에서는 가족 단위로 찾는 것을 고려한 백화점이 만들어져간다. 가족끼리 찾기 쉽게끔 하기 위해, 일본의 백화점은 서구의 디파트먼트와는 달리 건물 안에 미술관과 극장을 만들고, 그리고 충실한 식당, 유원지와 같은 옥상정원까지 설치한다. 기획행사의 경우도 바겐세일 외에 상품을 파는 것과는 직접적인 관계가 없을 듯한 미술전람회, 음악회 등 각종 문화행사가 많이 개최되었으며, 심지어 독자적인 박람회까지 열린다. 또한 생활개선운동에도 적극적으로 관여해 근대적·문화적인 가정생활을 눈에 보이는 구체적인 형태로 제안해 갔다.

설립 당초의 백화점은 생활수준이 중산층보다 약간 위라고 할 수 있는 사람들을 고객으로 삼아 출발했는데, 이윽고 1920년대 후반부터는 대중을 고객으로 흡수해 간다. 그리고, 1930년대경에는 철도역 안에 백화점을 끌어들인 터미널 백화점이 전철회사에 의해 세워진다.

일본의 백화점은 근대화가 진행되는 과정에서 새로운 시대의 구체적인 가정생활상을 사람들에게 제시함으로써 그때까지의 봉건적 생활과는 다른 근대적·문화적 생활을 연출해 갔다. 또한 그 설립과 관련하여 서구의 디파트먼트 스토아를 참고하면서도 독특한 것을 만들어 갔다. 이처럼, 서구로부터 배웠지만, 일본 독자의 근대를 열어갔다고 할 수 있다.

백화점 외에도 이러한 예를 볼 수 있다. 또한, 서구로부터 배워 출발하여, 이를 발전시켜 나가는 가운데 서구와는 다른 것을 만들어 간 예는 아마 한국의 근대도 마찬가지라고 생각한다. 사람들 생활과 밀접한 관계를 가진 백화점, 근대의 상징이라고 할 수 있는 이들 도시 시설을 통해 아시아의 각국, 그리고 한국과 일본의 문화에 대한 이해가 좀더 깊어졌으면 고맙겠다.

2003년 7월
하쓰다 토오루

백화점을 번역하면서

하루가 다르게 변하는 한국을 떠나 까마귀와 주인 없는 고양이의 나라 일본에 온 지 어느 새 6년이 지났다. 선진국 일본의 일상은 변화를 거부하는 것인지 아니면 두려워하는 것인지 모든 게 정지되어 있는 것 같다. 다행인지 불행인지 모르겠지만, 근대 초기의 문화가 고스란히 남아있거나, 지금도 반복되는데 참 신기할 뿐이다. 지금도 난 메이지, 다이쇼, 쇼와 초기의 근대를 목격하고 경험하고 있다.

사실, 이 책을 번역하면서 줄곧 식민지 조선의 경성 풍경이 머리 속을 떠난 적이 없다. 도쿄의 구석구석에서 경성의 그림자를 읽어 내기도 하였다. 번역자가『일본근대 스펙트럼 1-백화점』을 극구 추천하고 번역까지 맡는 욕심을 부린 것도 낡은 경성 사진에 비춰진 사람들의 일상이 궁금해서였다. 21세기 일본에 살면서 번역자는 20세기초 경성 풍경의 색깔 맞추기에 빠져있다. 우리가 잊었거나 혹은 무시하고 지나친 식민지 조선의 일상이 여기 일본에는 남아 있으며, 그들이 동경하였던 깨진 거울들이 그나마 존재하고 있다. 난 지금 20세기초 조선을 살아가고 있는 것이다.

꿈의 공장 박람회, 그 꿈은 다시 현실로 일상으로 돌아온다. 마치 손을 뻗으면 잡을 수 있을 것 같은 욕망과 돈을 주고 손에 넣을 수 있는 영광을 우리에게 선물하였다. 꿈의 공장 박람회, 그리고 꿈의 궁전 백화점은 화려한 포장과 함께 요란스럽게 등장하였고, 일상 속에서 비일상을 경험할 수 있는 행락의 장소로 자리잡는다. 일상을 팔고 사는 행위 자체도 흥미의 대상이었으며, 그 장소에 발을 딛는 것만으로도 마치 근대의 중심에 서있는 착각을 가지게 하였다.

> 다른 곳은 다— 흥정이 업서도 가을이 되면 백화점이 더 번창이다. 사서들고 나아오는 것은 안사도 조흘 것 가튼 것을 보아서 아즉도 돈이 업단 타령하고는 딴판인지 모르나 백화점 승강긔 바람에 억개가 웃슥하니 백화점 출근을 하는 것인지 자식색기는 겨울이라도 뱃택이를 내노코 다니게 하고 코하나 씩기지 안으면서 주렁주렁 사들고 다니는 것이 그 무엔고 승강긔에 밋첫거든 아조 천국으로 이사를 가든지 백화점 상층 식당에서야만 애인을 맛날테면 천국에서 사랑을 맺든지
> — '승강기의 매력' 조선일보 1933년 10월 29일자.

동양에서의 박람회와 백화점은 어느 의미에서 쌍둥이 같은 존재이다. 또한, 식민지 조선에서의 그것은 현재형이면서도 미래였다. 식민지 근대를 끊임없이 확인시켜주는 자리이기도 하였다. 잠시 현실의 고통에서 벗어나 꿈에 젖는 기쁨과 꿈의 궁전을 벗어났을 때 기다리고 있었던 일상의 무게 사이에서 혼란은 더욱 깊어졌는지도 모르겠다. 우리가 처한 현실과 그들이 제시한 미래의 차가 크면 클수록 우리의 욕망은 더 강렬해졌으며, 근대의 유혹은 더욱 강력해졌던 것이다.

근대가 보여준 일상은 지금까지 경험해 보지도 못한, 그리고 상상할 수도 없는 내용으로 넘쳐 났다. 식민지화의 충격을 크게 윗도는 포장된 근대의 일상에 모두들 넋을 잃고 만다. 전시된 '근대'의 크기, 높이, 밝기, 다양함은 지금까지 경험하지 못한 호기심을 불러 일으켰으며, 식민지 조선 현실과 비교할 수밖에 없었다. 매력 덩어리 근대는 식민지에서는 불완전하였다. 그 불안이 도리어 식민지 사람들을 초조하게, 신나게 만들었다. 일본 제국주의는 근대의 속

도를 조절하는 힘이 있었다.

그래서 더 도쿄를 동경했는지도 모르며, 급속하게 도쿄를 닮아가면서 모방의 근대를 만끽했는지도 모른다. 긴자 거리를 거닐던 모던 보이와 모던 걸이 경성에 출몰할 수 있었던 것도 우리 내부에 존재하였던 열등감과 박탈감의 우회적인 표현일 수도 있다.

『일본근대 스펙트럼1 - 백화점』은 백화점 건물과 그 내용의 변천을 통해 근대 일본의 일상 속에 백화점이 어떤 의미를 갖고서 침투하게 되었는지 살핀 역작이다. 방대한 자료를 통해 당시를 살아가던 사람들과 그들의 생각이 조금씩 구체적인 형태로 되살아나는 게 이 책의 매력이다. 그 실상은 우리에게 시사하는 바가 많다. 거창한 식민지 담론으로는 포착하지 못한 일상의 지형도를 살피는데 이 책은 크게 일조할 것이기 때문이다. 아니 어쩌면 우리는 우리의 모습을 객관적으로 보는 시각을 이미 상실했는지도 모른다. 일제 식민지 잔재를 청산한다는 명목 아래 우린 식민지 일상마저도 총독부 건물을 철거하듯이 깨끗하게 삭제했던 것이다.

물론 이 책을 통해 식민지 근대의 경성을 짜맞추는 재미도 있겠지만, 이에 못지 않게 중요한 것은 근대의 초입에서 겪었던 근대의 거대한 유혹을 직접 볼 수 있다는 점일 것이다. 우리 또한 완성된 근대를 만나지 않았던 것처럼, 일본 역시 준비된 근대의 맹아와 충격으로 다가온 서구 근대문명이 서로 충돌하면서 발전하였다.

이 책은 백화점을 중심으로 당시 일본의 산업진흥책, 유통과 마케팅, 소비패턴, 광고와 유행, 그리고 건축과 상품의 디자인 등을 자세히 보여준다. 이것만으로 근대 대중사회의 면모를 전부 읽어내기는 어렵겠지만, 적어도 대량생산과 대량소비 속에서 근대적 대중이 어떠한 고민을 하면서 근대의 달콤한 유혹을 자기 것으로 만들어

갔는지 살피는데 중요한 단서를 제공한다. 그런 과정에서 가족단위의 행락지로 백화점이 자리잡았으며, 백화점은 당대의 유행을 이끄는 존재로 인식되었다. 화려한 건물의 외양과 더불어 백화점 내에는 에스컬레이터, 승강기, 그리고 각종 기획행사가 사람들의 인기를 모은 사실은 우리와 크게 다르지 않다.

지금도 우리는 물건을 사러 백화점에 가기보다는 친구들을 만나는 약속장소로, 잠시 빈 시간을 즐기기 위해 백화점을 즐겨 찾는다. 근대 초기의 주목을 받았던 백화점의 전성기에는 못 미칠지 모르겠지만, 아직 백화점은 우리의 일상 속에 건재하다. 또한, 여전히 유행을 선도하고 시대를 앞서가는 감각을 제시하기에 여념이 없다. 다만, 즐거운 놀이공간으로서 백화점은 서서히 잊혀져갈 운명에 놓여 있는지 모른다. 현재를 살아가는 우리들 앞에는 백화점의 옥상정원, 양식당, 승강기, 쇼윈도보다 더 감각적이고 흥미로운 오락대상이 넘쳐나고 있으며, 갈수록 몸짓이 거대해지고 있기 때문이다.

최근 불고 있는 한국영화의 붐을 타고, 백화점 내 첨단영화관을 설치하는 움직임은 어쩌면 근대 초기의 유통업계를 혁신시켰던 선구자들의 고민과도 맥을 같이 한다고 본다. 물건을 진열하고 파는 단순한 판매장이 아닌, 그 물건과 소비에 얽힌 대중사회의 현주소를 읽는 잣대로 백화점은 존재해 왔으며, 앞으로도 존재해 갈 것이다. 그런 의미에서, 이 책은 문화서이자 역사서인 동시에 유통인류학 내지 소비문화학의 출발이기도 하다.

마침 저자인 하쓰다 선생에게 궁금한 점들을 물으러 갔을 때, 연구실에는 한국인 유학생이 두 명 있었다. 대구와 부산 출신으로 자기 고향의 근대건축을 연구하는 대학원생들이었다. 좋은 기회이다 싶어서 그 중 한 명에게 하쓰다 선생에 대해 물어보니, 그는 일본인

답지 않은 두 가지 성격이 있다고 한다. 그것은 인간미와 합리성이다. 이 책에서도 우린 일본 학문의 특징인 꼼꼼함도 볼 수 있지만, 저자 하쓰다 선생의 성격처럼 당대를 살아가던 사람들의 고민과 바램, 그리고 그것이 어떻게 백화점과 관련을 맺는지를 합리적으로 풀어나가려는 저자의 의도를 읽어낼 수 있다.

이제 우리는 이 책을 통해 지금까지 몰랐던 근대의 실상을 확인하면서, 또한 잊고 지냈던 식민지 근대의 일상, 심지어 현재 우리들의 소비행위가 지닌 의미도 덤으로 만날 것이다. 비록 일본의 근대를 엿보는 시리즈의 첫 번째 책인 『일본근대 스펙트럼1-백화점』은 어떤 의미에서 우리가 우리를 만나는 여행의 출발이자 우리를 제대로 정리하는 계기가 될 수 있을 것으로 믿는다.

2003년 7월
이태문

차례

1

권공장의 성립

1. 권공장과 백화점

권공장(勸工場)이라고 쓰고 '간코우바' 라고 읽지만, '간코바' 라고 불리는 경우가 많다. 권공장은 메이지 시대에 많이 설립된 독특한 형식을 가진 점포의 한 형태로, 때때로 '간교우바(勸業場)' 라고 불리기도 하였다.[1] 또한 오사카(大阪)에서는 '간쇼우바(勸商場)' 라고 부르는 경우가 많았다. 권공장은 가운데 통로를 중심으로 제각각 주인이 다른 점포가 늘어선 구조였다. 그곳에서는 일용품에서 문방구, 실내장식품, 서양 물건, 포목 등 여러 종류의 상품을 진열판매하였다.

근대 초입기였던 이 무렵 다른 일반 점포의 좌식판매방식과는 달리, 권공장은 상품을 진열하여 판매하는 방식이라든지 신발을 신은 채[2] 점포 내에 들어가는 방식을 채용하는 등 발빠르게 근대적인 점포방식을 채택한 존재로 주목받았다. 또한, 권공장은 많은 대중들로부터 사랑을 받았으며, 도시에 사는 주민들의 생활을 윤택하게 해주는 점포로서도 중요한 존재였다.

권공장이 단순히 상품을 판매하는 상점의 역할을 넘어서서, 사람들에게 꿈을 가져다주는 존재였다는 사실은 이미 많은 사람들의 주장으로도 알 수 있다. 우치다 마코토(內田誠)가

> "긴자(銀座)에다 여름철 큰길 한편에 차양막을 둘러치고, 겨울에는 왕래하는 통로에 유리지붕을 쳐버린다면, 어떻게 되겠는가' 라고 가끔 생각할 때가 있다. 즉 전차나 자동차가 지나다니지 않던, 권공장이 크게 번성하던 시대를 다시 만들어버리자고 공상해 보는 것이다. 그렇게 되면, 오하리초(尾張町) 네거리에 분수대 정도는 있었으면 좋겠다 …(중략)… 어렸을 적 권공장이 우리들 가슴 속에 심어준 매력은 오늘날의 백화점과는 비교할 수 없을 정도였다. 우리들은 몇 시간이고 권공장에

서 즐거운 시간을 보냈다."[3]

라고 말한 때는 쇼와昭和 15년1940이었다. 쇼와 15년이라고 한다면, 전쟁의 영향이 아직 적었고, 백화점은 고급품만이 아니라 일용품까지 취급하여 대중들까지 고객으로 흡수하기 시작하던 시기였다. 그리고 백화점에서는 옥상 정원, 기획행사, 엘리베이터, 에스컬레이터 등을 무료로 즐길 수 있어서 그곳을 오락의 전당이라고 생각하던 때였다. 그럼에도 불구하고 우치다의 글을 보면, 그러한 백화점의 매력과도 비교할 수 없을 정도로 당시 권공장의 매력은 엄청난 것이었다.

권공장은 메이지 11년1878에 처음으로 설립된 후, 메이지 중기부터 후기에 걸쳐 크게 번성하여 급증한다. 권공장은 초기부터 어느 도시에 가든지 붐비는 장소가 되었으며, 사람들에게 즐거움을 제공하는 장소였다. 메이지 시대에는 그 존재가 소학교의 국어 교과서에 게재된 적도 있을 정도였다.[4] 하지만, 권공장이 번성했던 기간은 짧았기 때문에, 메이지 말기에는 벌써 쇠퇴하는 기미를 보여주기 시작한다. 그리고, 권공장이 시들기 시작한 메이지 시대에 설립되어 눈 깜짝할 사이 각 도시로 확산, 사람들에게 즐거운 장소를 제공했던 것이 백화점이다.

권공장이 특색 있는 성격을 줄곧 지녔으면서도, 지금은 그 존재가 거의 잊혀져버린 이유 중의 하나는 이처럼 번영을 누린 기간이 매우 짧았다는 점이라고 생각한다. 그렇지만, 권공장이 많은 사람들에게 사랑 받으면서도 존재기간 대부분이 거의 메이지 시대에 한정되었다는 사실은 오히려 근대로 진입해가던 메이지 시대의 건축과 도시를 생각하는데, 대단히 중요한 존재였다는 점을 말해준다고 하겠다.

3 內田誠, 『銀座』, 쇼와 15년, 改造社.

4 松田愼三, 『新訂デパートメントストア』, 쇼와 18년, 日本評論社.

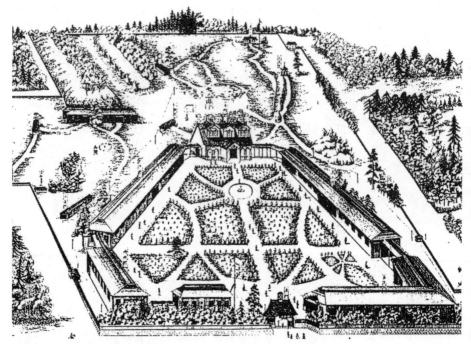

그림 1-1 내국권업박람회 (『내국권업박람회장 안내』)

2. 박람회가 만든 권공장

최초의 권공장은 도쿄부東京府가 메이지 11년₁₈₇₈ 1월 20일에 에이라쿠초永樂町 타쓰노구치[5]에 세웠다. 즉, 전년도인 메이지 10년 8월 21일부터 11월 30일에 걸쳐 도쿄 우에노上野 공원에서 개최되었던 내국권업박람회(內國勸業博覽會)에서 팔고 남은 물품들을 진열판매하는 장소로서 물품진열소를 개장한 것이다. 이 권공장을 사람들이 '타쓰노구치 간코우바' 라고 친근하게 불렀다. 더욱이 당시는 에이라쿠초 권공장을 '제1권공장' 이라고 불렀으며, 그밖에 간다이즈미

5 타쓰노구치[辰の口]: 현재 치오다구 마루노우치

6 이 책에서 사용한 주
요 사료는 당시의 도쿄
부가 작성한 『回議錄 第
八類 第一勸工場 明治十
年ヨリ十一年ニ至 勸業
課』, 『回議錄 第八類 第
二勸工場附授産場 明治
十年ヨリ十一年 勸業
課』, 『第一勸工場書類
明治十年ヨリ十一年マ
テ 會計課』, 『回議錄 第
八類 勸工場 明治十三年
勸業課』, 『勸工場 綴洩
明治十九年 農商課』,
『回議錄 明治二十年一
月起 農商課』 등이 있다.
이들 자료는 권공장(에
이라쿠초) 설립 경위와
운영방법, 그 후의 변화
등을 파악하는데 무엇보
다도 기본적인 자료라고
하겠다.(도쿄도 공문서
관 소장)

7 『東京市史稿 市街編』
에서 옮김.

8 미세모노코야見世物
小屋; 일종의 이동식 천
막극장 혹은 가설 흥행
장-역자주

초神田和泉町 1번지의 옛 후지藤 저택지에 '제2권공장'이 있었다. 제2
권공장은 기시 코지岸光治, 나카야마 조지中山讓治, 닛타 요시오新田義雄
등이 세코사精工社를 세우고 난 후, 메이지 10년1877 10월에 관 소유
의 토지와 건물을 차용하기 위한 출원을 내어 설립 허가를 받아 세
운 곳이다. 그 목적은 예로부터 전해오는 칠기 칠기그림 나전 도자
기 등을 보호하고 장려하며 그 기술을 전수하고 익히는데 있었다.
하지만, 제2권공장의 경우 제작장은 있었지만 물품진열소는 존재하
지 않았던 것 같다.[6]

내국권업박람회는 정부의 식산흥업정책을 기반으로, 내무성이
중심이 되어 국내 농·공·상 모든 분야를 권장하여 각지의 물산을
활성화시키는 것이 목적이었다. 「메이지 10년 내국권업박람회 출품
자 주의사항(明治十年內國勸業博覽會出品者心得)[7]」을 보면 박람회에 출품
된 물품은 다음과 같았다.

> 진기한 물품이라도 자기 고장에서 희귀한 새·짐승·벌레·물고기
> 또는 고대의 기와·곡옥·서화 등의 종류는 이 박람회에 낼 수 없다.
> 먼저 출품의 대부분은 사람들이 필요로 하는 필수품, 점차 많이 사용
> 할 것으로 예상되는 물건, 또한 국내에 널리 판매해야한다고 생각하는
> 물건, 또는 외국에 판매해야 되겠다 싶은 물건, 그 외 솜씨 좋은 물건,
> 또는 교묘한 발상을 견줄만한 것 등을 무엇보다 우선해야 한다.

기형(奇形)의 조류·짐승류·벌레류·물고기류나 고대의 기와·곡
옥·서화를 출품해서는 안 된다. 상품을 가지고 나라 안팎의 판로를
개척해나간다는 취지에 맞는 물건만 해당하였다. 내국권업박람회
가 에도江戸 시대의 미세모노코야[8]와 달리, 나라의 산업을 육성하기
위해 열렸다는 사실을 알 수 있다. 아마도 설립 당시의 물품진열소

에도 이와 비슷한 물품이 진열되었을 것이다.

에이라쿠초에 권업장을 설립하려는 계획은, 메이지 10년까지 거슬러 올라간다. 메이지 10년 2월 28일에 도쿄부 지사 구스모토 마사타카楠本正隆는 내무경 오쿠보 도시미치大久保利通 대리, 내무소보 마에지마 히소카前島密 앞으로 다음과 같이 토지와 건물 양도를 희망하는 문서를 제출하고 있다.[9]

> 도쿄부 산하 모든 공업을 장려하기 위해 관내에서 생산하는 물품은 물론이고, 다른 부·현(府·縣)에서 보내오는 모든 물품 등을 진열하여, 도쿄부의 상공을 장려하는 동시에, 모든 분야를 권장하는 일단을 맡지 않으면 안 된다. 이를 위해 우선 물산진열소를 만들 계획이다. 따라서, 그 위치, 등급, 장소 선정 등에 이르기까지 모든 걸 대장성(大藏省)과의 답변을 통해 진행해 왔는데, 이번에 제1대구 2소구 에이라쿠초 2정목 1번지 땅을 빌리고자 한다. 여기에 물품을 보관함과 동시에 특히 건물도 진열소에 걸맞게끔 관유지 제2종에 해당하는 도쿄부 관용지 건물의 사용권도 양도받기를 문의하는 바이다.

도쿄부 내에서 생산되는 물건이나 다른 지방에서 보내 온 물산을 진열하여 사람들에게 구경할 수 있게 함으로써, 모든 공업 분야의 발전을 촉진할 목적으로 '물산진열소'를 만들었던 것이다. 이러한 요청은 그 다음달 26일에 허가되는데, 당시 아직 물품진열소에 내국권업박람회의 남은 물건을 전시하는 방침이 정해져 있었던 것은 아니다. 물품진열소에 박람회에서 팔다 남은 물품을 진열판매하기로 결정한 것은 이보다도 훨씬 늦은 내국권업박람회가 거의 끝날 무렵이었다. 메이지 10년 11월 24일 도쿄 권업과에서 도쿄 지사에게 보낸 문의에는,

9 『回議錄 第八類 第一 勸工場 明治十年ヨリ十一年ニ至 勸業課』

"모처럼 나라의 정책에 협력해 출품한 물건들인데 팔고 남은 것을 출품자에게 돌려보낸다든지, 경매한다든지 하는 것은 버리는 것과 매 한가지 결과가 될 뿐이다. 팔다 남은 물건을 타쓰노구치 지역에 진열 해, 좀더 많은 사람들이 볼 수 있게 하고 물품의 판로를 넓히도록 해 주 고 싶다."

는 내용이 담겨 있다.

계속해서 27일에는 같은 도쿄도 지사 앞으로, 내무경에게 제출하 는 명칭 변경의 건에 대해서 「내국권업박람회 진열판매」라는 문의 안을 제출하고 있다. 즉,

"제1대구 2소구 에이라쿠초 2정목 1번지에 소재한 물산진열소건의 명의에 대해 문의한 결과를 거래처에 말해주고, 그리고 나아가 이름을 당부(當府; 도쿄부) 공업장[권공장]으로 바꾼다. 또한, 도쿄부 내 거주하는 유지(有志) 밑에 있는 직공들을 모집하여, 공업 장려를 위해 서로 격려 해 나간다. 한편, 내국권업박람회에서 팔고 남은 상품은 출품자의 요구 에 따라서 대응한다. 일시 보관하든지 진열해서 일반 청중들이 관람하 는 것을 허락한다. 그리고 매매를 하기 위해서는 반드시 신고한다는 조건을 첨부해야 한다."[10]

라는 내용이다. 이 글에서는 이미 '권공장'이라는 명칭을 사용하였 다. 또한 이 문서에서 권공장의 설립목적 가운데 도쿄부 산하 직공 들의 보호가 포함되어 있다는 점도 발견할 수 있다. 식산흥업을 지 속적으로 추진하는 핵심으로서 권공장을 자리매김하려고 했다는 점을 짐작할 수 있다.

그 후 12월11일에는 「도쿄부 공업장내 물품진열소 개칙」[11]이 만 들어져, 물품진열소의 운영방침으로 오전 8시부터 오후 4시까지 개 장, 무료로 관람하게 할 것, 동식물을 제외하고 진열이 가능하다는

10 앞과 같음.

11 앞과 같음.

점 등이 정해졌다.

하나. 진열소는 매일 오전 8시에 열고, 오후 4시에 문을 닫는다. 또
한, 토 · 일요일 및 경축일에도 쉬지 않는다.
하나. 관람은 무료로 한다.
하나. 출품은 동식물을 제외하고 진열한다.
하나. 박람회의 남은 물건 이외에 새로 요청이 있는 물건은 그 형편
에 따라 진열을 허가한다.

문닫는 시간이 오후 4시로 좀 빠른 편이지만, 연중무휴로 박람회
에서 남은 물건 이외의 물품도 출품이 가능하게끔 되었다. 참고로
부언하면, 내국박람회의 남은 물건이 권공장으로 옮겨진 것은 12월
15일~16일쯤부터였다.[12]

3. 에이라쿠초(타쓰노구치)의 권공장

에이라쿠초(타쓰노구치)의 권공장 건물은 메이지 10년1877 2월 24
일에 대장성에서 도쿄부로 인도된다. 이 건물은 일찍이 지폐요[13] 활
판국이 사용하였던 곳으로 에도 시대에는 교토京都에서 내려보낸 칙
사들의 숙소로 세워진 덴소야시키傳奏屋 터가 있던 곳(현재 치오다구 마
루노우치 1정목)에 위치하고 있었다. 문서에 따르면, 부지 및 건물의 내
용은 다음과 같다.[14]

제1대구 2소구 에이라쿠초 2정목 1번지 옛 지폐요 활판국
하나. 대지 5,130평
하나. 건평 826여 평
단, 바닥의 1/4 정도가 없어짐. 또한 건물 외관에는 다소 훼손된 곳

12 앞과 같음.

13 지폐요(紙幣寮);
1871년 7월 대장성 산하
에 지폐사(紙幣司)를 설
치, 같은 해 8월 지폐요
로 이름을 바꾼 뒤, 1877
년 지폐국으로, 1878년
에는 인쇄국으로 변경
됨-역자주

14 『東京市史稿 市街編』
에서 옮김.

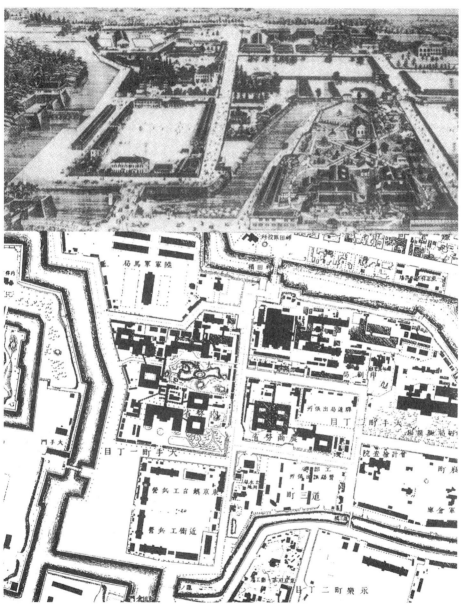

그림 1-2 (위) 에이라쿠초(타쓰노구치) 권공장(오른쪽)과 메이지 12년(1879)의 관청 거리(《대일본 도쿄부 에이라쿠초 제1 권공장 도(道)
안내그림〉, 기쿠치 시게로[菊地重郎] 소장)
(아래) 메이지 16년(1883) 측량(《측량국 5,000분의 1 도쿄 지도〉, 참모본부 육군부 작성)

이 여러 군데 있음.

대장성으로부터 도쿄부로 인도된 건물의 상태는 바닥이 4분의 1
일이 없었던 것 외에, 건물 설비도 파손되어 있어서 매우 낡았던 것
같다. 또한, 건물에 관해서는 이전부터 무사계급의 집을 연상하게
하는 사진이나 그림 등이 남아 있다.[15] 이런 것들로 볼 때 이 건물은
메이지 이후 새로 건설된 것이 아니라, 에도 시대 덴소야시키 부지
건물로 그 건물이 다른 용도로 사용되어 왔던 것으로 보인다. 권공
장은 파손된 건물 몇 곳을 수리해서 진열소로 사용하였다. 그리고
내국권업박람회의 농업관을 옮겨지어, 진열소의 면적을 넓혔다. 내
국권업박람회의 농업관은 'L'자형 평면을 가진 건물로, 덴소야시
키와는 달리 서양풍의 건물이었다.[16]

권공장이 사람들로부터 대단한 인기를 누렸다는 것은 개장 후 얼
마 되지 않은 메이지 11년 길게 지은 건물의 모양을 개조해 진열장
소를 넓혔다는 것만 보아도 쉽게 알 수 있다.[17] 더욱이 그 다음 해인
12년에도 건물을 증축하였다. 메이지 12년 7월 2일자 신문은,

> "타쓰노구치 권공장은 출품인들이 차츰 몰려들어 진열을 의뢰해 왔
> 으므로, 결국 건평 백평을 더했다. 또한 그저께부터는 개장 시간을 늘
> 려서 매일 아침 8시 개장, 오후 5시 폐장하는 것으로 변경했다."[18]

고 전하고 있다. 권공장의 인기가 그만큼 높았다는 것을 알 수 있다.
건물 증축을 몇 번이고 한 것은 물론이고, 동시에 영업시간 또한 다
소 길게 오후 5시까지 연장한 것이었다.

계속해서, 7월 25일에 도쿄부는 "에이라쿠초 2정목 당부(當府) 제1
권공장 신관을 낙성하게 되었다. 이에 즈음하여, 오는 29일부터 8
월 1일까지 4일간 진열품 위치 정리를 위해 관람을 중지할 것을 정

15 吾妻健三郎의 그림,
<大日本東京府永樂町第
一勸工場道案內繪圖>,
메이지 12년 3월.

16 『公文錄 內務省之部
明治十年四月』, 國立公
文書館 소장.

17 『第一勸工場書類 明
治十年ヨリ十一年マテ
會計課』

18 <東京曙新聞> 메이
지 12년 7월 2일(『新聞
集成 明治編年史』에서
옮김).

함"[19]이라며, 증축에 따른 진열품 조정 때문에 4일간 관람을 쉬게 한다는 포고를 내린다.

이상의 사실로 볼 때, 에이라쿠초 권공장의 건물은 내국권업박람회의 농업관을 이축(移築)한 부분만이 서양풍의 양식을 가지고 있고, 그밖에는 에도 시대 다케가야[20]와 거의 변한 것이 없었던 듯하다. 또한 같은 부지 안에는 나중에 긴자의 벽돌건물 거리를 설계한, 고용외국인 워틀스의 설계 작품인 <도쿄에서 처음으로 세워진 벽돌집>[21]이라고 불리던 건물도 있었다. 그렇지만, 이 건물은 진열장으로 사용한 게 아니라 사무소로 이용했던 것 같다.

에이라쿠초 권공장의 건물에 대해서는 배치도 두 장이 남아 있다. 하나는 메이지 13년1880에 권공장 내부 점등(點燈)을 설계할 무렵, 서류에 첨부되었던 약식 배치도[22]이고, 다른 하나는 메이지 20년1887에 권공장을 폐장할 당시 만들어진 서류에 첨부했던 배치도[23]가 그것이다. 이들 배치도를 보면, 권공장은 입구와 출구를 따로따로 가지고 있었으며, 진열소로 사용했던 각각의 건물은 복도로 연결되어 있었음을 알 수 있다.

또한, 「물품진열소 사무장정」[24]의 출품법에 대한 항목에는 권공장의 운영으로 다음과 같은 사항이 들어있다. 그 내용을 보더라도 당시의 권공장 모습을 유추해볼 수 있다.

제3조. 하청 받은 출품에는 물품명, 개수, 가격, 성명 등을 적은 작은 표를 달고, 진열은 둘러보기에 지장이 없도록 위치를 정한다.

제7조. 관람인의 숫자를 계산하기 위해 번호가 적힌 표를 만들어, 출입구에서 갈아 신는 덧버선 번호[25]를 사람들에게 나눠주고 나중에 출구에서 이를 회수한다.

19 『東京市史稿 市街編』에서 옮김.

20 다케가야(武家屋); 성 밖에서 무사가 살던 집으로 넓은 부지와 빼어난 경치로 현재엔 관광지로 인기가 많다. 홈페이지 참고는 http://www1.odn.ne.jp/cbi91850/buke/izumi.html-역자주

21 「明治建築座談會」(建築學會「建築雜誌」, 다이쇼 6년 10월호)

22 『回議錄 第八類 勸工場 明治十三年 勸業課』

23 『回議錄 明治二十年一月起 農商課』

24 『回議錄 第八類 第一勸工場 明治十年ヨリ十一年ニ至 勸業課』

25 덧버선 번호: 당시에는 입구에서 덧버선으로 갈아 신고 입장하였다-역자주

이어서, 문지기(수위)의 항에는 다음과 같이 적혀 있다.

　　제1조. 정문은 관람인 및 그밖의 사람들을 위한 입구로, 이를 통해
　나가는 것을 일체 허락하지 않는다.
　　제2조. 뒷문은 관람인 및 그 밖의 사람들을 위한 출구로, 이를 통해
　들어오는 것을 일체 허락하지 않는다.

「물품진열소 사무장정」에 쓰여 있는 내용은 앞서의 배치도와 일
치한다. 이런 사실로 볼 때, 권공장은 입장할 때 입구에서 실내화
내지 덧버선으로 갈아 신어야 했다는 점, 관람인의 동선을 입구에
서 출구까지 실내를 한바퀴 돌게끔 계획했다는 점, 상품에 물품명

그림 1-3　좌식판매방식의 상점(『도쿄풍속지』)

이나 가격, 판매자의 이름 등이 적힌 표가 붙어있어서, 구입희망자가 자기 스스로 상품을 보고 고르는 진열판매방식이 채택되었다는 점 등을 알 수 있다. 상품을 진열해 판매하는 방법은 오늘날 일반적으로 볼 수 있는 상점의 판매방식이다. 그렇지만, 이 무렵만 해도 상점의 판매방식이 손님과 주인이 일대일로 대응하여 필요에 따라 창고 등에서 상품을 꺼내와 파는 좌식판매방식이었다는 점을 고려할 때 전혀 새로운 형식이었던 것이다. 권공장에서 볼 수 있었던 이러한 형식은, 아마도 내국권업박람회의 전시방법에 준한 것일 듯싶다. 그러나, 박람회는 관람객에게서 입장료를 받고 관람하도록 하였으므로, 판매와는 다른 것이었다. 입장이 무료이고, 상품의 매매를 목적으로 상설 시설을 만들어 진열판매방식을 선택했다는 사실은, 기존 좌식판매를 하던 전통적인 점포의 방식과는 전혀 다른 시설(점포)이 출현했다는 점에서 주목할 만하다.

　에이라쿠초(타쓰노구치) 권공장에서는 훌륭한 정원을 만들었다. 물론 이 건물이 에도 시대 관리의 숙소로서 사용될 무렵에 만들어졌던 정원도 남아 있었을 것이다. 여기에 도쿄부가 나무를 심고, 정

그림 1-4　긴코우[吟光](일본 전통 풍속화인 우키요에[浮世繪]의 화가─역자주), 〈타쓰노구치 권공장 중앙 정원의 그림〉(『東京市史稿 市街編』)

원을 조성하는 공사를 적극적으로 추진하였다. 권공장을 개장하여 얼마 되지 않았던 메이지 11년1878 1월 25일에는 권업과, 출납과가 도쿄부 지사 앞으로 높이 1장에서 1장 2척의 소나무 20그루, 1장 1척의 벚꽃나무 20그루, 같은 벚꽃으로 8척짜리 20그루, 7척 5촌의 삼목나무 30그루, 5척에서 6척 정도의 애기동백나무 등 잡목 수백 그루를 식수한다는 내용의 질의서를 제출하였다. 그 뒤를 이어 2월 에는 내국권업박람회에 도쿄부가 출품했던 식수, 잔디, 돌을 권공 장으로 운송하는 것에 대한 질의서도 제출한다.[26] 이들 외에도 식수 에 관한 기록이 더 보이는데, 이를 통해 권공장에 멋진 정원이 들어 선 상황을 엿볼 수 있다.

에이라쿠초 권공장의 정원을 면(綿)에 그린 그림이 남아 있는데,[27] 이를 보면 인공산과 연못을 가진 본격적인 정원이었음을 알 수 있 다. 또한, 그 그림의 연못에는 분수도 그려져 있다. 정원에 쓰여진 소나무, 벚꽃나무, 삼목나무 등의 나무와 잔디, 돌 등으로 볼 때 전 통적인 일본정원에 분수와 잔디 등 서양풍의 요소가 섞인 것이라고 보아도 좋을 듯하다. 정원 안에는 찻집과 휴게소가 설치되었는데, 거기에서는 과자나 얼음물, 도시락, 초밥 등을 판매했다.[28] 그리고 이나리 신사[29]에서는 매년 제례를 여는 것이 통례가 되었다.[30] 이외 에 노가쿠도우能樂堂에서는 때때로 부가쿠[31]나 노가쿠[32]가 공연되었 다고 한다.[33] 이들 정원에 설치되었던 찻집과 휴게소 등은 설치를 희망하는 사람들에 한해 도쿄부가 허가한 것이고, 제례도 물품진열 소의 출품인들이 주최한 행사였다. 그런데, 여기서 에이라쿠초 권 공장이 물품을 진열판매했을 뿐만 아니라 유원지의 역할도 함께하 였다는 점도 알 수 있다.

권공장에 유원지의 성격을 접목시켜 병행한 이유 중에는 이렇게

26 『第一勸工場書類 明 治十年ヨリ十一年マテ 會計課』

27 昤光, <辰の口勸工場 庭中之圖>

28 『回議錄 第八類 第一 勸工場 明治十年ヨリ十 一年ニ至 勸業課』에는 찻집이나 휴게소의 설립 안과, 그곳에서 빙수 등 을 팔겠다는 판매안, 그 리고 이들 안에 대한 도 쿄부의 허가와 관련된 문서들이 남아 있다.

29 이나리 신사稻荷神 社; 도쿄를 대표하는 신 사 가운데 하나로 전통 적인 마을제례 마쓰리 [お祭り]가 열리는 날이 면 관람객들로 성황을 이룬다-역자주

30 『勸工場 綴洩 明治十 九年 農商課』에는 제1권 공장 내 물품진열소의 위원 번호에서부터 '연 례행사' 이나리 신사에 서 제전을 집행하고 싶 다는 내용의 문서가 있 다. 이밖에 『回議錄 第八 類 第一勸工場 明治十年 ヨリ十一年ニ至 勸業 課』에는 물품진열소 출 품인들이 기존의 이나리 신사를 보수하자는 의견 을 제출하여, 도쿄부가 이를 허락하는 문서가 남아 있다.

31 부가쿠[舞樂]; 기악합 주에 맞춰 춤을 추는 일 본의 전통예능-역자주

32 노가쿠[能樂]; 춤과

함으로써 권공장을 찾는 손님을 늘리는데 목적이 있었다. 그렇지만, 직접적인 이유는 도쿄부가 런던의 바자와 뉴욕의 페어를 본보기로 삼아 권공장을 운영하려고 했었다는 점에 있다. 메이지 11년 6월 16일에 권업과는 지사 앞으로, 물품진열소의 장래에 대해서 「물품진열소 규범」[34]이라는 초안을 제출하였다. 이 초안은 구미 유학생들의 보고를 기초로 해서 작성한 것으로, 구미의 바자나 페어가 자국내의 물산을 전시하여 판매하는 장소를 제공한다는 점에서 공업과 상업의 진보에 큰 역할을 해낸다고 밝히고 있다. 덧붙여 "장래의 목표"로 다음과 같이 적고 있다.

> 들기론 영국 런던에는 런던 '바자'가 있으며, 미국 뉴욕에는 아메리칸 '페어'가 있다. 이들은 모두 시민 일반의 공익을 도모하기 위해 호상유지(豪商有志)의 협력을 얻어 회사를 설립하였다. 제반 공업과 상업의 바램에 부응해 보통의 국내 물산을 출품하게 하여 매일(일요일은 제외) 개관하였으며, 많은 사람들이 구경하고 자유롭게 매매하도록 하였다. 이곳이 제반 공예기술을 경진하는 일대 경연장이 된다는 점과 상공업의 진보를 모색하는데 도움이 된다는 점에서 이 「물품진열소 규범」을 준비한다. 이 초안은 공공기관에서 이것을 시행하여 시민들이 그 실익과 편리함을 직접 보고, 느낄 수 있게 하며, 또한 적당한 때를 보아 이를 민간에게 맡겨 '바자'와 '페어'의 참다운 취지를 성취시키는 것을 목표로 한다.

이어서, 「민간 시설로 돌리는 법안」에서는 '쾌락원(快樂園)'을 만드는 것에 대해 기록하고 있다.

> "관내 진열품의 장식은 물론 제1 정원을 아름답게 꾸미고, 사람들의 눈과 마음을 즐겁게 하기 위해 휴게소, 그리고 그밖의 편의를 갖춘 일종의 쾌락원을 만들어야만 한다."

연극이 혼합되어 있는 전통예능, 개성적인 가면이 특징-역자주

33 『風俗畫報』, 메이지 32년 6월 25일호에는, "노가쿠도우에서는 때때로 부가쿠와 노가쿠를 집행하여, 구경하는 이들의 눈을 즐겁게 하였다"고 적고 있다.

34 『回議錄 第八類 第一 勸工場 明治十年ヨリ十一年=至 勸業課』

도쿄부는 유학생에 의한 런던의 바자나 뉴욕의 페어를 본보기로 삼아, 권공장 안에 휴게소 등을 가진 아름다운 정원을 만들어, 하나의 '쾌락원'으로 꾸밈으로써 많은 사람들을 모으려고 생각했던 것이다. 그리고, 그 경영도 머지 않아 민간으로 이양한다는 계획도 이미 가지고 있었다.

에이라쿠초 권공장은 진열판매방식을 발빠르게 취한 점포로서 특히 주목된다. 하지만 여기서 그친 게 아니라, 한편으로는 외국 바자와 페어를 본보기로 삼아, 일종의 '쾌락원'을 만듦으로써 사람들을 그 곳에 불러들이려고 하였다. 이를 통해 식산흥업정책의 침투와 추진을 도모하려고 했었던 것이다. 이처럼 쾌락원을 만든 것은 권공장을 만들어도 많은 사람이 과연 거기에 와 줄 것인지 아닌지에 대한 우려 때문이었다.

4. 아사쿠사 권공장과 교바시 권공장

메이지 13년1880 7월 1일, 도쿄부 방침을 근간으로 에이라쿠초 권공장은 권공장에 출품한 사람들이 공동으로 운영하는 민간시설로 맡겨지는데,[35] 그 이후 민간의 권공장이 속속 설립된다. 아울러 에이라쿠초 권공장은 그 후 메이지 20년1887에 우에노 타케노다이竹之臺 공진회 터에 임시로 옮겨진다. 그리고 다음 해인 21년에는 주식회사가 되어, 시바芝 공원으로 이전한 뒤, 메이지 28년1895에는 '도쿄 권공장'이라고 이름을 바꾼다.[36]

민간에서 설립한 초기 권공장의 예로는 아사쿠사淺草 공원의 부속지에 있었던 아사쿠사淺草 권업장이나, 긴자 1정목의 교바시京橋 권

35 『回議錄 第八類 勸工場 明治十三年 勸業課』

36 東京市役所 編纂, 『東京案內 下卷』, 메이지 40년, 裳華房.

업장 등이 있었다.

아사쿠사 권업장은 센소지淺草寺 영이었던 옛 니시히요게치[37]용논 가운데 일부인 2,673평을 가키가라초蠣穀町 쌀상회소의 간부인 고토 쇼기치로後藤庄吉郎와 사진영업을 하던 에자키 레이지[38]가 도쿄부로부터 빌려 매립해서 건설한 곳이다. 메이지 14년1881 6월 13일에는 원래 땅주인인 마쓰자키 겐타로松崎源太郎 외에 3명과 땅을 빌렸던 고토 쇼기치로와 1명이 도쿄부 지사 앞으로 「아사쿠사 공원 부속지 임차 요구원」을 제출한다.[39]

그 후 아사쿠사 권업장은 메이지 14년1881 12월에 개설, 그 달 21일에 개업식이 열렸는데, 당시 신문은 그 개업식 모습을 다음과 같이 전하고 있다.[40]

> 어제 개업식을 한 아사쿠사 공원 부속지 센조쿠무라千束村의 권업장 모습을 적으면 …(중략)… 정문 옆으로 나란히 진열장 제1호관에서 제5호관 및 사무소 입구에는 부채 모양의 전등을 길게 달았고, 그밖에도 붉은 등 수백 개를 달아 장식하였다. 건물 뒤쪽 로쿠고六鄕 긴 건물 안 자락으로 사각 모양의 연못을 파고, 그 주위에 구경하는 사람들이 쉬는 휴게소를 3~4개소 설치하였다. …(중략)… 진열장 제1호는 도기류, 제2호는 칠기, 가구, 지물류, 제3, 4호는 아직 진열이 없고, 제5호는 작은 세간물류로, 그 안에서 제일 고가의 상품은 침향沈香으로 만든 장식용 기둥가격 100엔; 당시 경찰의 첫월급이 6엔이다. 어제부터 3일간은 경품을 마련하였고, 머지않아 장내에 메밀국수, 우동, 단팥죽, 초밥 가게 등도 열어 입장객의 편의를 도모하게 된다고 한다. 오후 3시부터 도쿄 부지사, 서기관 및 서무 권업의 두 과장, 그밖에 공원계 관리, 상법 회의소의 의원, 각 구청장, 신문기자 등이 찾았다.

부지를 도쿄부로부터 차용하였던 점, 개업식에 출석한 부지사, 상

37 니시히요게치[西火除地]; 화재가 번지는 것을 막는 용도로 설정된 땅-역자주

38 레이지[江崎禮二]; 1892~1929, 메이지 시대의 사진가. 아사쿠사 공원을 개장함-역자주

39 『東京市史稿 市街編』

40 <郵便報知新聞>, 메이지 14년 12월 22일(『新聞集成 明治編年史』에서 옮김).

법회의소의 의원, 각 구청장 등 참석자 면모로 볼 때, 아사쿠사 권업장은 도쿄부 등의 적극적인 지원 아래 설립되었을 것으로 짐작된다. 신문에 따르면, 아사쿠사 권업장의 시설은 제1호관에서 제5호관까지 5개의 건물로 이루어진 진열장과 사무소가 있으며, 건물이 '붉은 전등' 등으로 장식되었음도 알 수 있다. 아사쿠사 권업장에서는 도기, 칠기, 가구, 지물, 세간물이 팔렸으며, 백엔이나 하는 고가의 침향 장식기둥도 있었다. 그리고, 옥외에는 연못이 만들어져, 그 주위에는 3~4군데의 휴게소도 있었다. 그 안에서 메밀국수나 우동, 팥죽, 초밥 등 가게도 열 계획을 가지고 있었다고 한다.

말하자면, 아사쿠사 권업장은 도쿄부가 설립하였던 에이라쿠초의 권공장처럼, '쾌락원'의 성격을 가진 권공장으로 설립했다고 하겠다. 도쿄부로부터 적극적인 지원이 있었던 것도, 이처럼 도쿄부의 취지에 맞춰 권공장을 만들었기에 가능했을 것이다.

그렇지만, 아사쿠사 권업장보다 좀 뒤늦게 설립된 교바시 권업장은 이들 권공장과는 크게 다른 면을 가지고 있었다.

교바시 권업장은 속된 말로 마루쥬マルジュー 권공장[41]이라고 불린 곳으로,[42] 메이지 15년1882 3월에 긴자 1정목 1번지의 벽돌거리에 개설된다. 문을 연 주인 고야나기 구베이小柳久兵衛가 메이지 14년 12월 24일에 교바시구 구청장인 이케다 도쿠준池田德潤에게 제출하였던 「교바시 권업장 규약서」에는 다음과 같은 권공장의 내용이 담겨 있다.[43]

> 제2조. 본관은 전면 폭이 6척, 앞뒤 깊이가 2척에서 2척 5를 한 구간으로 하였으며, 1구간 이상 4구간까지 임의로 빌릴 수 있다. 또한 동업자는 5명까지로 제한한다. 단, 업종에 따라서는 5명 이하로 하는 경우도 있을 수 있다.

41 마루쥬マルジュー 권공장; 교바시 권업장의 마크는 둥근원 안에 십자가가 들어있는 모양인데, 일본말로 원은 '마루'로 한자 10은 '쥬'라고 읽는데서 연유한 별명이다-역자주

42 나중에 교바시 권공장라고 명명하는데, 언제부터 권업장에서 권공장으로 명칭이 변경되었는지는 불분명하다.

43 『東京市史稿 市街編』

제3조. 본관에 출품하는 사람은 1구간에 매월 10엔의 창업실비를 내고, 출품 구간에 대한 대여증명서를 받아야 한다.

제4조. 출품은 개장부터 20개월간을 1기간으로 하며, 임대료는 1구간, 1기간 30엔으로 정해, 매월 1엔 50전을 이분하여 이를 납부한다.

제5조. 출품 순서는 모두 본관 직원들의 지시를 따라야 한다. 따라서, 출품인은 미리 본관에서 정해 놓은 위치에 진열점을 설치해야 한다.

제6조. 본관 출품구간은 200구간으로 한정하여 모집한다.

제7조. 본관 영업시간은 오전 8시부터 오후 11시까지 이내로 하며, 때때로 상황과 추위, 더위에 따라 바꿀 수 있다.

제13조. 건물주는 가옥의 수리 및 유지비용 제출 외에 외관을 유지하는 비용 등도 부담해야 한다. 또한, 출품한 자는 점등, 문지기, 심부름꾼 등 그밖의 영업에 따르는 부대 비용을 자비로 지불한다.

「교바시 권업장 규약서」에 따르면, 교바시 권업장에는 다다미 한 장보다 폭이 좀 좁고 길이가 긴 구획이 전부 200개 있었으며, 건물 소유자가 희망자 한 사람에 대해 1구간에서 4구간까지 빌려주는 방식을 취했던 것 같다. 이와 함께 여기서 주목되는 점은 영업시간이 계절에 따라 바뀌었다는 사실, 즉 최장 밤 11시까지로 앞서 소개한 에이라쿠초 권공장에 비해서 매우 길었던 걸 알 수 있다. 또한, 찻집이나 휴게소 등을 가진 정원이 없는 점도 흥미롭다. 이런 점은 교바시 권업장이 외국의 바자나 페어를 본떠 정원 등 '쾌락원'을 만들려고 했던 에이라쿠초 권공장과는 많이 다르다는 것을 뜻한다.

교바시 권업장(권공장)은 소세칸商盛館, 세무쓰사誠睦舍에 이어 긴자에 만들어진 세 번째 권공장이었다. 권공장의 영업 내용에 대해서는 건설주의 아들인 고야나기 규조小柳久三가 다음과 같이 구체적으로 언급했다.[44]

44 小柳久三, 『銀座』, 다이쇼 10년(平野威馬雄, 『銀座の詩情 2』, 쇼와 51년, 白川書院에서).

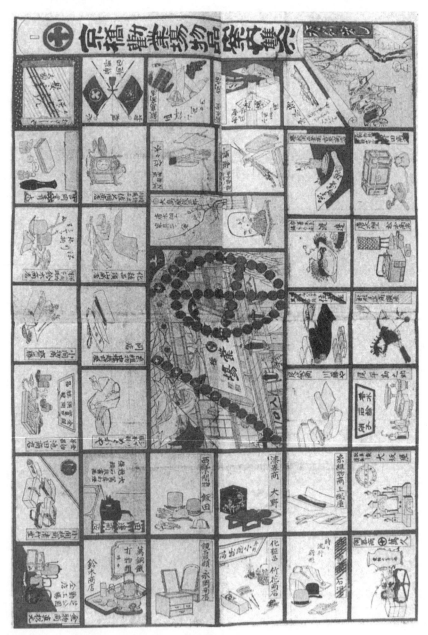

그림 1-5 〈교바시 권업장 물품안내 종경도〉(도쿄도립 중앙도서관 소장)

우리 집의 권공장은 메이지 15년1882 3월 1일에 개업하여, 메이지 39년1906 12월 31일에 폐관하였습니다. 큰길에서 골목에 걸쳐 있었는데, 약 170~180평 규모였습니다. 관내 출품점들의 임대료는 장소가 좋은가 나쁜가에 따라 1, 2, 3, 4등급으로 나누어졌는데, 1등은 한 칸에 3엔, 2등이 1엔 50전 정도였습니다. 앞뒤 길이는 겨우 2척에 통로는 6척이라고는 하였지만 실제로는 5척 정도였습니다. 그 무렵 권공장에서 가장 장사가 잘 되는 곳은 양품을 비롯해서 작은 세간물 가게, 지갑 가방과 같은 주머니 가게, 완구점 등이었기 때문에 이들이 권공장의 대부분을 차지하고 있었습니다. 영업시간은 아침 8시에 개관, 밤 11시에 폐관, 겨울이면 9시에 개관, 밤 10시에 폐관이라는 식이었습니다.

…(중략)…

권공장에선 늘 대매출을 하게 마련입니다. 그것도 처음에는 추석이나 연말 등 일년에 두 번 정도밖에 없었는데, 나중에는 손님을 끌기 위해 여러 명목으로 거의 매달 실시하듯 했습니다. 이 때문에 어느 관이든 대매출 행사 때면 도로를 접한 2층 창가에 악대가 도열해 분위기를 돋구어서, 대매출 철에는 긴자의 어느 곳에서나 나팔과 북소리가 들렸습니다.

겨울에는 밤 10시, 여름은 11시라고 한 것처럼, 실제로 늦게까지 문을 열었다. 점포는 장소에 따라 등급을 나누고, 그에 따라 임대료를 달리해 빌려주었다는 점, 양품, 세간물, 주머니, 완구 등이 많이 팔린 것 등을 사실도 알 수 있다. 또한, 처음에는 드물었던 대매출도 거의 매달 열리게 되었고, 2층 정면에는 악대가 나팔이나 북을 연주하였던 것 같다. 권공장이 거리가 북적거리도록 분위기를 연출하였다는 점에서 큰 역할을 했음을 짐작할 수 있다.

권공장에는 민간시설에 맡겨지면서 얼마 되지 않아 두 종류의 형식으로 나누어졌다. 아사쿠사 권업장과 같이 외국의 영향을 받아 만들어진 에이라쿠초 권공장의 흐름을 이어간 곳과 이와는 여러모로 달랐던 교바시 권업장이 그 예이다.

5. 권공장의 성쇠

민간에 맡겨지고서 이윽고 권공장은 급속하게 설립되어, 메이지 16년1883에는 도쿄 시내에 <표 1-1>과 같은 권공장이 세워진다.[45]

이들을 보면 권공장이 세워진 장소가 니혼바시, 긴자, 간다 등 번화한 곳에 집중되었음을 알 수 있다.

그림 1-6 권공장의 내부(『新古細句銀座通』)

45 『改正 東京案內』, 메이지 16년, 앞의 글에서.

<표 1-1> 메이지 16년 도쿄의 권공장 현황

권공장	위치
신무쓰쇼사親睦商社	니혼바시 3정목
세교사誠業社	니혼바시 4정목
교바시 권업장	긴자 1정목
제품 대판매소(諸品大販賣所)	긴자 3정목
제1쇼세사第一商盛社	긴자 3정목
제2쇼세사第二商盛社	간다 누시초塗師町
제3쇼세사第三商盛社	교바시 다케카와초竹川町
제품 대판매소	교바시 오와리초尾張町
제품 대판매소	간다 니시키초錦町
제품 대판매소	아사쿠사 오쿠야마奧山 뒷길
권업장	카키가라초蠣殼町 2정목
스기야마杉山 권공장	우에노 히로코지, 나중에 우에노 상품관(권공장)으로 이름을 바꿈

　　오사카에서는 권공장이 아니라 '칸쇼우바'로 불렸다는 사실은 이미 지적했는데, 오사카의 권상장 설립은 도쿄보다 조금 늦다. 오사카에 권상장이 만들어진 것은 메이지 17년1884 무렵으로 남구(南區)의 신사이바시스지心齋橋筋에 건설된 우라야마浦山 권상장이 처음이다. 그 후 메이지 30년1897경에는 확인할 수 있는 것만으로도 남구의 상품회·권상장·나카무라中村 상품관·가라타케唐竹 권상장·마쓰이松井 권상장, 동구(東區)에 나니와야칸[46]·모리카와森川 권상장, 북구(北區)에 에비스戎 권공장, 서구(西區)에 야치오八千代 상품관을 볼 수 있다.[47] 오사카에서도 도쿄와 마찬가지로 메이지 후반에 권상장(권공장)이 번창한 모습을 엿볼 수 있다. 또한, 권상장이 대부분 번화한 자리에 건설되었다는 점도 도쿄와 같다. 메이지 31년에 발행된 「오사카 번창지」에는

46 나니와야칸浪花館; 나중에 구니칸(五二館)

47 大阪市 編, 『明治大正大阪市史 第三卷』, 쇼와 8년.

"정찰제이기 때문에 값을 깎아야 한다는 부담 없이, 작은 물건을 찾는데 편리한 곳은 신사이바시 남쪽 끝의 권상장이다. 또한 작년 수오마치周防町 남쪽 언저리에 쇼힌카이商品會라고 하는 화려하고 큰 권상장이 신설되었는데, 그곳에서도 역시 각지의 제작품과 생산물이 판매되었다."[48]

라고 하여, 도쿄와 같이 상품에 가격표를 붙여 판매하였음을 알 수 있다.

권공장은 그 후 더욱더 번영을 거듭하여 메이지 20년대 후반부터 30년대에 전성기를 맞이한다. 「도쿄지 통계연표」[49]에 따르면, 메이지 35년 이후 도쿄 시내 권공장의 수는 <표 1-2>와 같다. 이 표를 보면, 메이지 35년1902 12월 31일 현재 27개소나 되는 권공장이 도

48 宇田川文海 編, 『大阪繁昌誌』, 메이지 31년.

49 東京市役所 編, 『東京市統計年表』.

그림 1-7 메이지 18년(1885), 스기야마 권업장(『도쿄 상공박람회 제2편 상』)

50 기시다 류세[岸田劉生]; 1891~1929, 서양화가. 딸 레이코를 그린 초상화가 유명-역자주

쿄 시내에 있었다. 이런 사실에서도 메이지 시대에 얼마나 권공장이 번창했는지를 알 수 있다.

메이지 시대의 권공장에 대해서는 긴자에서 태어나 거기서 자랐으며, 「레이코상麗子像」 등으로 유명한 기시다 류세[50]가 언급한 적이 있다.

〈표 1-2〉 메이지 35년 도쿄의 권공장 현황

명칭	장소	창립연월일(메이지)	점포수	1년간 매출고 (円)
구단九段 권공장	고우지마치구 이다초	22년(1889) 12월	42	37,000
반초쇼힌칸番町商品館	고우지마치구 산반초	31년(1898) 6월	18	10,800
도메이칸東明館	간다구 우라진보초	25년(1892) 7월	63	64,549
난메이칸南明館	간다구 오모테진보초	32년(1899) 5월	40	38,360
료고쿠칸兩國館	니혼바시구 요네자와초	31년(1898) 10월	54	4,161
가네하나칸金花館 권공장	니혼바시구 요시가와초	32년(1899) 10월	116	6,800
제1 미나미다니 쇼힌진레쓰칸南谷商品陳列館	니혼바시구 가키카라초	32년(1899) 12월	15	8,581
쇼에이칸商榮館	교바시구 다케가와초	14년(1881) 10월	25	90,000
교바시京橋 권공장	교바시구 긴자	15년(1882) 3월	23	1,200
제2 미나미다니南谷 권공장	교바시구 긴자	30년(1897) 7월	20	30,000
제2 마루요시丸吉 권공장	교바시구 긴자	30년(1897) 9월	24	21,736
교바시京橋 쇼힌칸商品館	교바시구 오하리초	31년(1898) 12월	15	14,533
데코구하쿠힌칸帝國博物館	교바시구 미나미카네 로쿠초	32년(1899) 10월	67	97,753
마루요시丸吉 권공장	교바시구 오하리초	35년(1902) 11월	13	4,700
도쿄東京 권공장	시바구 시바공원 제6호	21년(1888) 1월	345	91,686
닛신칸日進館	요쓰야구 고우지마치초	33년(1900) 12월	21	54,000
우시코메 권공장	우시코메구 우시코메토리 테라초	20년(1887) 5월	33	26,359
시즈오카칸靜岡館 권공장	우시코메구 우시코메토리 테라초 우에미야비초	34년(1901) 6월	30	12,207

명칭	장소	창립연월일(메이지)	점포수	1년간 매출고 (円)
혼고칸本郷館	혼고구 혼고	24년(1891) 12월	30	24,450
내국 쇼힌진레츠칸內國商品陳列館	시타야구 우에노 공원	24년(1891) 4월	700	55,979
미하시칸三橋館	시타야구 우에노 미하시초	33년(1900) 7월	13	7,500
스기야마杉山 권공장	시타야구 우에노 기타다이몬초	34년(1902) 7월	275	3,064
교에이칸共榮館	아사쿠사구 우마미치	28년(1895) 7월	35	17,500
가이신칸開進館	아사쿠사구 아사쿠사 공원 6구	30년(1897) 7월	26	14,282
바이엔칸梅園館	아사쿠사구 우마미치	30년(1897) 9월	27	19,989
도요칸東洋館	아사쿠사구 우마미치	31년(1898) 12월	49	24,500
고토칸江東館 권공장	후카가와구 히가시모토초	31년(1898) 10월	21	9,110

〈표 1-3〉 권공장의 창립년도별 수(메이지 35년 12월 현재)

창립년도	권공장의 수
메이지 14년(1881)	1
15년	1
20년(1887)	1
21년	1
22년	1
24년	2
25년	1
28년	1
30년(1897)	4
31년	5
32년	4
33년	2
34년	2
35년	1

연도	권공장의 수
메이지 35년(1902) 12월	27
40년 12월	19
41년 12월	20
42년 12월	15
43년 12월	11
44년 12월	10
다이쇼 원년(1912) 12월	8
2년 12월	6
3년 12월	5

• 출처: 「東京市統計年表」

"참으로 이 권공장이라는 것은 메이지 시대의 느낌을 표현하는 가장 대표적인 것으로, 우리들에게는 잊을 수 없는 그리움의 대상이다. 1칸 반쯤 되는 좁은 통로 양쪽에는 완구, 그림이 그려진 전통종이, 문방구를 시작으로 목제 옷장, 경대, 칠기류 등 여러 가지 물건을 파는 가게가 있었다. 물품을 늘어놓은 '보여주기 선반'[51]의 한 쪽에 다다미 한 개 정도(90×180cm)의 공간에 가게 책임자가 작은 화로나 손발을 뎁히는 조그만 불씨를 쬐면서 다소곳이 앉아 있다가, 때가 되면 재빨리 도시락 상자라도 꺼내 먹을 듯한 광경은 정말 다이쇼나 쇼와 시대에는 어울리지 않는다."[52]

통로 양편에 작은 가게들이 즐비하게 놓여 있는 모양은 앞서 소개한 고야나기 규조의 기억과도 같다. 기시다 류세는 권공장에서 다이쇼나 쇼와 시대와는 다른 메이지의 멋을 읽어내고 있다. 그것은 새로움은 있었지만, 아직 완전한 근대화를 이루지 못한 당대의 시설이었다고 볼 수도 있다. 모던이라고 하기보다는 문명개화라는

51 보여주기 선반: 지금의 쇼윈도를 당시 이렇게 표현한 듯-역자주

52 岸田劉生, 『新古細句銀座通』, 쇼와 34년, 東峰書院.

표현이 더 어울리던 시대의 상업건축인 셈이다. 기시다 류세가 일화 속에서 묘사한 긴자는 메이지 후반 당시 도쿄에서도 가장 많은 권공장이 있던 장소였고, 당시 권공장의 풍경을 가장 잘 볼 수 있는 곳이었다.

메이지 시대 후반에 권공장은 여러 곳에 만들어졌지만, 권공장의 번영은 그렇게 길게 이어지지 못했다. 도쿄 시내의 권공장 수는 메이지 35년에 27개소, 메이지 40년1907에 19개소, 메이지 41년에 20개소였지만, 그 이후로는 급격하게 감소하여 메이지 43년에는 메이지 16년1883보다도 적은 11개소로 줄어들고, 나아가 다이쇼 3년1914에는 겨우 5개소를 헤아릴 정도로 쇠퇴한다. 현재로서는 메이지 17년1884에서 메이지 34년1901의 권공장 수를 정확히 파악할 수 없지만, 메이지 35년의 『도쿄시 통계연표』에 실린 권공장의 창립연도는 <표 1-3>과 같다. 이 표를 보면, 메이지 35년에 존재하였던 권공장의 창립연도별 숫자는 메이지 30년1897에 4개소, 31년에 5개소, 32년에 4개소로 이 무렵에 크게 집중되어 있는 것을 알 수 있다. 이처럼 권공장 수의 변천이나 창립연도로 볼 때, 도쿄 시내의 권공장은 메이지 20년대 후반부터 30년대에 전성기를 누렸으며, 이후 급속하게 쇠퇴해 갔다고 할 수 있다.

그 후 도쿄 시내의 권공장이 언제까지 존재하였는지 명확하지 않다. 그러나, 권공장 가운데 가장 번성하였던 긴자 제국박품관(帝國博品館)의 경우도 관동대지진 전에 일시적으로 폐점했다가 대지진 후에 다시 부활하였는데, 쇼와 5년1930 12월 신문은 그 존재에 대해 다음과 같이 우려하였다.[53]

교바시구 긴자 8정목의 6에 있는 제국박품관은 출품인 사이의 거취

53 <東京日日新聞>, 쇼와 5년 12월 23일.

54 大阪市役所 商工課,
『大阪市商工時報 第十
四號』, 다이쇼 10년 12
월. 사료는 하시즈메 신
야橋爪紳也; 오사카 시
립대 교수, '도시문화
론'으로 유명-역자주]
씨의 도움을 받음.

문제를 중심으로 분쟁이 이어지고 있는데 …(중략)… 러일전쟁 당시부터 시작된 긴자 명물 박품관은 몰락의 운명에 놓여 있다.

어쨌든 쇼와 초기에는 도쿄 시내에서 권공장이 그 자취를 감추고 말았다는 것은 분명하다.

오사카의 권상장의 경우에는 도쿄보다도 더 오랫동안 번창하였던 것 같지만, 다이쇼 시대에 들어서는 이전과 같은 성황을 이루지는 못했다. 그런데도 다이쇼 10년1921의 경우 다음과 같이 여섯 군데 시설과 계획중인 한 곳이 있었다.[54]

건물은 나가타의 세교칸 3층짜리를 제외하고는 모두 2층이었다. 2층 이상을 매장으로 사용하던 권상장도 있었지만, 그 가운데에는 2층을 사무소로서만 사용하는 예도 있다. 또한 구니칸처럼 2층을 당구장으로 사용하는 예나, 국산관과 같이 3평짜리 작은 공간이었지만 휴게소를 만든 곳도 있다. 건물 내 통로를 한 바퀴 돌도록 만든 것은 도쿄의 권공장과 같다. 건물은 1, 2층의 연건평이 378평, 점포 수 32점으로 구성된 국산관이 가장 크고, 1층에 약 55평만을 가게로 한 구니칸의 점포수 4점이 가장 작은 규모였다. 통상 오전 8,

〈표 1-5〉 다이쇼 10년 오사카 권상장 현황

명칭	위치	창립년월일
요시오카吉岡 쇼힌칸商品館	서구 하나조노초花園町	메이지 35년(1902) 설립
나가타長田 세교칸正業館	서구 하나조노초	메이지 35년 설립
오사카 쇼힌미혼칸商品見本館	북구 히가시우메다초東梅田町	메이지 39년(1906) 설립
구니칸五二館	동구 히라노초平野町	메이지 45년(1912) 이전
고쿠산칸儱産館	남구 에비스초惠美須町	다이쇼 4년(1915) 설립
빌리켄billyken 백화점	남구 에비스초	다이쇼 10년(1921) 설립
만신사萬伸舍 백화점	남구 사카초阪町	계획중

9시에서 오후 11시, 12시까지 개장하였다. 점포에서 파는 상품은 비교적 싼 물건들이 대부분을 차지하였는데, 잡화점, 포물점, 문방구점, 부인 세간물점, 화장품점을 경영하는 가게가 많았고, 그밖에 완구점, 악기점, 철물점, 도기점, 등나무 세공점, 도구점, 귀금속점, 과자점 등도 볼 수 있었다. 가게의 형식은 일용품 시장과 비슷하지만, 식료품의 공급을 주업으로 하지 않은 점이 달랐다.

　도쿄와 오사카가 시간적인 차이는 조금 보이지만, 같은 형식의 상점이 메이지에서 다이쇼·쇼와 초기에 걸쳐서 있었는데, 이 상점들은 도시에 생활하는 사람들에게 꿈을 전달하는 역할을 하였다. 물론, 권공장이 만들어진 것은 도쿄·오사카만은 아니었다. 이 시대 비교적 큰 일본의 도시에는 전국 어디에서든지 볼 수 있었는데, 지금도 노인들이 그 당시의 즐거웠던 추억을 회고하곤 한다. 즉, 권공장은 전국 각지의 도시에서 사람들에게 꿈을 선물하는 즐거운 장소로서 인기를 끌었던 것이다.

2

번화가에 나타난 권공장

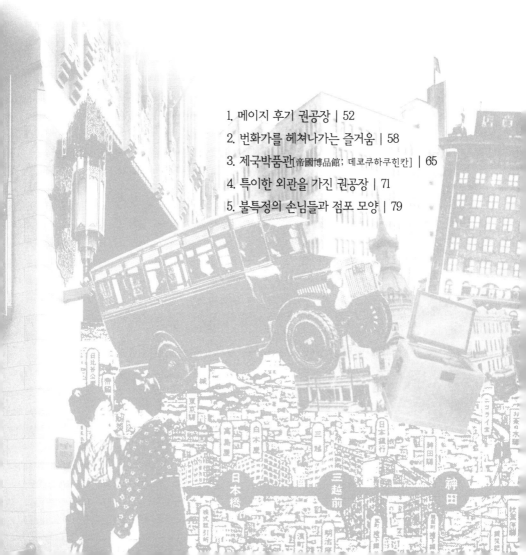

1. 메이지 후기 권공장

권공장이 처음부터 진열판매방식을 취했다는 점은 이미 밝힌 바 있다. 이것은 에도 시대의 점포에서 흔히 볼 수 있었던 좌식판매방식과 전혀 다른 것이었으며, 진열판매방식은 그 후에도 유지되었다. 메이지 25년1892 6월 1일에는 경찰령 제12호에 따라 「권공장 관리규칙」[1]을 마련하는데, 여기서는 권공장이 '본 규칙에서 권공장이라고 하는 것은 옥내에 통로를 설치, 상품을 진열하고, 공중이 자유로이 출입하게 하며 그 물품을 판매하는 장소를 일컫는다' 라고 정의하고 있다.

옥내에 통로를 만들어 사람들을 자유롭게 출입할 수 있게 하고, 진열판매하는 장소를 '권공장' 이라고 부른 것이다. 권공장의 정의에 굳이 상품을 진열하고 있다는 점을 적은 것으로 볼 때, 메이지 중엽에도 진열판매방식을 취하고 있는 점포는 드물었을 것으로 짐작된다. 그밖에도 규칙에는 건축의 「구조제한」, 그리고 사무소로 이용하는 경우를 제외한 3층의 금지, 계단, 비상구의 수 및 크기의 조건, 옥내 도로의 폭을 4척 이상으로 한다는 점 등을 정하고 있으며, 나아가 벌칙규정도 있었다.

권공장에 대한 규칙이 정해졌다는 것은 그만큼 권공장이 사회에 정착해 있었다는 것을 뜻한다. 그런데, 이 무렵의 권공장이 모두 에이라쿠초에 있는 권공장에서 볼 수 있듯이, 신발을 갈아 신고서 실내를 한 바퀴 돌아다니는 진열판매방식을 그대로 답습하였던 것만은 아니다. 진열판매방식을 널리 대중화시키고, 그로 인해 많은 사람들이 좀더 가벼운 마음으로 점포를 찾을 수 있게 하는 게 가장 중요한 과제였다. 단적인 예로, 신발을 실내화로 갈아 신고서 실내로

1 「勸工場取締規則」, (建築學會, 「建築雜誌」, 메이지 25년 6월호에서 옮김).

들어가는 방법에서 신발을 신은 채 실내를 한 바퀴 돌아볼 수 있도록 한 것도 그와 같은 예로 당시로서는 참으로 혁신적인 방법이었다. 민간 권공장이 설립된 뒤 얼마 지나지 않아 이 방법이 널리 실시된다.

권공장이 언제부터 신발을 신은 채로 입장할 수 있게 되었는가를 보여주는 확실한 사료는 없다. 그렇지만, 앞서 소개한 교바시 권공장의 예를 들면, 메이지 15년1882 3월에 제작된 이노우에 야스지[2]의 판화에는 신발을 실내화로 갈아 신고서 실내에 들어가는 모습이 그려졌던데 비해,[3] 메이지 18년1885 5월에 발행된 동판화에서는 신발을 신은 채로 건물 안을 출입하는 모습이 그려져 있다.[4] 그리고, 같은 메이지 18년 동판화에 보이는 우에노의 스기야마 권공장에서도 사람들이 신발을 신은 채 상품을 구경하는 광경이 그려져 있다.[5] 이들 예로 볼 때, 권공장 안으로 신발을 신은 채 들어갈 수 있게 된 때는 메이지 10년대 후반 무렵까지 거슬러 올라갈 수 있겠다. 물론 신발을 신은 그대로 상품을 구경할 수 있게 되었어도, 입구로 들어가 장내를 한 바퀴 돌면 출구에 이르는 방식은 계속 유지되었던 것 같다. 이것은 앞에서 살핀 교바시 권공장을 그린 두 종류의 판화에서 모두 건물의 입구와 출구가 따로따로 그려져 있었던 데에서도 알 수 있다.

또한, 권공장은 건물의 출입구 위치에 따라 점포의 매상에 영향을 받는 일이 많아서, 입구와 출구를 매일 교환하는 경우도 흔했다고 한다.[6] 메이지 34년1901의 「건축잡지」에는, 제2의원[7]이 화재로 소실되었던 대참사를 본보기로 삼아, 병원, 권공장, 일반집회소의 관리 방침이 강구되었다는 기사가 있다. 권공장에 대해서 다음과 같이 제언을 하였다.

2 이노우에 야스지(井上安治); 1864~1889, 메이지 전기 면(綿)에 그림을 그렸던 전통화가-역자주

3 井上安治, <京橋勸業場之景>.

4 深滿池源次郎 編輯, 『東京商工博覽繪 第二編 下』, 메이지 18년.

5 深滿池源次郎 編輯, 『東京商工博覽繪 第二編 上』, 메이지 18년.

6 日本橋區, 『新訂 日本橋區史 下卷』, 쇼와 12년.

7 제2의원; 간다에 있었던 도쿄대학 부속병원-역자주

그림 2-1　(위) 이노우에 야스지 〈교바시 권공장 광경〉 (메이지 15년)
　　　　　(아래) 메이지 18년(1885)의 교바시 권공장(『도쿄상공박람회 제2편 하』)

"공중을 보호하기 위해 장래를 고려해야 …(중략)… 현재 몇몇 권공장에서는 램프에 불을 붙이는데, 앞으로는 램프 사용은 모두 폐지시키고, 오로지 전기등 혹은 와사등으로 불을 켜게 해야 한다. 나아가 이들 건조물 중에 가연성 재료를 사용해 건축한 건물의 경우에는 난로와 같은 난방기기를 쓸 때는 절대 석탄이나 탄불 등을 사용하는 것도 금지하고, 증기를 이용하게끔 해야 한다."[8]

이 글은 당시 건물의 규제를 까다롭게 하려는 움직임이 있었음을 분명하게 보여준다. 이런 방침이 그 후에 어떻게 실행되었는지에 대해서는 분명하지 않다. 하지만, 위 사실에서 메이지 30년대의 권공장을 집회소와 마찬가지로 공중보호를 논할 필요가 있는 시설로 다루었다는 점과, 조명에 램프를 사용했다는 점 등을 알 수 있다.

권공장은 메이지 20년대 후반부터 30년대에 걸쳐 전성기를 맞이한다. 이 무렵의 특징으로 주목되는 것은 거의 모든 권공장이 번화가에 설립되었으며, 정원을 가지고 있지 않았다는 점이다. 이는 메이지 35년1902에 존재했던 27개의 권공장 가운데 교바시 권공장, 마루요시 권공장, 제2마루요시 권공장, 제2미나미타니 권공장, 교바시 상품관, 쇼에이칸, 데코쿠하쿠힌칸 등 7개가 교바시구에 집중되어 있었으며, 그것도 다들 교바시에서 신바시 사이의 긴자 큰길銀座通り에 설립되었다는 점에서도 그 특징을 엿볼 수 있다. 그리고 교바시구 다음으로 많은 곳은 아사쿠사구인데, 교에이칸, 바이엔칸, 도요칸, 가이신칸 등 4곳이 있었다. 마찬가지로 이들 시설도 사람들이 많이 모이는 센소지 앞 및 아사쿠사 공원 6구(圖)라고 불리던 장소에 집중적으로 세워졌다. 그에 비해서 에이라쿠초의 권공장이 들어선 장소는 지금으로 보자면 도쿄역 앞 오피스 거리의 중심지인데, 권공장이 처음 만들어지던 당시에는 육군 보병 병영지나 근위대 공병

8 建築學會,「建築雜誌」, 메이지 34년 2월호.

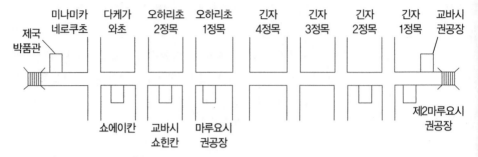

제국
박품관 | 미나미카네로쿠초 | 다케가와초 | 오하리초 2정목 | 오하리초 1정목 | 긴자 4정목 | 긴자 3정목 | 긴자 2정목 | 긴자 1정목 | 교바시 권공장

쇼에이칸 | 교바시 쇼힌칸 | 마루요시 권공장 | | | | 제2마루요시 권공장

그림 2-2 메이지 후기의 긴자 큰길에 있었던 권공장

병영지, 도쿄 고등재판소, 사법성 용지 등으로 둘러싸인 살벌한 곳이었다.[9] 권공장이 민간에게 맡겨지면서 이윽고, 에이라쿠초 권공장의 맥을 이어받아 아사쿠사 권공장과, 그것과는 이질적인 교바시 권공장 등 두 종류의 귀공장이 나타난 점은 이미 지적하였다. 이런 점으로 볼 때 전성기를 맞이할 무렵의 많은 권공장은 교바시 권공장의 흐름을 잇고 있었다고 해도 좋을 것이다.

가장 번영을 누리던 메이지 30년1897경의 권공장이 찻집이나 휴게소가 딸린 정원을 가지지 않았다는 것은 이 무렵엔 정원을 가지지 않더라도 권공장이 사람을 끌어당기는 매력을 충분히 가지고 있었다는 것을 암시한다. 그리고 더욱 흥미로운 점은 에이라쿠초 권공장과 달리, 찻집이나 휴게소가 설치된 정원을 가지고 있지 않았던 이때에도 당시 사람들은 권공장을 유람의 장소로 인식하고 있었다는 점이다.

이런 사실은 각종 통계와 안내, 해설이 실린 메이지 37년1904이나, 다른 해 『도쿄명람(東京明覽) 전(全)』[10]을 보면 잘 알 수 있다. 이 자료를 보면, 권공장이 「상공업」이나 「경제기관」「은행회사 및 공장」이

9 三菱合資會社地所部編, 『古圖より見たる丸の內』, 쇼와 4년.

10 織田純一郎·田中昂·木村新之助·鹽入太輔 編輯, 『東京明覽 全』, 메이지 37년. 범례에 따르면, '이 책에서 예로 들고 있는 곳의 통계는 최근 통계연감 및 도쿄시 통계연표를 참고로 하였지만, 그 통계에 없었던 것들은 각 당국자를 찾아가 들은 것을 싣는 등 노력했지만, 이외에도 다소 근거가 약한 점들이 있다'라고 밝히고 있다.

11 요세[寄席]; 라쿠고, 강담 등 주로 앉아서 연회를 펼치는 전통적인 공연장-역자주

12 라쿠고가[落語家]; 17세기 후반부터 전해지는 1인 재담. 생활주변의 소재로 재미있게 풀어가는 이야기가 주를 이루는데, 주로 앉아서 손짓과 표정으로 흥을 돋움-역자주

13 津田利八郎, 『最近 東京明覽』, 메이지 40년, 博信館.

14 앞의 책, 『東京明覽 全』.

15 칠보의 하나-역자주

16 데아소비구[手遊具]; 손으로 놀 수 있는 도구-역자주

17 에조우시[繪草紙]; 에도시대 어린이와 여자들을 대상으로 만들어진 그림이 들어있는 소설-역자주

18 긴차쿠[巾着]; 우리의 복주머니처럼 입구를 줄였다 늘렸다 할 수 있는 주머니-역자주

19 데아게모노[手提物]; 손잡이가 있어 들고 다닐 수 있는 물건-역자주

20 가타가케[肩掛]; 겨울에 추위를 막기 위해 어깨에 걸치는 부인용 옷-역자주

21 사시모노[指物]; 작은 목재들을 치밀하게 짜 맞춘 공예-역자주

22 오케[桶]; 나무로 만든 각종 통-역자주

라는 항목 안에서 소개되어 있지 않다. 극장, 배우, 씨름, 만담이나 재담을 공연하는 극장[11], 코단시[講談師], 라쿠고가[12], 불꽃놀이, 벚꽃, 철쭉꽃, 창포, 반딧불, 가을풀, 달맞이(칸게츠[觀月]), 단풍, 노가쿠, 시오히[汐干; 도쿄만을 중심으로 썰물 때 각종 해산물을 줍는 행사] 전람회, 칸부츠[觀物; 구경거리], 근교 등과 같이「유람」의 항목에 들어 있었다.

또한 메이지 40년1907과 그외 다른 해의『최근 도쿄명람』[13]에서도 마찬가지로「유람 및 오락」항목에서 소개된다. 권공장의 내용이 상품을 진열하고, 파는 장소로서 만들어진 상업시설이었다는 점에서 상공업이나 회사 항목에서 취급되는 것이 당연한 순리라고 생각한다. 그런데 오히려 극장이나 요세, 벚꽃, 달맞이, 시오히, 칸부츠 등과 같이 유람이나 오락 항목에 들어있다는 것은 당시 사람들이 권공장을 어떻게 인식하고 있었는지, 권공장이 어떤 성격을 지니고 있었는지 살피는데 매우 흥미로운 단서를 제공한다.

또한,『도쿄명람 전』에 따르면, 권공장의 통상진열품에는 다음과 같은 것들이 들어있었다.[14]

도기, 거울(鏡面), 수정[15], 당목(唐木) 세공, 칠기, 죽세공, 손장난감[16], 그림책[17], 인형, 문구, 작은 세간물, 서양 세간물, 도장, 보석, 상아 세공, 녹각구갑(鹿角龜甲) 세공, 시계, 사진, 사진첩, 화장품, 주머니류, 연통(煙管), 반 무늬옷감, 골동, 복주머니[18], 포목, 안경, 모자, 가방[19], 양산, 모피, 나막신(게타下駄), 전매특허품, 닭깃털로 만든 조화, 겨울용 쇼울[20], 책상보, 동철기, 문구통, 차 및 과자 접시, 소설책, 배게, 문고, 이불, 가발, 천을 댄(布張) 책상, 목공예[21] 가구, 가죽공예, 낚시 도구, 활과 화살, 장롱 및 옷상자, 그림, 나무통[22], 재목

권공장이 식료품을 제외한 생활에 필요한 대부분의 물품을 취급하고 있었음을 알 수 있다.

에이라쿠초 권공장이 「유람」의 항목에서 취급된 사실은 충분히 이해가 된다. 그것은 외국의 여러 바자회나 페어를 모범으로 삼아, 찻집이나 휴게소를 가진 정원을 설치하여 일종의 '쾌락원(快樂園)'으로 만들었기 때문이다. 그렇지만, 전성기 때의 권공장은 거의가 정원을 가지고 있지 않아 '쾌락원'이라고 하기에는 내용적으로 거리가 멀었다. 앞서 소개한 「권공장 관리규칙」에 있는 것과 같이 실내에 통로를 만들고, 상품을 진열하여 판매하는 목적을 가진 곳이 권공장이었다. 그럼에도 불구하고, 당시 사람들은 권공장을 유람의 장소로서 인식하였다. 이 점은 권공장이 처음으로 설립되었던 메이지 10년대와 전성기를 맞이하였던 30년대에 권공장을 찾은 사람들 의식에 커다란 변화가 생겼다는 것을 의미한다.

2. 번화가를 헤쳐나가는 즐거움

에이라쿠초 권공장이 물품진열소로서의 매력보다도 정원과 거기에 설치된 찻집이나 휴게소 등을 통해 사람들을 불러들이려고 생각했다는 점은 이미 지적하였다. 메이지 후기에 권공장을 찾은 사람들은 권공장 매장에 배치된 진열품을 보면서 걸어다니는 것 자체를 즐겼던 것 같다. 메이지 후기의 많은 권공장은 정원을 가지고 있지 않았는데, 당시 사람들이 권공장에 대해 갖고 있었던 이미지를 생각하면, 처음부터 정원을 함께 갖출 필요성이 없었는지도 모르겠다.

메이지 후기의 권공장에 대해 즐거웠던 추억을 이야기하는 사람이 많다. 그 가운데 우부카타 토시로生方敏郎도 권공장 회고를 하였다. 그는 메이지 15년1882 군마群馬현에서 태어나, 1930년대 도쿄에서 학창시절을 보낸 뒤 도쿄아사히東京朝日신문의 잡보기자(雜報記者)로 입사, 그후 구어체 기사로 이름을 날린 인물이다.[23]

23 生方敏郎, 『明治大正
見聞史』, 다이쇼 15년,
春秋社(쇼와 53년, 복각
판, 中央公論社에서). 우
부카타 토시로(1882~
1969. 수필가, 평론가)
는 메이지 37년(1904)
에 와세다 대학 영문과
를 졸업하고, 외무성 기
록과에 취직한다. 그 후
도쿄아사히신문의 기자
가 되고, 또한 『와세다
문학』의 편집도 맡는다.
『明治大正見聞史』는 다
이쇼 15년에 완성되었
다.

24 고토이나리 신사; 간
다 지역에 있는 신사 이
름으로 매월 5일과 10일
에 문호를 개방하여 참
배객들이 몰려드는 것으
로 유명-역자주

25 연일(緣日); 특정의
불상 또는 신과 인연이
있는 날로 대개 사찰이
나 신사 주변에는 각종
장이 형성된다-역자주

26 시노다 고조(篠田鑛
造); 1871~1965, 신문
기자-역자주

27 篠田鑛造, 『明治百
話』, 쇼와 6년(쇼와 44
년, 복각판, 角川書店에
서).

권공장이라는 게 마치 활동사진처럼 시내 변화가 여기저기에 있었다. 지금 신바시 부근에 있는 박품관 등도 그 유물의 하나이지만, 우에노에도 있는가 하면 간다에도 우시고메에도 있어서 산보에 나서는 사람들은 쇼핑을 하든 안 하든 거기에 들어갔다 …(중략)… 어쨌든 그런 잡화점을 보고 싶다는 욕망이 사람들 마음속에 있는 듯, 싼 물건을 한마디로 권업장 물건이라고 부를 정도로 권업장은 조잡한 물품만이 배열되어 있었음에도 불구하고, 밤낮으로 많은 사람들을 끌어들였다. 그 중에서도 간다의 난메이칸, 도메이칸 등은 학생들이 아주 많이 찾는 권업장으로 고토이나리五十稻荷 신사[24]의 연일[25] 밤에는 어깨를 서로 부딪치며, 진열대를 보면서 걷다보면 발을 밟힐 만큼 혼잡했다. 나 역시 간다에 사는 친척집에 가서 묵는데, 그날 밤에는 반드시 오가와초小川町를 산보하고서 꼭 권업장에 들어갔다.

시노다 고조[26]가 알고 지내는 노인들과 친구, 친척들로부터 들은 이야기를 묶어낸 책 속에는, 다음과 같은 메이지 후기의 권공장에 대한 추억이 실려 있다.[27]

오늘날 백화점에 가듯이 긴자에 가면 권공장에 들어가는 걸 즐겼는데, 아이들을 데리고 가면 권공장에서 물건을 사는 게 고작입니다. 왜냐하면, 대체로 긴자의 상품은 고가의 물건, 상등품이라고 여기고 있었기 때문에 우리들은 좀처럼 손을 댈 수 없었죠. 그래서 권공장 물건으로 만족하는 것으로 끝인데, 그 권공장 물건이라는 것이 '싼 대신에 조잡하다'라고 평판이 무척 나빴지만, 싸기 때문에 우선 대충 구색을 맞춰 놓자는 식의 쇼핑이었습니다.

…(중략)…

　장내는 좁고, 물건을 사고 있으면 엉덩이와 엉덩이가 부딪칠 정도였습니다. 흥정하는 사람들이 있는 가게 앞은 지나갈 수 없었는데, 예를 들어 기생이나 술집 작부가 세간물 가게에서 옷감을 사고 있으면 이를 훔쳐보는 사람들로 붐벼 사람들 흐름이 그대로 멈추어 버릴 지경이었습니다.

　대개 일용품은 1구역에서 6구역까지 있었으며, 장난감 가게, 문방구점, 오복점이 많았습니다. 아무튼 수백 칸의 가게를 지나지 않으면 출구에 도착할 수 없게끔 된 통로를 지나서, 2층에 오르면 나막신이 나무바닥을 두들겨 울리는 소리, 특히 계단을 오르내리며 내는 소리가 지독해서 나중에는 즈크[28]를 계단에 깔았는데, 이 깔판이 깔린 판자를 나막신을 신은 채 소리를 내면서 걷는 것이 이른바 권공장 기분이었습니다.

　권공장에 가는 그 자체가 정말 즐거웠다는 식으로 많은 사람들이 메이지 후기의 권공장에 대해 비슷한 추억을 이야기한다. 이들 회고담에서 알 수 있듯이, 당시 권공장에는 살 목적으로 안에 들어간 사람도 있었지만, 다수의 사람들은 살 생각도 없으면서 권공장 안의 와자지껄 북적거리는 인파를 헤쳐나가는 것을 즐겼던 것 같다. 또한, 권공장에서 팔리는 상품이 싼 물건이라고 누구든지 인정했다는 사실도 알 수 있다.

　여기에는 이미 언급한 대로 식산흥업을 목적으로 한 초기 권공장의 성격은 거의 보이지 않는다. 오히려 그 반대로, 이 무렵에는 '권업장(勸工場) 물건'이라고까지 불려, 권공장이 품질 나쁜 제품을 가리키는 대명사로 받아들여졌던 것이다. 그렇기 때문에 오히려 사람들이 훨씬 부담 없이 권공장을 찾을 수 있게 되어, 도시에 사는 사람들의 일상생활과 깊은 관계를 가지기 시작한 점도 사실이다. 바꿔

28 즈크(doek); 네덜란드말로 굵은 배실 혹은 무명실로 두껍게 짠 직물, 천막이나 가방, 신발 등에 사용 — 역자주

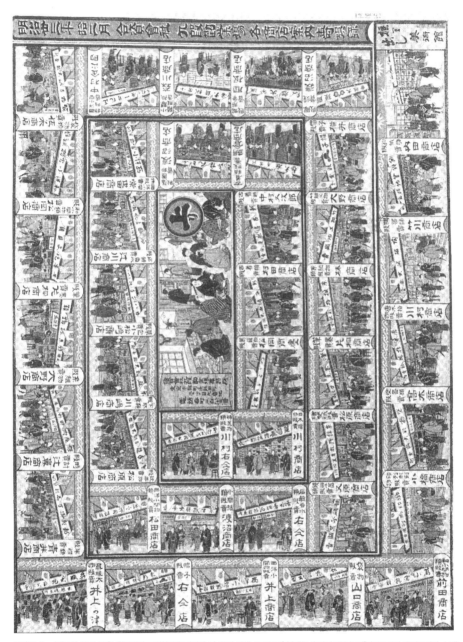

그림 2-3 〈메이지 33년 12월 합자회사 구단(九段) 권업장 각 상점 안내 스고로쿠[壽娛錄: 우리의 쌍륙놀이]〉(도쿄도립 중앙도서관 소장)

말하자면, 권공장이 도시에 사는 사람들의 일상생활에서 빼놓을 수 없는 존재가 되었는데, 그 결과 메이지 후기와 같은 번영을 이룩할 수 있었던 것이다. 사람들은 진열된 상품을 보며 걷기, 즉 그 분주함을 헤치고 나가는 것 자체를 즐기기 시작함으로써 훨씬 가벼운 마음으로 권공장을 찾게 되었다. 이 무렵에는 벌써 메이지 전기처럼 권공장 안에 휴게소나 매점 등을 설비한 정원, 이른바 이 '쾌락원'으로 사람들을 모을 필요가 더 이상 없어졌던 것이다. 일부러 '쾌락원'을 만들어 사람을 모을 노력을 하지 않더라도, 사람들은 스스로 권공장을 찾아들었다. 당시 사람들 입장에서는 권공장에 모여, 그 시끌법적 흥청거리는 인파를 뚫고 나가는 것이야말로 즐거운 일이었던 것이다.

사람들이 권공장에 물건을 구매하려는 목적으로 찾는 게 아니라, 사려는 목적이 없으면서도 들어가게 된 것은 꽤 이른 시기부터 보인다. 민영 권공장이 세워질 무렵부터 메이지 후기와 같은 분위기를 가진 권공장이 만들어졌던 것 같다. 메이지 15년1882 권공장을 노래한 시에는 다음과 같은 내용이 보인다.[29]

> 유행이 넘치는 권공장, 혹은 친목이라고 혹은 장사가 잘 된다고 쇼세이商盛라는 이름이 붙는다. 여러 종류의 깃발을 내걸고, 간판이 달려 있어 흡사 번창함의 극치를 이룬 듯 보인다. 가게에는 '누구든지 자유롭게 들어와 구경하세요'라고 게시하고 있다. 선반에 늘어놓은 물품은 가격표가 붙어 있고, 현금을 사용하며 가격은 일체 깎을 수 없다. 모자, 서양 지팡이, 박쥐 우산, 시계, 예쁜 등, 연초 통, 치약에서 칫솔, 화장품 용구, 잣대, 가위, 작은 칼에서부터 재봉 도구, 게이샤 사진, 대신 참의들의 석판화, 손으로 가지고 노는 장난감에서 옷감, 허리띠 재료 등에 이르기까지 입구에는 도자기류인 세토모노[30]나 손으로 들어 운반하

29 부수이안[不粹庵]이라는 제목으로 발표된 자레우타[戱詩]로 메이지 15년 6월에 발표. 원문은 한시(平野威馬雄, 『銀座の詩情 2』, 쇼와 51년, 白川書院에서).

30 세토모노[瀬戶物]; 도자기류의 통칭. 주로 근기 지방 동쪽의 세토야끼를 가리킴-역자주

는 통(데오케[手桶])까지, 한 줄의 실처럼 잘 정돈되어 있었으며, 어느 것이든 가격표가 붙어 있어서 만약 맘대로 값을 깎으려고 들어간 그 20배의 벌금을 문다는 엄한 규칙이 있다. …(중략)… 살 마음도 없으면서 물건을 구경하거나 값을 물어보는 건 연일 흔한 일이다. 자세히 보고 있으면 진짜 물건을 사 가지고 가는 손님이 늘 적은 편이다. 점포의 여자아이들은 얼마나 심심한지 하품을 참고 있다.

　구경꾼 손님이 많았다는 점이나 일용품에서 장난감, 서양 물건에 이르기까지 모든 물품이 가격표를 달고 현금으로 팔렸다는 점은 메이지 후기의 권공장과 거의 같다. 그렇지만, 상품이 보기 좋게 정돈되어, 함부로 가격 흥정을 벌였다가는 '20배의 벌금'을 문다는 규칙이 있었다는 점 등 식산흥업정책으로 만들어진 딱딱한 분위기가 아직 남아 있었다는 사실은 메이지 후기의 권공장과는 조금 다르다.
　메이지 후기의 권공장에는 싼 물건들이 많이 진열되어 있었다. 관영 시대에서 민영이 된 메이지 10년대, 그리고 메이지 후기의 권공장은 조금씩 거북스러움이 없어지고 즐거운 분위기가 증폭되어 갔던 것으로 여겨진다. 메이지 30년1897 발행의 『도쿄신번창기(東京新繁昌記)』에 따르면, "가격은 싸지만, 물품은 좋지 않아서 …(중략)… 가격만 경쟁하는 경향"이라고, 권공장 내 가게들이 펼치는 가격경쟁의 모습을 그리고 있다. 또한, 권공장에서는 그 가게의 상표가 들어 있는 포장지를 사용하기에, 명성이 높은 상가에서는 '권공장에 가게를 내는 것을 금기시' 하였고, 별항에서 예를 든 긴자의 세간물 가게처럼 권공장에 점포를 내는 것을 포기한 상점도 있었다고 한다.[31]
　권공장에 대한 사람들의 의식 변화에는 몇 가지 원인을 꼽을 수 있다. 권공장이 나라의 식산흥업정책에 오를 만한 좋은 제품을 진열했었지만, 이제는 그와 달리 조악하지만 가격이 싼 상품을 많이

31 金子春夢 編, 『東京新繁昌記』, 메이지 30년. 사토 겐지[佐藤健二] 씨의 증언에 따름.

늘여놓기 시작한 것도 그 원인의 하나일 것이다. 그리고 한편에서
는 권공장의 건축 자체를 변질시켜 나갔던 점도 무시할 수 없다. 권
공장이 번화가에 들어선 것도 그 원인 중의 하나이다. 앞서 교바시
권업장과 마찬가지로 영업시간을 밤늦게까지 연장하는 게 가능하
게 되었다. 그 외에 장내를 한 바퀴 도는 진열판매방식을 철저하게
하여, 메이지 10년대 후반에는 신발을 신은 채 입장할 수 있게끔 일
찍부터 건물을 개량하였다는 점도 중요하다. 도쿄의 백화점에서 그
런 예를 찾자면, 메이지 시대 후반부터 진열판매방식을 계속 취해
가는데 신발을 신은 채로 장내에 출입시킨 것은 관동대지진 이후인
다이쇼 말기부터 쇼와 초기에 걸쳐서의 일이다.[32] 이런 점을 생각하
면, 권공장이 얼마나 빨리 이 방식을 취했는지 알 수 있다. 권공장
은 진열물의 내용이나 영업시간, 시설 등을 바꿈으로써 더욱 많은
사람들에게 친근한 존재로 변모해갔던 것이다.

　권공장이 번영한 시기는 매우 짧았다. 하지만, 거기에는 진열판매
방식이나 신발을 신은 채 실내를 관람하게 하는 등 근대적인 점포
의 선구적 형식을 볼 수 있다. 게다가 권공장을 찾은 사람들 입장에
서 보자면, 상품 구입이라는 직접적인 목적이 아니더라도 각 점포
에 놓여 있는 상품을 보면서 걸어다니는 행위 그 자체를 즐기기 위
해, 부담 없이 권공장을 찾았던 것이다. 메이지 후기 권공장은 이전
에이라쿠초의 권공장이나 아사쿠사 권공장처럼 찻집이나 휴게소를
가진 정원을 설치, 일종의 '쾌락원'으로 만들면서까지 사람들을 끌
어들일 필요는 없었다. 오히려 이 무렵의 사람들은 정원이 없는 권
공장도, 이미 충분히 즐길 수 있는 유람이나 오락의 장으로 인식하
고 있었던 것이다.

　상품을 구경하러 다니는 것, 그 자체를 즐기기 시작하면서부터

32 도쿄의 백화점에서
손님의 신발을 보관하는
제도를 폐지한 것은 마
쓰자카야 긴자점이 다이
쇼 13년 12월이며(松坂
屋60年史 編集委員會
編, 『松坂屋60年史』), 미
쓰코시와 다카시마야는
쇼와 2년(高橋潤二郎,
『三越三百年の經營戰
略』, 高島屋135年史 編
集委員會 編, 『高島屋
135年史』)에 폐지했다.

좌식판매방식의 전통적 점포처럼 '좋은 상품은 창고 깊이 박아 놓고, 수준이 떨어지는 물건을 내보인다' 는 식의 판매방식으로는 고객들이 만족하지 못했다. 다시 말해, 전통적 방식은 상품을 가게 안쪽 깊이 보관해 놓고서, 점포 주인과 고객이 1대 1로 흥정한다. 주인이 고객에게 적합하다 싶은 상품을 골라 심부름하는 아이를 시켜 창고에서 가져와 보여주었는데, 이런 식으로는 고객의 요구를 만족시킬 수 없다. 결국 대부분의 점포들은 고객이 자유롭게 상품을 보며 돌아다닐 수 있는 진열판매방식으로 바꿔야만 했다. 하나의 건물 내 점포를 돌아다니며 구경하였다는 제한된 행위였지만, 권공장이 다이쇼 시대의 긴부라[33]로 상징될 만큼, 거리감상의 선구자 역할을 해냈다고도 말할 수 있겠다.[34]

3. 제국박품관[帝國博品館; 데코쿠하쿠힌칸]

권공장이 전성기를 맞이한 메이지 30년대에 가장 번창했던 권공장의 하나로 제국박품관이 있다. 제국박품관은 메이지 초기에 건설된 긴자 벽돌거리의 건물을 개조해[35] 메이지 32년1899 10월에 신바시 근처에 세웠다.[36] 얼마 지나지 않아 다른 권공장을 능가하는 인기를 누려, 메이지 35년1902에는 권공장 가운데 매출고가 최고에 이른다.[37] 같은 해 통계에 따르면, 각 권공장의 1년간 매출고는 제국박품관이 97,753엔, 도쿄 권공장이 91,686엔, 쇼에이칸이 9만엔으로 높은 수치를 자랑한다. 도쿄 권공장은 에이라쿠초 권공장의 흐름을 이어받은 것이며, 이를 제외하면 제국박품관, 상영관 둘 다 긴자에 세워진 권공장이다. 이 무렵 긴자 큰길에 수많은 권공장이 등장했

33 긴부라[銀ブラ]; 긴자 거리를 어슬렁어슬렁 산보한다는 뜻으로 그런 부류의 사람들을 가리키던 유행어. 제8장에서 자세히 소개됨-역자주

34 『多聞院日記』, 겐키[元龜] 3년(1572) 2월 20일자에는 "가게 구경을 마치고, 꽃이 만발하여 꽃놀이로 향했다"라고 하여, 근세 이전에 가게를 구경하면서 다니는 행위가 전혀 없었던 것은 아니지만, 일상화한 것은 근대 이후로 생각한다.

35 堀越三郎 小瀧文七, 「明治時計台記」(『日本建築史』에서).

36 東京市役所, 『明治三十五年 東京市統計年表』. 또한, 같은 곳에서 펴낸 『明治三十四年 東京市統計年表』에는 창립이 메이지 32년 2월로 기록되어 있다.

37 앞과 같음.

음에도 불구하고, 이들 권공장 모두 매출고가 높아 크게 번창했음을 알 수 있다. 제국박품관이 사람들의 인기를 끈 원인을 이시이 겐도[38]는 이렇게 바라본다.[39]

종래 권공장이라고 하면, 잡화를 파는 것에 그쳐, 이 상업법이 시작된 이래 최근 30년간 이렇다 할 만한 진보도 없었습니다. 그렇지만, 작년 말에 신축 개업한 권공장 박품관은 기존의 2층, 3층의 계단을 없애 경사를 완만하게 하여 사자에도螺堂 풍으로 오르고 내리게끔 한 건축상의 새로운 방법이 신선합니다. 장내에는 종래 그 예를 볼 수 없었던 커피점, 단팥죽집, 이발소, 사진관 등을 설치하였다는 점도 주목을 끕니다. 아무튼 두 가지의 새로운 안을 더해 시작하였는데, 수가 꽤 되는 권공장 속에서도 짧은 시간에 그 이름을 널리 알려 개업 당일부터 인기를 얻었습니다.

이시이 겐도가 말하는 '사자에도榮螺堂'란 서민들이 성지를 순례하기 쉽도록 한 독특한 불당의 구조를 말한다. 참배 통로를 들어가는 곳과 나가는 곳으로 나누고, 경사로나 계단 등을 이용해 오르고 내리는 일방통행을 하면서, 나아가 순회식으로 참배로를 걸어다니게 하여 영험한 성지를 다 돌아볼 수 있게끔 하였다. 사자에도는 에도 시대 혼조[40]인 라칸지[41] 사자에도 외에도 몇몇 예들이 알려져, 에도 시대에서 메이지 초기에 걸쳐서는 명소로 사람들 사이에 인기를 끌었다. 더욱이 현존하는 사자에도에는 아이즈 와카마쓰시會津若松市의 구 소소지舊 正宗寺 산소도三匝堂 등이 알려져 있다. 아이즈 와카마쓰시의 산소도는 소라 껍질처럼 나선형으로 돌아가면서 위로 오르거나 아래로 내려가게끔 만들어졌다.

제국박품관 건물에서 에도 시대부터 서민들 사이에 친근히 여겨져 왔던 사자에도 등 불당 형식을 떠올리는 사람도 당시에 있었던

38 이시이 겐도[石井研堂]; 1865~1943, 편집자 메이지 문화연구가. 잡지 「소국민」을 편집. 저서 『明治事物起源』(1926)가 유명함-역자주

39 石井研堂, 『進步的經營法 小賣商店繁昌策』, 메이지 42년, 博文館.

40 혼죠本所; 상인이나 장인들의 이익 가운데 일부를 받는 귀족이나 절, 그리고 신사를 가리킴-역자주

41 라칸지[羅漢寺; 오이타현에 있는 조계종 절. 14세기초 16나한의 석상을 석굴에 안치하여, 지코지[智剛寺]라는 이름으로 출발한다. 1359년에 중국 스님이 와서 500나한 외에 많은 불상을 만든 후 라칸지라고 불림-역자주

그림 2-4
(위) 제국박품관(『도쿄사진장(東京寫眞帳)』)
(아래) 舊正宗寺 円通 三匝堂(니혼 대학
이공학부 건축사 연구실 소장)

것이다. 또한, 제국박품관에 대해서는 건물 설계자인 이토 다메키치[42]도 다음과 같은 에피소드를 들려준다.[43]

> 이 건물의 특징으로 자랑할 만한 것은 계단을 없애 경사로가 없는 통로 양쪽에 점포를 만든 데 있다. 이 건물은 옛 권공장에 비해 크게 개량된 상책(商策)을 취한 것과 그 경사로가 하나의 화제가 된 듯 3년간 7만 엔의 이익을 남겼다고 한다. 이 돈을 써서 우에노 히로코지에 부지를 구입해 사진처럼 널찍한 건물을 만들어 성대하게 영업을 하였다. 이것은 각 백화점이 오늘날과 같은 전성기를 누리기 이전으로 신바시와 우에노 두 정차장 사이를 오고가는 손님을 상대로 번성한 거였다.

이토 다메키치가 말하는 '옛 권공장에 비해 크게 개량된 상책'이 구체적으로 무엇을 가리키는지는 확실하지 않다. 그렇지만, 아마도 이시이 겐도의 지적처럼 그때까지의 권공장처럼 잡화를 파는데 그치지 않았으며, 기존 권공장을 뛰어넘는 시설을 가졌다는 점에도 있을 것이다. 이시이 겐도나 이토 다메키치의 인용문으로 보자면, 제국박품관이 번창한 주요 이유로 건물 내에 커피점이나 단팥죽집, 이발소, 사진관 등을 설치한 점, 특별한 계단을 이용하지 않고서도 경사로를 따라 건물을 오르내리면 어느 순간에 한 바퀴를 돌고 출구에 이를 수 있는 방법을 가지고 있었다는 점 등, 종래의 권공장에서는 볼 수 없었던 새로운 방식을 시도했다는 것을 들 수 있다. 제국박품관은 권공장 가운데 건물도 큰 편이었는데, 당시 2층까지밖에 없었던 권공장 가운데 3층짜리 건물이라는 점에서도 사람들의 주목을 끌기에 충분한 효과가 있었다고 본다.

제국박품관에서 볼 수 있는 이들 두 가지 새로운 안은 생각하기에 따라서는 둘 다 도쿄부가 설립한 에이라쿠초 권공장을 발전시킨

42 이토 다메키치[伊藤爲吉]; 1864~1943, 건축가. 기계학을 배운 후 미국으로 유학. 귀국 후 목조건물의 내진 내풍을 강화하는 개량안을 고안. 그밖의 새로운 건축 용구를 발명함.

43 伊藤爲吉, 『自一 至九十八創作原稿用箋 智之卷一』. 이 사료는 무라마쓰 테지로[村松貞次郎, 건축사연구자, 도쿄 대학 교수] 씨 소장 자료로, 동씨와 후지모리 테루노부[藤森照信; 건축사연구자, 도쿄 대학 교수] 씨의 도움으로 그 존재를 알았다.

것으로 해석할 수도 있다. 커피점이나 단팥죽집 등을 건물 안에 두었다는 점은 에이라쿠초 권공장의 정원에 세워졌던 찻집이나 휴게소를 건물 내부로 끌어들인 것으로 생각할 수 있다. 그리고, 따로 계단을 이용하지 않고서 2층, 3층까지 경사로를 따라 건물을 순회하는 방법은 단층짜리 건물이었지만 에이라쿠초 권공장이 채용하고 있었던 진열소를 한 바퀴 둘러보는 방법에서 발전시켰다고 볼 수 있다.

그렇지만, 이들 방법을 당시 사람들이 새로운 것으로 여겼다는 점도 사실이다. 이런 점을 고려하면, 에이라쿠초 권공장이 본래 중심이 되어야 할 물품진열소를, 정원을 중심으로 하는 '쾌락원'의 부속물로 취급하였던 것에 반해, 제국박품관에서는 물품진열소 그 자체를 충실히 해 갔다고 볼 수 있다. 커피점이나 단팥죽집, 이발소, 사진관 등을 건물 안에 둔 것도, 진열소 그 자체를 좀더 즐거운 장소로서 충실하게 하기 위한 방안이었다고도 본다. 그렇다면, 에이라쿠초 권공장과 제국박품관에서 서로 유사한 요소를 가지고 있지만, 전혀 다른 사고를 기반으로 만들어졌다는 것을 알 수 있다. 권공장에 대한 메이지 10년대와 30년대의 시대적 요구에 차이가 보인다는 점은 이미 지적하였는데, 제국박품관은 위에서 언급한 것처럼 사람들의 새로운 요구에 답할 수 있었기에 번성하였던 것으로 보인다.

그리고 또 한 가지, 제국박품관은 건물의 외관에 있어서도 새로운 시대의 요구에 부응하는 의장을 가지고 있었던 듯하다. 쇼와 6년 1931에 『긴자사이켄(銀座細見)』[44]을 정리하였던 안도 고세이[45]는 이렇게 밝히고 있다.

[44] 安藤更生, 『銀座細見』, 쇼와 6년, 春陽堂.

[45] 고세이[安藤更生]; 1900~1970, 미술사가 역자주

"메이지 30년대 긴자를 상징하는 것은 핫도리服部의 시계탑과 권공장인 박품관이다. 긴자 4정목의 아사노朝野 신문이 없어지고, 그 자리에 시계왕 핫도리 긴타로金太郎의 가게가 들어섰다. 옥상에 세워진 거대한 시계탑은 장소가 장소인 관계로 눈에 잘 띄어 광고의 목적을 충분하게 달성하였다. …(중략)… 핫도리의 탑을 중심곡이라고 하자면, 그 전주 내지 서곡으로 삼을 만한 시계탑이 또 하나 신바시 부근에 있었다. 그것이 박품관이다."

안도 고세이에 따르면, 제국박품관은 핫도리의 시계탑과 더불어 메이지 30년대의 긴자를 상징하는 존재였다는 이야기이다. 이들 두 건물은 모두 이토 다메키치가 설계하였으며, 의장(意匠)적으로도 공통점을 가지고 있는데, 안도 고세이는 이 두 개의 건물에 있었던 시계탑에 주목하고 있다. 메이지 30년대에 탑건물(시계탑을 포함해서)은 사람들 사이에서 매우 흥미로운 존재였던 것 같다. 건축학회의 기관지인 「건축잡지」도 제국박품관의 건물을 다음과 같이 소개하고 있다.[46]

신바시 센자이루千歲樓에 신축된 권공장인 박품관은 준회원 이토 다메키치 씨의 고안으로 2층짜리 목조건물에 벽돌 외벽을 두르고서 잘 썼은 후 옻칠을 입혀 미국풍으로 장식하였다. 금빛 6개가 번쩍이는 면한 켠에는 높은 탑이 세워졌고, 다른 모퉁이에도 작은 탑 모양의 지붕을 하고 있는데, 하늘과 맞닿은 선이 단조로워지는 것을 막아주는 이들 형식이 볼 만하다. 더욱 의장이 기묘한 것은 장내를 통하는 모든 복도 바닥을 전부 완만한 경사로 배치하여 특별히 계단이 없더라도 2층에 오르내릴 수 있는 방법을 채용하고 있는 점일 것이다.

제국박품관은 옥내에 설치된 경사로는 물론이고, 미국풍으로 장식된 외관이나 탑을 가진 건물 의장도 특이한 존재로서 당시 사람

46 建築學會, 「建築雜誌」, 메이지 32년 9월호.

들의 주목을 끌었던 것이다. 여기서 말하는 미국풍 장식이 구체적으로 무엇을 의미하는가에 대해서는 자세하지 않지만, 위 인용문의 용어나 표현으로 볼 때, 본격적인 서양건축의 규범에 따라 충실하게 만들어졌던 게 아니라 서양풍을 조금 흉내낸 건물이라고 보는 게 좋을 것 같다. 메이지 30년대에는 이러한 미국풍 의장이나 탑을 가진 특이한 외관 건축물이 긴자를 걷는 사람들 사이에서 주목받는 존재가 되었던 듯하다.

4. 특이한 외관을 가진 권공장

제국박품관이 탑과 특이한 외관 때문에, 긴자를 상징하는 건물이 되었다는 점은 지적하였는데, 권공장 중에는 이러한 특이한 외관을 가진 건축물이 비교적 이른 시기부터 만들어졌다. 권공장에 탑이나 사람의 이목을 끌 만한 건물의장을 사용하게 된 것은 권공장이 전성기를 맞이하기 시작한 메이지 20년대 이후인데, 그 가운데는 일부러 건물을 개수하여 다른 건물과는 다르게 눈에 띄는 외관으로 바꾼 예도 있다.

기록이나 전해지는 이야기를 중심으로 메이지 시대 도쿄에 건설된 권공장 가운데 건물 모양을 알 수 있는 주요 예를 살피면, 다음과 같은 것들이 있다.

1) 혼고칸本鄕館 - 혼고 소재

47 앞의 책, 『明治三十五年 東京市統計年表』.

혼고칸은 메이지 24년1891 12월에 창립된다.[47] 전하는 사진을 보면, 2층짜리 건물로 그 위에 탑을 올려 외관은 전체적으로 서양풍인데, 처마의 주름모양, 윗부분이 아치형인 2층 창문, 지붕이 딸린 현관과 그 외에 서양풍의 손잡이를 가진 베란다 등에 특징이 있다.

2) 도메이칸東明館 - 간다 소재

서양식 건축으로서는 비교적 빨리 건설된 건물이다. 시계탑까지는 없었지만, 난간에 몇 개의 작은 탑을 설치하는 등 기묘함을 자랑하는 의장을 볼 수 있다. 『풍속화보』[48]에는 "5월(메이지 25년) 도쿄부의 인가를 얻어 건축에 착수한다. 7월 5일 경시청의 허가를 거쳐 개업한다. 360평의 불쑥 솟은 벽돌건물로, 관내에 상품진열점 80개소를 열어"라고, '불쑥 솟은'이라는 말을 사용하여 건물이 높고, 멋진 벽돌집인 점을 기술하고 있다. 또한, 나가이 다쓰오[49]는 도메이칸에 얽힌 일화로

> "도메이칸은 단층 건물이었다. …(중략)… 통로 양쪽 벽이 진열대로, 특히 한쪽에는 4, 5척 폭의 진열대가 주욱 이어져 물품의 종류가 바뀔 때마다 점포의 주인이 앉아 있었다. …(중략)… 이 점포와 점포 사이에 그 곳 사람들만이 이용하는 나무문이 달린 좁은 통로 쪽으로 접한 곳이 몇 군데가 있었다. 손님들 통로로부터 옆길로 빠져나가는 지름길이 되는데, 문득 여길 지나가고 싶다는 생각이 들어 큰맘먹고 시도해 보면, 출구에 가까이 있는 완구점, 문방구점 사이로 빠져나가, 매우 신선한 기분이 든다. …(중략)… 추석이나 연말에는 각각 15일간 대방출을 하는데, 도메이칸의 대목이다. …(중략)… 도메이칸 입구 윗부분을 장식하고 있는 고풍스럽게 돌출한 노대(露臺)에는 붉고 흰 막이 둘러쳐 있으며, 거기에 아침부터 대여섯 명의 악대가 자리를 차지하고서 오보에의 음조절을 '빠아빠아' 맞추고 있다."며,

48 『風俗畫報』, 메이지 32년 7월 25일 발행.

49 나가이 다쓰오[永井龍男]; 1904〜1990, 소설가. 시나리오 작가-역자주

건물 모양의 흥미로운 점이나 악대를 이용한 호화로운 선전 등을 말하고 있다.[50]

3) 바이엔칸梅園館 - 아사쿠사 소재

권공장 가운데 일찍부터 시계탑을 가진 건물로 메이지 25년에 세워졌다.[51]

히라노 미쓰오[52]는 이 건물의 건설 경위를 설명하면서, 각양각색의 일루미네이션(illumination; 전식광고)을 건물에 설치하는 등 많은 참신한 아이디어가 갈채를 받았다고 밝히고 있다.[53]

50 永田龍男,「手袋のかたつぼ」(『現代日本文學大系86 井上靖, 永田龍男集』, 쇼와44년, 筑摩書房에서).

51 『風俗畵報』, 메이지 30년 4월 25일 발행.

52 히라노 미쓰오(平野光雄; 시계로 대표되는 근대 일본의 정밀산업의 개척자적 인물-역자주

53 平野光雄, 『明治 東京時計塔記』, 쇼와 43년, 明啓社

54 시미즈 분조(淸水文藏; 1929년 72세로 타계

55 원문의 코우모우진(紅毛人은 에도 시대 네덜란드 사람을 가리키는데, 이후 서양인 일반을 뜻하게 됨-역자주

분조[54]는 창의적 기질로도 넘쳤던 것 같다. 바이엔칸을 건설할 즈음에 분조의 제안을 많이 받아들여, 그와 같은 가문의 출신으로 크게 활약하던 대목(木手)인 마쓰야마松山 모씨에게 설계와 시공을 맡겼다. 덧붙이자면, 그 무렵 같은 업계에서는 매우 드물었을 시계탑을 옥상에 건설한 것만이 아니라, 관내에 나선형 계단을 만들어, 입구의 현관 위에는 친교가 있었던 모리다 호우탄森田寶丹의 글씨로 글자 하나의 크기가 1척쯤 되는 '바이엔칸 권업장'의 편액이 걸려 있었다. 그 아랫부분에 니주바시二重橋 풍경을 소형 파노라마로 설치하였는데, 도로상에서 이들 개화된 신사숙녀, 서양인[55], 말을 탄 군인 등의 태엽인형을 움직이게끔 고안되어 있었다. 그리고, 밤에는 관 주위에 화려한 일루미네이션을 설치하는 등 참신한 아이디어를 짜냈는데, 이런 것들이 곧 명물이 되어 사람들의 갈채를 받았으며, 그 결과 영업이 잘 되었다고 전해진다.

그림 2-5　위) 도메이칸 (『風俗畵報增刊 東京名所圖會』)
아래) 난메이칸 (『風俗畵報增刊 東京名所圖會』)

4) 교에이칸共榮館 – 아사쿠사 소재

교에이칸은 입구 옥상에 날개를 펼친 커다란 흰 학이 장식되어 있어서, '학의 권공장'이라고도 불렸다.[56] 『풍속화보』[57]에는 이곳에 대해 아래와 같이 설명하고 있다.

> 목조 2층짜리 건물로 3층 부분에 시계탑이 있고, 지반의 건평수는 96평[58]으로 메이지 27년[1894] 신축하여, 같은 해 7월 7일 개업, 영업해 왔는데, 매월 27일을 휴일로 하고 있다. 관의 입구에는 '백물공함영(百物共含榮)'이라고 나카네 한레이[59]의 편액이 있으며, 좌우에 각종 향을 넣은 복주머니로 장식한 두 명의 아리따운 여자 인형을 두고 있다. 세공인은 야스모토 가메하치.[60]

시계탑과 입구의 편액, 인형 등 어떻게 해서라도 사람들 눈길을 끌려고 했던 것을 엿볼 수 있다.

5) 미사키三崎 권업장 – 간다 소재

메이지 30년[1897] 12월에 개업하여,[61] 전하는 사진을 보면 단층 건물 위에 탑을 가지고 있다.

6) 반초쇼힌칸番町商品館 – 고우지마치麹町 소재

메이지 31년[1898] 6월에 개관하였는데,[62] 얼마 지나지 않아 증축공사를 한다. 『풍속화보』[63]를 보면, "올해(메이지 32년) 5월 증축에 착수함. 현재 그 입구에 층루(層樓)를 공사하고 있는 중"이라고 적고 있다. 여기에 적힌 층루가 구체적으로 어떠한 형식인지는 분명하지 않지

56 앞과 같음.

57 『風俗畵報』, 메이지 30년 4월 25일 발행.

58 건물주는 오타키 가쓰사부로[大瀧勝三郞]. 일본 최초의 놀이동산인 아사쿠사의 하나야시키를 본궤도에 올린 장본인이다–역자주

59 나카네 한레이[中根半嶺]; 일본 서도계에서 예서를 대표하는 서예인–역자주

60 야스모토 가메하치[安本龜八]; 1825~1900, 전통인형의 명인–역자주

61 『風俗畵報』, 메이지 32년 7월 25일 발행.

62 앞의 책, 『明治三十五年 東京市統計年表』.

63 『風俗畵報』, 메이지 32년 6월 25일 발행.

만, 반초쇼힌칸에서도 건물에 탑을 설치하는 게 바람직하다고 여겼다는 것을 엿볼 수 있다.

7) 난메이칸南明館

난메이칸은 당초 고슈칸洽集館이라는 이름으로 메이지 15년1882에 세워졌다. 권공장 중에서는 빨리 창업한 편으로 경영도 순조로웠는데, 메이지 25년1892 사루가쿠초猿樂町 대화재 때 건물을 잃고 만다. 그 후 재건하여 개업하지만, 영업실적이 늘지 않은 채 메이지 32년1899 경영자가 바뀐다. 그리고, 같은 해 4월에 건물 개수와 출품점의 내용을 바꿔, 이름을 난메이칸으로 고쳐 부르자 번창하였다고 한다. 『풍속화보』[64]에는 개수한 건물을 다음과 같이 기록하고 있다.

> 주위는 전부 벽돌로 함. 입구에는 4층짜리 높은 누각이 솟아있어 사람들 눈을 번쩍 뜨이게 함. 각층 툇마루에는 채색한 난간을 설치하고 와사등을 달아 요염하고 아름다운 분위기를 만듦. 그 정상은 동판으로 쌈. 중앙에 시계를 장치함. 사무소는 그 이층에 둠. 밑의 층 한 부분을 관의 출입구로 만듦. 한편, 정문은 화려하게 장식을 하고, 통로를 겸하게 함. 그 모습은 신기루인 양 대단히 정교함.

높은 루가 사람들을 놀라게 하였다든지, 신기루와 같다든지 이 건물에 대한 표현은 아주 과장된 면이 포함되어 있지만, 탑을 가진 건물의 형태라고 말하면서, 채색이나 와사등이라고도 말한 것으로 보아 이 건물이 당시 사람들 입장에서는 주목해서 볼만큼 새로운 형식을 가지고 있었던 것은 분명하다고 하겠다. 개수한 건물은 새로운 경영자인 사이토 가쿠타로[65]가 고안하여, 출입문은 대목수인

64 『風俗畵報』, 메이지 32년 7월 25일 발행.

65 사이토 가쿠타로[齋藤嘉久太郎]; 1928년 죽음, 75세 - 역자주

에치가와 기치고로越川吉五郎가 공사를 했으며, 시계탑도 그때 세워진 것이다.[66] 개수 이전의 건물형태는 정확하지 않지만, 개수 후 난메이칸이 번성한 사실로 판단하자면, 이처럼 화려한 의장을 가진 건물로 만든 것이 영업의 번창과 직결되었을 것이다. 난메이칸으로서는 건물의 개수가 성공적이었다.

8) 우에노 권공장

스기야마 권공장(권업장)이 전신이다. 3층짜리 건물로 중앙부 전면에 탑을 가지고 있다. 스기야마 권업장이 메이지 18년1885 인쇄된 동판화에 그려져 있다는 것은 앞서 설명하였는데, 메이지 34년1901 및 35년의 『도쿄시 통계연표』에는 메이지 34년 8월에 스기야마 권공장이 창립되었다고 적혀 있다. 이처럼 창립 연도가 다른 이유에 대해서는 분명하지 않지만, 후대 자료에 실린 메이지 후기 사진 속 건물은 동판화에 그려진 건물과는 다르다. 또는 사진 속의 스기야마 권공장이 건설된 것이 메이지 34년인지도 모르겠다. 그리고, 이때 경영자가 교체됐는지도 모른다. 건물의 설계는 오카모토 쇼타로[67]로 건물 내에는 경사진 통로가 있어서 점포 안을 한바퀴 돌 수 있게끔 되어 있다.

가시마 코지[68]는

"서양풍 외관이었는데, 몇 층짜리 건물이었지는 잘 모르겠다. 다만, 손님들이 입장해서 걷는 곳에는 계단이 없었고, 통로를 조금씩 오르게 되어 있어, 양측으로 놓여있는 점포들을 구경하면서 걷는 동안 어느새 꽤 높은 곳에 올라가 있었다. …(중략)… 아이들은 여기를 몇 번이고 들락날락거렸다. 입구에서 들어와 빙빙 돌면서 출구로 나가, 다시 입구

66 앞의 책, 『明治 東京 時計塔記』.

67 建築學會會員, 「明治 建築座談會」(建築學會, 「建築雜誌」, 쇼와 8년 10월호).

68 가시마 코지[鹿島孝二]; 1905~1986, 소설가 역자주

로 들어와 또 한번 빙글빙글 도는 식이다."[69]

라고 회고담을 들려준다. 제국박품관의 건물처럼 경사를 이용해 입체적인 일방통행의 통로가 만들어졌던 것이다.

이상과 같이 권공장의 건물에서는 비교적 이른 시기부터 서양풍의 의장이나 탑으로 외관을 장식한 점포가 등장한다. 그리고, 그 가운데에는 난메이칸이나 반초쇼힌칸과 같이 건설 후 얼마 지나지 않아 개수한 예도 있다. 이러한 것들로 볼 때, 외관에서부터 일반적인 건물과는 크게 구분되는 특이한 의장을 가지는 것이 당시 권공장에 필요한 것 혹은 바람직한 것으로 여겨졌던 것으로 판단된다. 또한, 난메이칸의 예로 보더라도, 이러한 화려한 의장을 가지는 것이 실제로 많은 사람들을 점포로 모으는데 유효했을 것이라는 점도 알 수 있다.

권공장이 서양풍 건축의장을 가지고서 건설되기 시작하였다고는 하지만, 그 의장의 사용 방법이나 비례 등은 서양건축의 규범에 준하여 이용되었던 것은 아니다. 그 대부분은 시공주나 시공업체, 건설 인부가 마음에 드는 의장을 부분적으로 끌어 모아 짜 맞춘 것이며, 난메이칸을 비롯하여 서양건축 중에 일본풍의 요소가 짙게 섞여있는 예도 볼 수 있다. 어느 쪽이든 권공장이 번창하기 시작한 메이지 20년대 무렵부터 권공장의 건물이 특이한 외관을 가지고서 건설되기 시작하였던 것은 분명하다. 메이지 중기 도쿄의 거리풍경 대부분을 차지하였던 검은 옻칠을 한 외벽의 전통적인 창고형 점포와는 전혀 다른 의장을 가진 점포가 건설되었다는 점은 주목된다. 정부의 적극적인 정책으로 인해, 메이지 초기에 와사등, 벽돌집 등

69 鹿島孝二, 『大正の下谷っ子』, 쇼와 51년, 青蛙房.

이 있는 근대적 거리가 건설되었던 긴자를 빼놓고서는, 도쿄의 점포가 대부분 그때까지의 전통적인 흙벽 창고형 건물을 대신해 특이한 외관을 가지게 된 것은 메이지 39년1906부터 시작되었던 시구개정(市區改正)의 속성계획이 계기가 되었다.[70] 이 점에 있어서도 권공장이 얼마나 재빨리 화려하며 특이한 의장을 가진 건물로 세워졌는지를 알 수 있다.

5. 불특정의 손님들과 점포 모양

메이지 30년대 긴자를 대표한다고 일컬어졌던 핫토리 시계탑과 제국박품관의 건물이 모두 시계탑을 가지고 있었던 것은 이미 설명하였는데, 메이지 시대에는 수많은 시계탑이 건설된다. 이 수를 메이지 시대 도쿄만을 국한시켜 살펴보더라도, 히라노 미쓰오에 따르면, 메이지 4년1871 다케하시竹橋 진영에서 시작하여 메이지 15년1912 게이오기주쿠慶應義塾 대학도서관의 시계탑에 이르기까지 확인할 수 있는 것만으로도 37개가 있다고 한다.[71] 히라노 미쓰오가 보기로 든 시계탑 가운데, 약 반 정도는 관공청이나 학교에 건설했던 것으로, 이들을 제외하면 시계점의 시계탑이 12군데, 그밖의 것으로 10군데가 있다. 그 10개소를 적어보면 <표 2-1>과 같다.[72]

이들 10개소 가운데 4곳은 권공장의 시계탑이다. 그것도 그 건설 혹은 설치 시기가 정육점이나 유곽의 뒤를 이어 비교적 빠른 메이지 20년대 후반부터 30년대 전반에 걸쳐서 집중되어 있다. 이 무렵은 앞서 지적한 것처럼 권공장의 성격이 변모하는 동시에 가장 번성하였던 시기이기도 한데, 특이한 외관을 가진 권공장이 건설되기

[70] 初田亨, 『都市の明治 路上からの建築史』, 쇼와 56년, 筑摩書房.

[71] 앞의 책, 『明治 東京 時計塔記』.

[72] 앞에서 적은 것처럼 앞의 책 『明治三十五年 東京市統計年表』에 따르면, 제국박품관의 창립은 메이지 32년 10월이 된다.

장소	설치 시기
미나토야규점湊家牛店 시계탑	메이지 8년 (1875)경
가도에비루角海老樓 시계탑	메이지 17년 (1884)경
야와타로八幡樓 시계탑	메이지 22년 (1889)경
바이엔칸 권공장 시계탑	메이지 25년 (1892)
교에이칸 권공장 시계탑	메이지 27년 (1894)
제국박품관 시계탑	메이지 31년 (1898)
난메이칸 권공장 시계탑	메이지 32년 (1899)
가이토가쿠開東閣 시계탑	메이지 41년 (1908)
요미우리讀賣신문사 시계탑	메이지 41년 (1908)
니시우라西浦 도기점(陶器店) 시계탑	메이지 42년 (1909)

시작한 시기와도 일치한다.

권공장은 다른 점포와 비교해서 재빠르게 시계탑과 같은 특이한 외관을 가지게끔 되었는데, 그 이유 중 하나로 종래의 점포가 가까운 지역에서 생활하는 특정의 단골만을 상대로 하였던 것에 비해, 권공장이 비교적 광범위한 지역에 사는 불특정한 손님들을 대상으로 하였다는 점을 들 수 있겠다. 권공장을 찾는 사람들이 상품 구입을 목적으로 하는 사람들만이 아니며, 그냥 둘러보는 손님들도 많았다는 점은 이러한 사실을 뒷받침하는데, 뒤집어 말하자면 이러한 특징은 권공장으로서 건물 그 자체가 사람들 눈길을 끌고, 주목을 모으는 역할을 가질 필요성이 있었다는 것을 가리킨다. 앞에서 안도 고세이가 긴자의 핫토리 시계점과 제국박품관을 이야기하는 가운데, "옥상에 올린 커다란 시계탑은 장소가 장소인 만큼 눈에 잘 띄어서 충분한 광고 목적을 달성하였다"[73]고 하였다. 이처럼 대부분의 건물이 2층짜리 흙벽 창고형인 거리 풍경 속에서 시계탑을 비롯

[73] 앞의 책, 『銀座細見』

그림 2-6 핫토리 시계점(왼쪽)과 메이지 후기의 긴자 큰길(『도쿄 100년사』)

하여 수직으로 치솟은 탑을 가진 건물은 그 자체가 점포의 존재를 알리는 충분한 광고 역할을 해낼 수 있었다고 본 것이다. 또한, 같은 이유로 다른 건물과는 다른 화려한 외관 또한 점포의 존재를 차별화 하여, 사람들 주목을 끌어 모으는데 도움이 되었던 것으로 짐작된다. 건물 자체가 간판으로서 역할을 다하였던 것이다.

　권공장이 전성기를 맞이하여, 그 내용이나 건물 외관에 변화가 보였던 이 무렵은 도쿄의 인구에도 큰 변화가 나타났던 시기이다.

백만을 넘던 에도의 인구도, 막부 말기부터 메이지 초기에 걸쳐서는 격감하여 메이지 초기에는 50만 명 정도밖에 없었다. 그런데 그 후 도쿄의 인구가 메이지 10년경부터 늘기 시작하여, 『도쿄부 통계서』[74]에 따르면 도쿄 15구의 인구는 메이지 19년1886에는 100만 명을 넘어 121만 1357명이 되어 에도의 인구를 거의 회복하였다고 한다. 그리고, 메이지 34년1901에는 163만 894명으로 급격하게 인구가 증가하였다고 기록되어 있다. 즉, 메이지 19년에는 도쿄 인구 두 사람 중 한 사람이 메이지 이후 새로 유입되어 온 사람들이며, 메이지 34년에는 3명 가운데 2명까지가 새로운 사람들이었다는 셈이 된다. 이런 사실은 도쿄의 문화를 떠받치는 기반이 메이지 10년대부터 30년대를 걸치면서 크게 변해갔다는 것을 뜻한다. 그렇다면, 비슷한 시기에 시작되었다고 보이는 권공장의 점포에 진열되어 있는 상품을 보며 거닐거나, 흥청거리는 분위기를 즐기는 행위는 이러한 도시의 변화를 배경으로 태어난 것이었다고 하겠다.

안도 고세이는 "긴자를 술을 마시기 위해서도 아니고, 쇼핑을 하기 위해서도 아니고, 그리고 구경하기 위해서도 아니고, 순수하게 도회의 분위기를 향유하기 위해 비교하면서 걷는 것, 말하자면 거리구경이라고도 말할 만한 것이 발생한 것은 메이지 그것도 말기가 되고서 생겨난 일이다"[75]라고 밝히고 있다. 이것은 많은 사람들이 점포에 진열되어 있는 상품을 구입할 목적이 아니라, 그냥 보고 거니는, 즉 그 시끌벅적한 분위기를 즐기는데 더 흥미를 느끼고 있었음을 의미한다. 다시 말해, 권공장은 안도 고세이가 지적한 거리감상의 선구자적인 역할을 했다고 하겠다. 그리고, 이러한 불특정의 손님을 건물 안으로 더 많이 끌어들일 필요성에서 권공장은 탑을 세운다거나 특이한 의장으로 외관을 장식할 필요가 생겼던 것이다.

74 東京府, 『東京府統計書』.

75 앞의 책, 『銀座細見』.

권공장은 그 안에서 새로운 시대의 도시 건물이 받아들여야 할 요소를 분명하게 지니고 있었다. 그리고 그와 동시에 다이쇼와 쇼와 시대에는 없는 메이지 시대의 고풍스러움이나 사자에도 풍의 건축양식 등 당시 사람들에게는 에도적인 것이라고 여겨지게끔 하는 요소들을 그 안에 가지고 있었던 것도 사실이다. 권공장의 수가 적어지기 시작하였던 메이지 말기 무렵, 마치 권공장과 주역을 교체하는 듯 도시 속에서 즐거움을 연출하는 장소로서 만들어졌던 것이 오복점에서 탈피해 새로운 형식을 갖춰나가기 시작한 백화점이다. 백화점은 막대한 자본력을 바탕으로 권공장보다도 훨씬 큰 규모의 시설과 설비를 가지고, 또한 독자적인 각종 기획행사를 여는 등, 사람들을 매료시키기에 충분했다.

　　권공장에서 팔리는 물품이 '권공장 물건'이라고 불리면서, 싼 물건의 대명사가 되었던 것에 비해, 백화점은 고급스러운 이미지를 만들어내어, 그 이미지를 사람들에게 정착시키는 것에서 출발하였다.

3

오복점에서 백화점으로

1. 백화점의 탄생

메이지 38년1905 1월 2일, 지지신보時事新報 등 전국의 주요 신문 한 면을 모두 차지한 미쓰코시三越 오복점[1] 전면 광고가 다음과 같이 실렸다.[2]

> 저희 가게에서 파는 상품은 앞으로 그 종류를 늘려갈 것이며, 아울러 그 의복장식에 관한 품목은 1동棟 아래층을 손님들의 요구에 대응할 수 있게끔 설비하여, 결국 미국에 가면 볼 수 있는 디파트먼트 스토아의 일부를 실현시킨 것으로….

여기에는 그 당시까지 미쓰이三井 오복점에서 실시해 왔던 일체의 영업을 미쓰코시 오복점으로 양도한다는 내용과 함께 앞으로의 미쓰코시가 펼칠 포부를 이야기하고 있다. 이는 일본에서 대중들에게 선보이는 최초의 백화점 선언이다. 미쓰코시에서는 전년도 12월 6일에 그때까지 합명合名 회사였던 미쓰이 오복점을 바꿔, 주식회사 미쓰코시 오복점을 발족시킨다. 위 신문에서 소개한 내용의 인사장을 미쓰이·미쓰코시의 이름으로 전국의 고객과 거래처에 발송하였다. 신문광고는 바로 그러한 사실을 널리 사회에 알리는 내용이었다.

'Department Store'의 일본 번역어로 '백화점'을 사용하는 것이 일반적인데, 백화점이라는 번역어를 처음부터 정해서 사용했던 것은 아니다. 요코가와 다미스케[3]가 미쓰이 오복점의 의뢰를 받아 메이지 29년1896부터 다음해에 걸쳐 미국으로 건너가 작성한, 디파트먼트 스토아에 대한 조사보고서에는, '잡화진열판매소雜貨陳列販賣所'라는 용어를 사용한다.[4] 그리고, 메이지 말기에는 '소매대상점小

1 오복점(吳服店); 고후 쿠텐, 우리말로는 포목 점으로 옮길 수 있는데 구체적인 형식과 내용에 다소 차이가 있어서 오 복점으로 옮긴다-역자 주

2 三越, 『株式會社三越 85年の記錄』, 헤이세이 2년.

3 요코가와 다미스케[橫 河民輔]; 1864~1945, 건축가-역자주

4 拙稿, 「明治中期の橫 河民輔によるアメリカ の商業建築報告書につ いて」(日本建築學會 『日本建築學會大會學術 講演梗槪集』, 헤이세이 4년)

賣大商店' 등으로 번역하는 일이 많았다.[5] 쇼와 초기 무렵이 되어서도 백화점이라는 용어는 통일되었던 것은 아니었고, "소매대점포, 백화상점, 백화점 등의 호칭도 있으며, 원어 그대로 적용되는 일이 많았다"[6]라고 한다. 시간이 흐르면서 백화점이라는 용어가 차츰 일반화되어 갔던 것인데, 백화점이라는 표현을 처음으로 쓰기 시작한 것은 상점경영의 연구자이자, 도분칸同文館에서 발행하고 있었던 「상업계」의 주간이기도 한 구와타니 사다이쓰桑谷定逸였다고 한다.[7]

일본 백화점은 오복점에서 발전해 그 형태를 갖춰 왔다. 그 후 전철계 회사가 역과 하나로 연결된 '터미널 백화점'도 선보이는데, 터미널 백화점의 출현은 다이쇼 시대 후반 이후의 일이다.

미쓰코시(당시는 미쓰이 오복점)가 본격적으로 백화점화의 길을 걷기 시작한 것은 미쓰이 오복점에 다카하시 요시오高橋義雄가 이사로 취임해, 개혁을 추진했던 메이지 28년1895부터이다. 다카하시가 미쓰이에 들어간 때는 그보다도 조금 빠른 메이지 24년1891까지 거슬러 올라간다. 다카하시의 저서 『상정일신(商政一新)』에 공감하고 있었던 이노우에 가오루井上馨가 소개한 것이 계기였다. 당시 미쓰이 은행은 관공서의 돈을 취급하는데 관련하였다는 문제로 위험한 상태에 놓여 있었는데, 메이지 24년에는 교토에서 고객들이 한꺼번에 예금을 인출하는 대소란이 일어나기도 했다. 다카하시는 게이오기주쿠를 졸업한 후, 지지신보사에서 신문기자로 일하였으며, 그 후 미국으로 건너가 이스트먼 상업학교 등에서 상업과 관련한 지식과 방법을 배웠다. 이러한 그의 경력을 높이 사서, 미쓰이 은행의 규칙이나 업무에 관한 조사가 전적으로 다카하시에게 맡겨진다. 이런 선택은 미쓰이의 전(前) 대표였던 니시무라 도라시로西邑虎四郎가 난국을 타개하는 방법을 놓고 이노우에에게 상의하고 내린 결과였다. 미쓰이

5 中村傳治, 「歐米に於ける〈デパートメントストア〉」(建築學會, 「建築雜誌」, 메이지 41년 4월호).

6 松田愼三, 『改訂 デパートメントストア』, 쇼와 8년, 日本評論社.

7 濱田四郎, 『百貨店一夕話』, 쇼와 23년, 日本電報通信社.

물산에는 마스다 다카시[8]도 있었지만, 마스다는 당시 아직 미쓰이의 사업 일부만 떠맡고 있었다. 그 후, 산요山陽 철도의 사장이었던 나카미가와 히코지로[9]가 미쓰이에 입사하여, 은행의 개혁은 나카미가와에 의해 더욱 박차를 가한다.

오복점인 에치고야[10]는 메이지 5년1872 이후에 미쓰코시의 명의가 되었는데, 미쓰이의 입장에서 에치고야가 전통은 있을지라도 미쓰이 사업 중에는 영업이익도 적고 보잘 것 없는 존재로 취급되었다. 오복점 에치고야를 어떻게 해야 할 것인가라는 점에 대해서도 미쓰이 간부들 사이에서 의견이 분분했다. 미쓰이 간부 가운데는 전통적인 점포형식으로 운영해왔던 오복점을 미쓰이가 경영하는 것은 시대에 뒤떨어진 것이 아니냐는 생각과, 선조이래 내려오는 사업을 폐업하는 것은 더욱 곤란하지 않을까라는 두 가지 의견으로 팽팽하게 갈라섰다. 결국, 에치고야의 경영방법을 근대화해 간다는 방침이 정해져, 개혁을 다카하시에게 모두 위임한다.

다카하시가 사회적인 인상도 좋았던 미쓰이 은행을 떠나, 한 개의 점포에 지나지 않는 에치고야의 개혁을 떠맡은 이유는

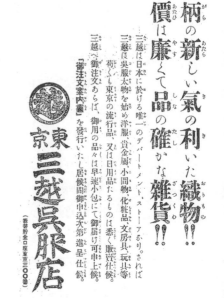

그림 3-1 미쓰코시 광고(『婦人畫報』, 1910년 4월)

8 마스다 다카시[益田孝]; 1848~1938, 미쓰이 최고경영자-역자주

9 나카미가와 히코지로[中上川彥次郎; 1854~1901, 미쓰이 재벌의 개혁자로 불리는 인물-역자주

10 에치고야[越後屋]; 메이지 26년에 미쓰이 오복점이 된다-역자주

그림 3-2 (위) 메이지 중기 무렵의 에치고야(『미쓰코시 사진첩』)
(아래) 메이지 29년(1896)의 미쓰이 오복점(에치고야)의 매장(『미쓰코시 사진첩』)

'메이지 21년 미국 필라델피아의 백화점 워너메이커(Wanamaker)의 조직을 연구하고, 일본 소매 장사도 결국 이러한 흐름과 방법을 채용하지 않으면 안 된다는 생각을 가지고 있었기 때문'이다. 개혁에 즈음해서 다카하시가 내건 조건은, '미쓰코시 무엇무엇 등과 같이 애매한 이름이 아니라, 당연히 '미쓰이 오복점'이라고 이름을 고치고, 미쓰이 스스로가 솔선해서 소매업의 개혁을 단행하는 의지를 보여주어야 한다는 주장'이었다. 미쓰이에서는 다카하시의 생각을 받아들여, 명칭을 '미쓰이 오복점'으로 바꾸는 것과 동시에, 마크도 둥근 원에 월(越)자가 들어간 모양에서 원에 우물 정, 그리고 석 삼으로 되돌린다. 이것으로 다카하시가 생각한 대로 개혁을 밀고 갈 조건이 어느 정도 갖추어진 셈이다. 이에 다카하시는 '서양의 백화점 방식에 의지하여, 일본 소매상의 틀을 개혁하려는 이상을 가지고' 미쓰이 오복점의 개혁을 과감하고 재빠르게 진행시켰다.[11] 다카하시가 추진한 개혁의 주요 쟁점은 다음과 같은 것들이었다.

1. 대복장식(大福帳式) 감정(勘定)에서[12] 서양식 부기방식으로 변경
2. 앉아서 파는 방식을 고쳐 진열 판매방식을 채용
3. 부인 나들이옷의 패션에 유행을 만들어낼 것
4. 고등교육을 받은 신입사원 채용
5. 상점의 규칙을 엄격히 한 제반 규정을 제정
6. 광고 선전 활동의 활발한 전개

상점의 근대적 방식 가운데 하나라고 불리는 정찰제 판매는 주요 쟁점에는 들어있지 않았다. 이것은 미쓰코시가 이미 '현금의 경우 이문 없이 염가판매'를 에도 시대부터 실시해 왔기에 새롭게 받아들일 필요가 없었기 때문이다. 다카하시의 성급한 개혁이 진행되자,

11 高橋義雄, 『箒のあと (上)』, 쇼와 8년, 秋豊園.

12 회계장부의 하나로 판매액만을 기록하기 때문에 그 손익을 감정해내기 어려운 점이 있다—역자주

옛날부터 있었던 점원과 다카하시의 교육을 받은 신입 점원 사이에 알력이 생겨, 메이지 31년1898에는 30~40명의 기존 점원들이 후카가와深川의 신세지眞盛寺에서 농성하면서 사직서와 청원서를 제출하는 스트라이크를 일으킨다.[13]

당시 점원들 사이에서 소동을 일으킨 백화점은 미쓰코시만은 아니다. 다이마루大丸에서는 메이지 41년1908에 신구 간부들끼리 첨예하게 대립하여, 구미 시찰중이었던 사장이 황급하게 귀국하는 소동이 일어난다. 시라키야白木屋에서는 점원의 불만이 폭발하여, 메이지 41년에 담당 매장에서 정중하게 응대는 해나가면서도 손님에게 물건사기를 권하지 않는 전 점원의 사보타지로까지 발전한다. 또한, 관서에 거점을 둔 소고우十合는 회사 설립(합명회사) 준비를 착수할 무렵인 메이지 30년1897에 신사이바시心齋橋점 점장을 중심으로 27명이 갑자기 사직하고서 다른 회사를 설립한다는 선언을 한다.[14]

대량생산이라는 새로운 생산조직, 거기에 따르는 회사개혁이 진행되어 가는 가운데 새로운 상품 유통에 부합하는 형식의 백화점이 만들어졌다. 이 개혁은 종래의 흐름에 젖어있는 사람들 입장에서 보자면, 결코 고마운 일만은 아니었던 것이다. 그러나, 소비가 생산을 보완하는 식으로 순환이 완성되었으며, 이제 재생산이 가능해진 것으로 보자면, 산업혁명이 만들어낸 이러한 대량생산은 사그러들던 기존의 소비형태에 근본적인 변화까지 요구하였던 것이다.

일본 경제구조는 메이지 중엽부터 크게 변화해, 메이지가 끝날 무렵에는 거의 산업혁명을 달성, 산업자본의 확립도 매듭을 짓는다. 농림업에 종사하는 인구는 메이지 31년1898을 정점으로 점차 감소하기 시작한다. 권공장이 가장 번창했을 때가 이 무렵인데, 메이지 20년대 후반부터 러일전쟁에 걸친 시기에 급격히 쇠퇴해갔다. 또한

13 林幸平, 『豫を繞る人人』, 쇼와 5년, 百貨店時代社

14 大丸二百五十年史編集委員會 編, 『大丸二百五拾年史』, 쇼와 42년. 白木屋, 『白木屋三百年史』, 쇼와 32년. そごう社長室弘報室 編 『株式會社そごう社史』, 쇼와 44년.

메이지 말기에는 생산가격 및 생산국민소득이 변하면서 비농림업이 농림업을 능가한다. 산업구조의 전환은 도시로의 인구집중을 한층 더 초래하였는데, 백화점이 만들어진 것은 이 무렵으로 결국 이러한 도시에서 생활하는 사람들의 요구에 응답하려는 움직임이었다. 일본에서는 러일전쟁 때부터 도쿄, 오사카로 인구집중이 진행되었으며, 그 후 다이쇼 시대 중엽에 걸쳐서 교토, 나고야, 고베, 요코하마를 포함한 대도시의 인구증가가 더욱 두드러진다.[15] 그리고, 권공장과 백화점이 세워지고 발전하였던 때는 바로 일본의 도시인구가 크게 증가하였던 시기이기도 하였다. 백화점은 권공장이 퇴저의 기미를 보이기 시작하던 때부터 만들어지기 시작해서 단기간에 크게 발전해 권공장을 대신하여 도시에서 생활하는 사람들이 즐길 수 있는 장소가 되었다.

백화점 가운데에서도 그러한 흐름에 가장 빠르게 반응한 곳이 도쿄의 미쓰코시와 미쓰코시와 경쟁하고 있었던 시라키야였다. 이 무렵 오복점에서 백화점으로 변화하려던 많은 백화점들이 구미의 디파트먼트 스토아에 대한 조사를 실시하였으며, 이와 함께 배울 필요가 있는 본보기로 여겼던 백화점이 미쓰코시와 시라키야였다. 메이지 후반, 도쿄에 커다란 매장을 열고 있었던 오복점으로는 미쓰코시, 시라키야, 다이마루, 마쓰자카야松坂屋, 마쓰야松屋 등이 있었지만, 이들 오복점으로선 "미쓰코시가 포목 전문의 종래 색깔을 버리고, 디파트먼트 스토아로서 새롭게 발전, 금세 기반을 굳혀 간 사실이 업계로서 커다란 자극이었다"[16]라고 한다. 그리고, 관서에서 기반을 가지고 있던 소고우와 다카시마야高島屋에서는 메이지 말기에 중역이 직접 직원을 동행해 도쿄로 나와, 미쓰코시와 시라키야를 시찰한다.[17] 산업혁명과 그것이 만들어 낸 도시의 출현, 백화점

15 大石嘉一郞, 「資本主義の確立」(『岩波講座 日本歷史17 近代 4』, 쇼와 51년, 岩波書店). 橋本晢哉, 「近代化と民衆運動」(『岩波講座 日本歷史17 近代 4』, 쇼와 51년, 岩波書店).

16 앞의 책, 『白木屋三百年史』.

17 앞의 책, 『株式會社そごう社史』.

은 바로 그러한 도시의 근대화 과정 속에서 탄생한 것이다.

2. 진열판매방식의 도입

다카하시 요시오가 가장 먼저 실시한 개혁은 장부와 판매방법 두 가지였다. 당시는 점장의 급료가 싼 대신에, 상품 판매를 대충 얼버무리는 게 관습화되어 있었다. 그리고, 회계장부가 판매기록이 중심을 이루는 대복장(大福帳)인 관계로 일반적으로 분실품이 어느 정도인지조차 명확하게 파악하지 못한 실정이었다. 다카하시는 점원의 급료를 올리는 한편, 장부도 대복장에서 부기 방법으로 고쳤으며, 동시에 판매방식을 바꾸었다.

다카하시는 그 당시까지의 좌식판매방식을 버리고 진열판매방식으로 판매방식을 바꾸었다. 다카하시가 처음 본 미쓰이 오복점의 풍경이란 이런 식이었다.

> "튼튼한 느티나무로 짠 진열장을 열쇠 모양의 방 벽에 붙여 놓았는데, 지배인이 대기하고 있는 이런 진열장이 전부 11개 놓여있었다. 매장을 찾아온 손님이 낯익은 지배인을 보고서 주문을 하면, 지배인은 자리를 지키면서 큰 소리로 심부름하는 아이에게 무엇무엇을 가져오라고 명령을 내린다. 그러면, 일하는 아이는 그 소리에 맞춰 창고에서 물품을 사각의 판자 위에 실어 매장까지 꺼내오고, 지배인은 이를 받아서 고객에게 보여주는 것이 순서였다. 따뜻한 감색의 발을 쳐서 상점 안을 약간 어둡게 해 놓았는데, 이는 물품을 잘 살피도록 하기 위해서라고 한다. 그리고 가능하면 물품을 적게 내고도 손님을 만족시킬 수 있는 것이 지배인의 능력이라고 하는 데"[18]

18 앞의 책, 『籌のあと (上)』.

다카하시의 눈에는 시대에 뒤떨어진 광경이 그대로 이어지고 있는 것으로밖에 비춰지지 않았던 것이다. 다다미의 위에 지배인이 앉아 있고, 한편 그 옆에 벼루상자, 앞에는 주산과 대복장, 담배 그릇을 놓고서 고객을 대하는, '거기 누구, 몇 번 창고 몇 번째 선반 주문'이라고 소리를 질러 지시하고, 심부름하는 아이는 '네~'라고 대답하면서 창고로 달려갔다. 다카하시로서는 이러한 광경을 될 수 있는 한 하루라도 빨리 바꾸고 싶었던 것이다.

그러나, 매장의 모든 것을 새로운 진열판매방식으로 하는 데에는 점원의 반대가 많았다. 할 수 없이 다카하시 스스로 묘안을 짜내, 그때까지 단골 손님에게 식사를 제공하기 위해 몇 군데로 나눠 쓰고 있었던 2층의 방을 틔워서, 열쇠 모양을 한 커다란 방을 하나 만들어 거기에 10여 개의 쇼 케이스를 늘여놓고 포목을 진열한 뒤, 손님이 자유롭게 돌아다니면서 볼 수 있게 했다. 다카하시가 이사에 취임하고서 3개월이 지난 메이지 28년1895 11월에 공사는 이루어졌다. 새롭게 고쳐진 매장은 평판이 좋아서 많은 손님을 끌어모아, 메이지 33년1900 10월에는 본점의 앉아서 파는 방식을 전부 없애고, 모두 진열판매방식으로 바꾸었다.[19] 전관을 진열장으로 바꾼 이 날의 모습을 당시 신문은 이렇게 묘사하였다.[20]

> 오전 7시 문을 여는 것과 동시에 인파가 몰려 들어와서, 오전 10시에는 그 수가 무려 8,500명을 헤아린다. …(중략)… 한때 앞문을 닫아서 오는 손님을 사양하였으며, 오후에도 더욱 심해져 오전에 못지 않은 광경이었는데, 무로마치室町 큰길은 가게 앞을 가득 채운 군중들 때문에 철도, 마차의 왕래조차 자유롭지 못했다.

당일 매출도 개점 이래의 최고 기록을 달성하였다고 한다. 진열

19 앞의 책, 『株式會社 三越 85年の記錄』.

20 <時事新報>, 메이지 33년 10월 17일.

그림 3-3 (위) 미쓰이 오복점의 2층 진열장과 1층 매장(『미쓰코시의 발자취』)
(아래) 메이지 40년(1907) 쇼윈도가 신설된 마쓰자카야(『마쓰자카야 70년사』)

판매방식이 얼마나 사람들에게 인기를 얻었는지 잘 알 수 있다.

진열판매방식을 보완하는 역할을 해낸 것이 가게 앞에 설치되었던 쇼윈도이다. 일본 백화점에서도 진열판매방식의 도입과 거의 비슷한 시기에 쇼윈도가 설치된다. 진열판매가 점포를 찾는 손님이 자유롭게 상품을 보고, 손님 스스로가 상품을 고를 수 있게끔 하였다는 것에 비해, 쇼윈도는 거리를 지나가는 사람들의 흥미를 환기시켜 손님을 점포로 끌어들이기 위한 것이었다.

미쓰이 오복점에서는 메이지 36년1903 3월에 도요이즈미 마스조 豊泉益三를 쇼윈도의 장식 연구를 목적으로 뉴욕에 파견해, 흙으로 만든 창고형 점포 앞을 개조하여 다음 해인 37년에 쇼윈도를 설치한다.[21]

이 마쓰이 오복점의 개혁을 뒤쫓듯이 도쿄의 다른 오복점에서도 앉아서 파는 방식에서 진열판매방식으로의 개혁이 추진된다. 마쓰야에서는 메이지 34년1901에 건물을 개조하여 2층에 진열판매장을 만들고, 36년에는 진열장을 확장한다. 40년 건물을 개축할 때에는 점포 전부를 진열장으로 한다. 그리고 거의 비슷하게 메이지 37년에 쇼윈도를 설치한다. 시라키야에서는 메이지 36년에 새 점포를 만들면서 모든 점포를 진열판매방식으로 한다. 진열판매방식으로 바꾸기 전인 메이지 중엽쯤의 앉아서 팔던 상황은 이렇다.

> 다다미 100개(한 개는 90×180cm) 정도의 방에 1번에서 8번까지 매장이 있었다. 그 매장에 융단을 깐 부분에 손님이 앉으면 매장 담당자가 손님의 기호에 맞는 상품을 가게의 뒤편 창고에서 가져와 파는 식의 방법을 취하고 있었다. 또한, 이 매장의 안쪽으로 외부 판매의 단골 손님을 위한 매장 네 곳과 관료들을 상대로 하는 매장이 두 곳 있었다고 한다. 그리고 앉아서 파는 방식에서 진열판매방식으로 바꿀 때에는 1층

21 豊泉益三, 『越後屋より三越』, 쇼와 11년, 川瀬五節堂.

그림 3-4 시라키야의 후지하라[藤原]식 휴게실(『시라키야 300년사』)

중앙 출입구 좌우로 벨기에에서 수입한 두께 1촌 2~3분의 유리로 만든 쇼윈도를 만들었다.

진열판매방식의 도입은 미쓰이 오복점보다 조금 뒤쳐졌지만, 쇼윈도 설치는 앞선 셈이다. 마쓰자카야에서는 메이지 40년1907 건물을 개축할 때, 다이마루에서는 41년 다시 매장을 고칠 때 점포 전부를 진열화하고 쇼윈도를 설치한다. 일본의 백화점에서는 메이지 20년대 후반에서 40년대 전반에 걸쳐, 판매방식이 좌식판매방식에서 진열판매방식으로 완전히 달라져 갔으며, 그것과 병행해서 가게 앞에는 쇼윈도가 설치되었다.[22]

진열판매방식의 채용과 함께 백화점 안에 설치했던 것이 휴게실이다. 미쓰이 오복점에서는 본점이 전관 진열판매를 개시한 메이지 33년1900, 1층과 2층에 휴게실을 설치한다. 휴게실에는 테이블을 두

22 初田亨·村島正彦, 「東京に建設された百貨店建築の施設等の變遷」(日本建築學會, 『日本建築學會大會學術講演梗概集』, 헤이세이 3년).

고, 전담 접대직원을 붙여 고객들의 휴식 및 약속장소로 이용할 수 있도록 만들었다. 마쓰야에서는 점포 모두를 진열장화한 메이지 40년1907에 휴게실을 만들었으며, 다이마루(도쿄 본점)에서는 쇼윈도의 설치와 함께 건물을 다시 치장한 메이지 41년에 소파를 두고, 구관조의 새장을 설치한 휴게실을 만든다. 그리고 시라키야에서는 메이지 44년1911에 일본풍, 서양풍을 포함해 전부 4개의 휴게실을 설치한다.[23]

백화점 휴게실은 고객에 대한 서비스로서 만들어진 것으로, 그 본보기는 이미 유럽이나 미국의 디파트먼트 스토아에서 찾아볼 수 있을 것이다. 하지만, 백화점을 도시 속의 시설로 볼 때 자유롭게 드나들 수 있는 휴게실이 도시의 중심부에 설치되었다는 점은 그 의의가 자못 크다. 백화점 휴게실은 백화점을 찾은 고객에 대한 서비스 차원에서 설치된 것이었다. 당시에는 시내에 다방 등도 아직 적었고, 단팥죽 가게, 우유가게 등이 이미 도시 속에 쉼터 내지 휴게실의 역할을 하고는 있었지만 그 수는 그렇게 많지 않았다. 이러한 시대에, 백화점 안에 휴게실이 만들어졌다는 것은 도시 속에서 쉴 수 있는 장소를 갖고 싶었던 사람들에게는 아주 의미 깊은 일이 아닐 수 없다. 특히, 부인이나 아이들을 동반한 가족들과 같이, 지금까지 주로 집안에서만 생활하던 이들까지 도시 속에서 부담 없이 나서서 즐길 수 있는 휴게소를 가진 장소가 만들어졌다는 점은 그 의미가 크다.

미쓰이 오복점이 진열판매방식으로 모습을 바꿀 무렵, 마침 호치報知 신문사 발행의 잡지 「여행(旅行)」에서 '도쿄 10경'이라는 기획을 추진한다. 종래의 오복점과는 다른 새롭게 개량된 미쓰이 오복점의 진열판매 모습을 그리기 위해, 편집국장 무라카미 마사키村上政亮와

23 앞과 같음.

함께 기자 시노다 고조篠田鑛造가 미쓰이 오복점에 취재하러 갔을 때의 일이다. 마중하러 나온 당시 부지배인인 히비 오스케日比翁助는 기왕 점포를 소개해 주려면, "니혼바시에 화장실이 있다고 써 주십시오. 미쓰이 오복점은 니혼바시에 화장실을 많이 준비해 놓았습니다. 그 덕분에 화장실은 이 길을 깨끗하게 만들었습니다"[24]라고 소개해 주길 원한다고 밝혔다. 히비에 따르면, 니혼바시에 물건을 사러 오는 부인이나 아가씨들이 가장 곤란을 느끼는 것은 불결하다는 것이며, 그런 점 때문에 제일 먼저 화장실을 개량하였다는 것이다. 훌륭한 화장실을 만드는 것은 휴게실을 설치하는 것과 마찬가지로 손님을 가게로 불러들이기 위한 방안이었는데, 휴게실이나 깨끗한 화장실의 설치는 도시 속에 오랜 시간동안 사람을 붙들어 둘 수 있는 도시 시설로서도 빠뜨릴 수 없는 것이다.

이윽고 오복점은 백화점화가 한층 더 가속화되어 가는 가운데, 단순한 점포를 뛰어넘어 도시 속에서 부인 및 아이들을 동반한 가

〈표 3-1〉 도쿄 10경

도쿄 10경	내용
아카사카미쓰케赤坂見附의 아름다움	화족(華族) 여학생들의 등교
연극을 능가하는 재판소	히비야日比谷의 재판소 방청
아오야마青山 묘지의 무덤 구경	명사, 명가들의 묘지
혼간지本願寺의 아침 설교	쓰키지築地 혼간지의 설교 청강
니혼바시의 생선시장	아침 시장의 모습과 음식들
니혼바시의 아름다운 화장실	미쓰이 오복점
간다神田의 청과물 시장	야채시장의 모양과 산지
호치報知신문사의 윤전기	자사의 모습
간다묘진神田明神에서 바라 본 도쿄 시내	높은 곳에서 내려본 도쿄 내 풍경
인력거의 도쿄 안내	인력거꾼을 고용한 안내

24 篠田鑛造,「日比翁の鱗影」(豊泉益三 編, 『日比翁の憶ひ出 (續)』, 쇼와 8년, 三越).

족이 가볍게 하루를 즐길 수 있는 몇 안 되는 도시 시설의 하나로서 자리잡아 갔으며, 그 배경에는 이러한 세심한 연출도 엿볼 수 있었다. 미쓰이 오복점의 진열판매 모습을 '도쿄 10경'의 하나로 꼽고자 했던 애당초 잡지의 편집 방향과는 조금 달라져 버렸지만, 청결한 화장실은 소개되었다. 미쓰이 오복점과 더불어 '도쿄 10경'[25]으로 꼽은 곳은 <표 3-1>과 같다.[26]

[25] 도쿄 10경의 사진 자료 대신 '신 도쿄 100경'을 소개한 다음 홈페이지를 소개합니다. http://club.pep.ne.jp/ ~.mizuno/tokyo.html- 역자주

[26] 앞과 같음.

이처럼 메이지 후반의 새로운 도시 풍경의 하나로서 미쓰코시도 뽑혔던 것이다.

3. 유행을 만든다

산업혁명으로 대량생산이 가능해지고, 그 생산된 것을 소비해 다시 재생산으로 이어가기 위해서는 소매업의 변혁이 필수적인 것이었다. 진열판매 방식의 도입과 가게 앞 쇼윈도의 설치가 사람들의 상품에 대한 흥미를 더욱 크게 환기시켰다. 이것이 지금까지의

그림 3-5 유행품을 만들어낸 미쓰코시의 포스터(『미쓰코시의 발자취』)(『미쓰코시 사진첩』)

27 토사파(土佐派); 일
본화의 계보 중 하나로
토사 미쓰노뷔土佐光信]
가 확립함- 역자주

28 가와바타 교쿠쇼[川
端玉章]; 1842~1913-
역자주

29 아라키 간포[荒木寬
畝]; 1831~1915- 역자
주

30 유젠[友禪]; 메이지
시대에 들어서 크게 유
행한 풀(糊)을 이용한
전통 염색법으로 다양하
고 화려한 색채로 그림
과 같은 효과가 있음-
역자주

31 니시진[西陣]; 전통적
인 가내수공업이 밀집해
있는 교토시의 한 지역
으로 근세 이후에는 직
물업의 중심지로 성장-
역자주

32 林幸平, 『續像を繞る
人人』, 쇼와 7년, 百貨店
商報社

좌식판매방식에 비해 대량소비를 촉진하는 유효한 방법이었다는 점은 분명하였다. 나아가 대량소비를 촉진하는 또 다른 방법은 바로 상품에 유행을 만들어내는 것이었다. 때때로 유행은 특별히 필요로 하지 않는 상품의 수요까지 사람들로부터 끌어낸다. 백화점이 유행을 의도적으로 만들어내기 시작한 것은 꽤 이른 시기부터였다.

종래 오복점에서 상품을 구입하려면 대개 손님은 가게에 준비해 둔 모양견본 책자를 보고, 그 중에서 주문하는 것이 일반적이었다. 기모노[和服]에는 계절의 차이나 연령에 따른 변화가 적어, 에도 시대부터 반복되어온 땅에 떨어진 솔잎, 흩어진 솔방울, 종이학, 칠보, 이어진 삼잎, 송죽매(松竹梅), 눈내린 밤 달빛 아래 꽃, 학과 거북 등의 모양과 염색 및 짜는 방법에 대한 책들이 이용되고 있었다. 이러한 상황을 새로 개혁할 필요를 느끼고, 미쓰이 오복점은 메이지 28년[1895]에 의장부를 신설한다. 여기서는 모미야마 도슈?[山東洲]를 계장으로, 그 아래에 일본 화단의 토사파[27]에 속하는 가타야마 간토[片山貫道], 교쿠쇼[28] 문하의 후쿠이 고우테[福井江亭], 시마자키 류우[島崎柳塢], 다카하시 다마후치[高橋玉淵], 도다 교쿠슈[戶田玉秀], 간포[29] 문하의 사가와 햐쿠가[佐川百臥] 외에 후지이 다다히로[藤井忠弘], 하나다 요시가타[花田義方] 등의 화가에게 위탁해서, 새로운 옷감 모양의 기본틀을 그리게 하였다. 그들은 당시, 유젠[30] 염색을 주로 하여 자수나 윗그림을 곁들이고 있었는데, 그 공정을 모르는 화가가 그린 도안은 제작하기 힘들다라는 비난이 있어서, 화가들로 하여금 교토의 유젠 공장과 니시진[31]의 직물 공장을 직접 시찰하게 한다든지, 스스로 유젠을 염색하는 등의 노력도 이루어졌다.[32] 또한 염직물의 생산지에도 직접 제안하여, 봄과 가을 2번에 걸쳐 직물전람회를 열어 도안의 개발을 촉진시키는 일도 하였다.

미쓰이 오복점에서 적극적으로 유행을 만들어 나갔던 장본인도 다카하시 요시오였다. 다카하시가 유행을 만들 필요성을 절감하였던 것은 프랑스 파리에서의 기억 때문이었다.

> "나는 지난 해 프랑스 파리에 놀러 갔을 때, 그들은 양복을 매년 신형으로 만들어 비단 파리만이 아니라, 유럽 여러 나라들, 그리고 멀리 미국의 유행계까지 선도한다는 이야기를 들었다. 할머니가 입던 옷을 손녀딸이 물려 입는 경우조차 있다. 일본으로선 도저히 시도할 엄두가 나지 않는 부분이다." [33]

을 통감하는 것에서 출발한다. 청일전쟁 후 호황을 맞이하였던 메이지 29년1896경에는, 경기가 좋아지면 세상 사람들의 취향이 화려해진다고 하는 경험을 밑바탕으로, 그 기회를 타야 한다고 생각했다. 이에 따라 '다테伊達 모양' [34]이라고 이름을 붙인 한 벌짜리 의상을 만들어, 그것을 신바시 기생 중 유행에 민감한 이들에게 입힌 뒤 여기저기 여흥자리에서 다테 모양을 본뜬 춤까지 추게 한다. 이렇게 유행을 의도적으로 만들려고 했던 것이다.

그 후 메이지 32년에는 '현상도안 모집'을, 메이지 35년에는 1등 상금 100엔의 '채색 옷감 모양 도안'을 일반인으로부터 모집하여 당선작품을 발표한다. 이 후로 일반인을 통해 현상도안을 공모하는 일은 정례 행사가 된다. [35]

그 가운데에서도 성공적으로 유행을 만들어 큰 사회적 붐을 불러 일으킨 것은 메이지 말기의 '겐로쿠元祿 붐' [36]이다. 미쓰코시가 겐로쿠 시대에 주목하여 그 모양을 맨 처음으로 끌어낸 것은 메이지 37년 10월에 개최한 '고린 유품 전시회'이다. 에도 시대 중기의 화가, 공예 의장가로 알려진 오가타 고린尾形光琳이 그린 인물, 꽃과 새, 산

---

[33] 앞의 책, 『箒のあと(上)』.

[34] 다테 모양; 크고 화려한 모양을 가리키는데, 에도 시대 초기부터 가신인 다테 가문을 모방하여 유행함-역자주

[35] 앞의 책, 『株式會社 三越 85年の記錄』.

[36] 겐로쿠 붐; 1688년~1704년까지의 일본 연호인데, 이 책에서는 겐로쿠 소매元祿袖 혹은 겐로쿠 모양元祿 模樣의 준말로 소매의 디자인을 가리킴-역자주

수화 등을 모아서 1개월 동안 개최한 것으로, 미쓰이 오복점이 최초로 연 문화적 기획행사이기도 하였다. 이때 유품전시회와 함께 '고린 도안회'도 동시에 열렸으며, 현상모집한 고린풍 옷감 모양 도안의 당선작도 발표한다.

러일전쟁이 일어났던 메이지 38년 5월에는 '겐로쿠풍 옷감 모양' '겐로쿠풍 유젠 모양'을 주제로 해서 1등 100엔의 현상모집을 실시한다. 전쟁 후 10월에 열린 발표 때에는 우수작 도안대로 물들인 작품을 진열해 큰 반향을 일으켰다.[37] 포목 모양에서 시작하여, 새로운 시대의 흐름도 받아들인 화려하고 아름다운 겐로쿠 모양이, 전쟁 승리의 무드에 젖은 사회와 맞아떨어져 일대 붐을 불러일으킨 것이다. 신바시의 화류계에서는 다카하시가 지은 노래 '겐로쿠 춤'에 기네야 간고로[38]가 곡을 붙이고, 후지마 간에몬[39]의 춤 교본에 의해 겐로쿠 춤이 추어졌었다. 당시 신문에는, "부인용 유행품은 신바시, 호우초芳町 기생의 겐로쿠를 입은 모습이 보이기 시작한 이래, 어떤 물건이고 관계없이 겐로쿠 모양이 크게 유행되고 있다"[40]라고 적고 있다. 유행은 머리 장식, 작은 물품, 게다가 칠기, 도기 제품을 시작으로 세간 도구, 일상용품이나 그림엽서에 이르기까지 그 도안이 응용되었다. 가부키좌에서는 겐로쿠춤이 올려졌으며, 더욱이 유행은 오사카의 미나미신치南新地까지 퍼져갔다고 한다.[41] 유행의 기간도 길어 메이지 40년경까지 이어졌다. 미쓰코시가 의도적으로 유행을 만들고, 그것이 한 시대를 풍미하였던 것이다. 유행의 장본인인 다카하시는 유행을 만들어 내었던 당시의 추억에 대해 다음과 같이 이야기한다.[42]

청일전쟁으로 세간은 호황이 올 것이라고 외쳤던 터라, 나는 그 다테

37 三越吳服店, 「時好」, 메이지 38년 10월 15일.

38 기네야 간고로[杵屋勘五郎]; 일본 전통음악 연주자 – 역자주

39 후지마 간에몬[藤間勘右衛門]; 가부키 배우 – 역자주

40 『日本』, 메이지 38년 7월 11일.

41 豊泉益三, 『日本近世時好誌』, 쇼와 15년, 川瀬五節堂. 앞의 책 『箸のあと(上)』.

42 앞의 책, 『箸のあと(上)』.

모양을 물들여 선보이고, 유행을 유발시키려고 하였지만, 때가 아직 도래하지 않았고 반응이 아주 미약했었다. 그런 가운데 러일전쟁이 일어나서 이윽고 이게 대승리로 종결된다면, 이번이야말로 미쓰이 오복점이 크게 분발할 때라고 생각했다. 즉 메이지 취향의 새로운 안을 만들어 의복 모양의 유행에서 선두주자가 되어, 일세를 풍미해 보자라고 생각했다. 이보다 먼저, 내가 미쓰이 오복점을 개혁하기 시작할 무렵, 새롭게 의장계라는 곳을 설치, 그림 그리는 이를 여러 명 초빙하여, 신규 모양을 입안하게끔 하는 동시에 옛날 그림을 두루 섭렵하여 우수한 의복 모양을 수집하였다. 화가로는 위로 옛날 토사土佐, 스미요시住吉로부터 마타헤이又平, 소타쓰宗達, 고린光琳까지 미치고, 아래로는 모로노부師宣, 순쇼春章, 우타마로歌麿, 셋테雪鼎, 에이시榮之에 이르기까지 대개 그 무늬 중 재미있기만 하다면, 풍속화, 병풍 혹은 춘화까지도 모두 베껴 그려 무늬집을 만들어 두었다. 이것을 실제로 응용할 때가 바로 지금이라고 생각하였다. …(중략)… 나는 예의 무늬집에서 가장 빼어난 모양을 골라 먼저 수십 종의 의상을 만들고, 계속해서 겐로쿠 꽃구경 춤元祿花見踊이라고 이름 붙인 곡 하나를 만들어, 신바시의 유행에 민감한 기생 가운데 춤 잘 추는 이와 지방을 안배해 선발한 무용단 하나를 구성하였다.

앞서 다테 모양의 당시와도 비슷한데, 유행을 만드는데 다카하시는 가장 먼저 고위관료, 정부 상대의 상인 등과 얽혀있는 화류계를 적극 이용하였다. 이것은 화류계가 당시에는 사교장 역할을 하고 있었기 때문이었다. 유행을 만드는 첫 작업은 잘 나가는 기생의 의상을 만들고, 곡을 만들어 그녀들로 하여금 춤추게 하는 일에서부터 시작된다. 그리고 이와 동시에 실시한 것이 일반인들을 대상으로 한 현상모집이다. 겐로쿠 모양에 이어 얼마나 많은 사람들의 흥미를 끌려고 했는지 알 수 있다. 메이지 38년1905 7월 15일에는 학자, 지식인을 중심으로 구성된 '겐로쿠 연구회'를 발족시켰으며, 그 의견을 받아들인 상품개발과 기획행사도 개최한다.[43] 학자나 지식인까지 끌어들이는 것으로 인해, 유행이 겉모습만 화려하고 가벼운 것이 아니다라는 것을 연출하려고 했던 것이 같다. 이런 의도는 결과적으로 대성공이었다.

유행을 만드는 것이 필요하다는 점은 다른 백화점에서도 인정하였다. 좀 뒤늦게 출발하였지만, 마쓰야에서는 메이지 42년1909에 '현상 옷감 무늬 도안 진열'이 개최되며, 마쓰자카야의 나고야 본점에서는 메이지 43년에 '현상모집 옷감 무늬 도안 전람회'가 열린다.[44]

4. PR지 발행 – 유행을 산다

상품에 유행을 만들어내는데 큰 역할을 한 것 중에 광고가 있다. 각 백화점에서는 일찍부터 광고에 힘을 기울였다. 늘 사람들의 주목을 백화점 쪽으로 끌어당겨, 흥미를 이끌어내려고 했다. 미쓰이 오복점에서도 이른 시기부터 광고에 주목한다. 메이지 32년1899에는 신바시의 유명 기생을 모델로 한 등신 크기의 미인화(친필 사인이 들어 있는)를 도쿄의 신바시, 우에노, 오사카의 우메다梅田역 대합실에 건다. 다카하시 요시오가 런던에서 본 비누 광고에서 힌트를 얻어, 의장부의 시마자키 류우에게 당시 신바시 제일의 명기라고 불리우던 '고후미小ふみ'를 그리게 한 작품이다. 이것이 일본에서 그림 간판의 선구가 되었다. 그 후 메이지 33년에는 도카이도東海道, 주고쿠[44], 시고쿠四國, 규슈九州 등 주요 39곳의 역에 미인화 포스터를 붙여 선보

43 앞의 책, 『株式會社三越 85年の記録』.

44 社史編集委員會 編, 『松屋百年史』 쇼와 44년. 松坂屋70年史編集委員會 編, 『松坂屋70年史』 쇼와 56년. 앞의 책, 『白木屋三百年史』.

45 주고쿠[中國]; 일본의 山陽[산요], 山陰[산인] 지방-역자주

그림 3-6 (위) 〈등신 크기 미인 그림 간판〉(『주식회사 미쓰코시 85년의 기록』)
(아래) 「가정의 벗」 표지 (『시라키야 300년사』)

였다. 미쓰코시에서는 그 2년 전부터 지방 출장판매를 시작하여, 전년에는 외판통신계를 신설하여 통신판매의 체제를 갖추는데, 미쓰코시의 이름을 전국에 확실하게 알릴 필요가 있었던 것이다. 메이지 36년1903에는 2,600엔을 투자하여 프랑스제 화물자동차를 구입해 배달을 개시한다.[46] 자동차가 아주 드물고 신기했던 당시, '미쓰이 오복점' 이라는 이름을 써넣고 거리를 달리는 배달차는 도쿄 사람들 사이에 화제로 떠올랐다고 한다.

상업 PR지의 첫발을 내디딘 것도 미쓰이 오복점이다. 메이지 32년1899 1월에 「하나고로모花ごろも; 꽃무늬 옷」라고 타이틀을 붙인 비매품 PR지를 만든다. 목판에 권두그림 1장, 사진 18쪽, 아트 타입 7쪽, 석판 인쇄 7쪽, 본문 356쪽 분량의 책자로 영업안내, 새로운 무늬, 유행 무늬 외에, 다카하시 요시오가 쓴 '모양 이야기', 오쓰키 조덴大槻如電의 '에도 시대 풍속 의복의 변천' 이라는 기사나, 오자키 고요尾崎紅葉의 소설 '몽상의 뒷면' 등을 게재한다. '발간 인사' 에서는

> "미쓰이 오복점은 고객 여러분의 편리를 널리 도모하기 위해, 멀고 가까운 거리에 상관없이 모두가 좋아하는 물건을 쉽게 살 수 있도록 여러 가지 새로운 안을 짜내었습니다. 동시에 유행에 앞서 가고, 유행을 만들어내어 날로 새로워지는 흐름에 뒤처지지 않게끔 그 유행을 고객 한 사람 한 사람에게 알려드리고자 합니다. 그리하여 평생동안 작은 부분이라도 보탬이 되었으면 하고 생각하여 …(중략)… 이 작은 책자 한 권은 저희가 사랑하는 고객분들이 지금 유행하는 모양을 이해하도록 하고, 또한 당점의 실제 움직임을 알려드리는 방편도 되는 것"[47]

46 앞의 책, 『株式會社 三越 85年の記錄』.

47 三越吳服店, 「花ごろ も」, 메이지 32년 1월 1일.

이라고 적고 있다. 미쓰코시가 유행을 만들고, PR지가 그 유행을 많은 사람들에게 전달하는 역할을 해낸다는 식으로 생각하고 있었음

을 알 수 있다. 사회와 시대를 리드해 유행을 만들어 나가려고 했던 미쓰이 오복점의 의욕이 엿보인다.

PR지는 그 후 메이지 32년 6월에 「여름옷(夏衣)」[48], 33년 1월에 「봄무늬(春模樣)」[49], 같은 해 6월에 「여름 무늬(夏模樣)」[50], 34년 1월에 「빙면 거울(氷面鏡)」[51], 36년 11월에 「미야코부리みゃこぶり; 도회풍」[52]로 이름을 바꿔서 발행했다. 또한, 메이지 36년 8월에는 그때까지 반년에 한번 아니면 부정기로 발행했던 PR지를 바꿔서, 월간지 「지코우時好」[53]를 창간한다. PR지의 역할이 높이 평가받았으며, 동시에 유행이라는 생각 자체도 점차 확산되어 갔던 것으로 짐작된다. 이 즈음의 「지코우」에는 "요사이에는 시골에서나 도회에서나 유행이 바뀌는데 점점 더 민감해졌는데, 이에 대해서 손님에게 알려 드리기 위해서 본지를 펴내 편리를 도모하게 된 것입니다"[53]라고 적고 있다. 이처럼 PR지를 발행하는 것이 유행을 만들어내는데 커다란 역할을 한다고 생각했던 것이다.

이 무렵부터 다른 백화점도 PR지를 창간한다. 다카시마야는 메이지 35년1902 3월부터 월간 「신이쇼新衣裝」를 발간, 시라키야는 메이지 37년 7월에 「가정의 벗(家庭のしるべ)」을 발간하고, 39년 1월부터는 「유행」이라고 타이틀을 바꾼다. 마쓰야에서도 메이지 39년부터 「이마요今樣; 현대풍」를 발간한다. 다이마루는 메이지 40년에 「이쇼衣裝」를 발간하였고, 다음해부터 기관지를 발행하는 시메이사紫明社를 만들어 「부인 클럽(婦人くらぶ)」으로 바꾼다. 그리고 오사카의 소고우는 메이지 38년부터 「의상계」를, 나고야의 마쓰자카야는 메이지 39년부터 「이도라쿠衣道樂」를 발간한다.[55] 미쓰코시의 「지코우」, 다카시마야의 「신이쇼」, 시라키야의 「가정의 벗」, 「유행」, 마쓰야의 「이마요」라고 하는 PR지의 이름에서도 엿볼 수 있듯이, 백화점에서 PR

48 三越吳服店, 「夏衣」, 메이지 32년 6월 8일.

49 三越吳服店, 「春樣」, 메이지 33년 1월 1일.

50 三越吳服店, 「夏樣」, 메이지 33년 6월 21일.

51 三越吳服店, 「氷面鏡」, 메이지 34년 1월 1일.

52 三越吳服店, 「きゃこぶり」, 메이지 36년 11월 24일.

53 三越吳服店, 「時好」, 메이지 36년 8월 1일.

54 三越吳服店, 「時好」, 메이지 38년 8월 9일.

55 高島屋135년史編集委員會 編, 『高島屋135年史』, 쇼와 43년. 앞의 책, 『白木屋三百年史』, 앞의 책, 『松屋百年史』, 앞의 책, 『大丸二百五拾年史』, 앞의 책, 『株式會社そごう社史』, 앞의 책, 『松坂屋70年史』.

지를 발행하였던 의도 가운데 대부분은 유행의 행방을 안내하는 것이었다. 또한, 유행의 흐름을 안내하는 것 자체가 더 큰 유행을 만들어내는 것으로 이어진다는 생각을 하였던 것이다. 메이지 시대 후반, 오복점에서 탈피해 가고 있었던 각 백화점이 공통되게 적극적으로 추진하였던 것은 사회 속에서 유행을 만들어 내고, 그 유행품을 쓰는 것이 새로운 가정생활에 필요한 것이라는 생각을 정착시키는 것이었다.

메이지 시대 후반부터 다이쇼, 쇼와에 걸쳐서 마쓰자카야에서 일했던 쓰카모토 하치사부로塚本鉢三郎는 마쓰자카야가 백화점으로 변혁해 갔던 메이지 말기부터 다이쇼 초기 무렵의 유행에 관계했던 경험을 두고 다음과 같이 회고한다.[56]

> 지금도 생각나는데, 학교에서 공부한 점원과 어릴 때부터 점원으로 일하며 잔뼈가 굵은 점원 사이에서 본성이라고 할까, 아니면 몸에 붙어있는 분위기라고 할까, 서로 다른 특징을 읽어낼 수 있는 예가 있다.
>
> (중략)
>
> 어느 날, 잠깐 옆을 보니 고바야시 군(와세다 대학 졸업)의 책상 위에 앞치마 견본이 몇 개인가 놓여 있고, 이를 팔려고 온 도매상의 주인이 상품을 설명하고 있었다.
>
> 고바야시 군이 그 설명에 응대해 가격 교섭을 하고 있다.
>
> (중략)
>
> 고바야시 군은 그 앞치마를 수주하려고 하는 듯해 나는 놀랐다.
>
> 그때 나는 도매상 사람에겐 실례였지만, 앞뒤 가리지 않고 이렇게 말했다.
>
> "이런 앞치마가 1엔 2, 30전이나 하다니 어처구니없는 이야기네. 옷감은 옥양목이지 않은가, 옥양목은 1척에 15전이니까 제 아무리 큰 앞치마라고 하더라도 2척은 필요 없지. …(중략)… 그런 바보 같은 가격

56 塚本鉢三郎 『百貨店思い出話』, 쇼와 25년, 百貨店思出話刊行會.

의 상품은 나라면 절대 사지 않을 걸세."라면서 옆에서 밉살스럽게 쏘아 부쳤다.

그런데 고바야시 군이 하는 말을 듣자 '아! 그렇군.' 이라는 생각이 들었다. 옥양목 옷감이 얼마에, 가공비가 얼마, 원가가 얼마가 된다는 식의 내 계산은 틀리지 않으며, 말한 그대로라는 것이다. 단 잘못 이해하고 있는 것이 하나 있다는 것. '유행을 산다'라는 점을 잊고 있다는 것. 원가보다 훨씬 비싼 물건을 사더라도, 거기에 상당한 이문을 붙여 매장에 내놓으면 그것도 착착 팔려나간다. 즉, 고객은 '유행을 사고 있다'라는 것이다.

…(중략)…

당시 나로서는 아무리 애써도 이 웃지 못할 가격을 인정하는 이유에 대해 도저히 이해하고 싶은 마음이 들지 않았다.

여기서 유행은 백화점이 의도적으로 만들어 갔다는 점, 상인측에서 보더라도 유행이라고 하는 것을 좀처럼 이해하기 힘들었다는 점, 그럼에도 불구하고 유행이 사회 속에 착실하게 뿌리 내려가고 있던 상황 등을 엿볼 수 있다.

다이쇼 4년1915 미쓰코시의 신문광고에는 '현대의 유행 상품 모든 것이 우리 미쓰코시에 모인다'라든가 '미쓰코시를 찾아 유행을 말하자' 등의 캐치프레이즈가 보인다.[57] 유행은 기능적으로 반드시 필요로 하지 않는 상품일지라도, 사람들의 요구를 앞질러 소비시키는 힘을 가지고 있었다. 그것은 결과적으로 생산비용을 뛰어넘는 가격도 만들어 내는 꼴이 되었다. 사람들은 뭔가를 사기 위해서 백화점에 오는 것이 아니라, 백화점에 들어가면서부터 비로소 무엇인가 갖고 싶은 것을 찾아내게끔 되었던 것이다. 유행은 사람들의 구매의욕을 촉진시키고, 소비라고 하는 인간들의 행위를 유발한다. 그리고 그것으로 인해, 산업혁명이 일구어낸 대량으로 생산된 제품이

57 앞의 책, 『株式會社 三越 85年の記錄』.

다시 돌고 도는 순환의 고리를 만들어 내어, 제품(상품)의 재생산이 가능하게 된다. 근대사회 속에서 백화점은 유행을 만들어 냄으로써 결과적으로 대량생산의 한 부분을 담당하였으며, 산업을 발전시키는 커다란 역할을 해내었던 것이다. 백화점은 소비를 연출하는 것을 통해 근대를 끌어 나갔다고 할 수 있을 듯 싶다.

4

새로운 고객을 개척

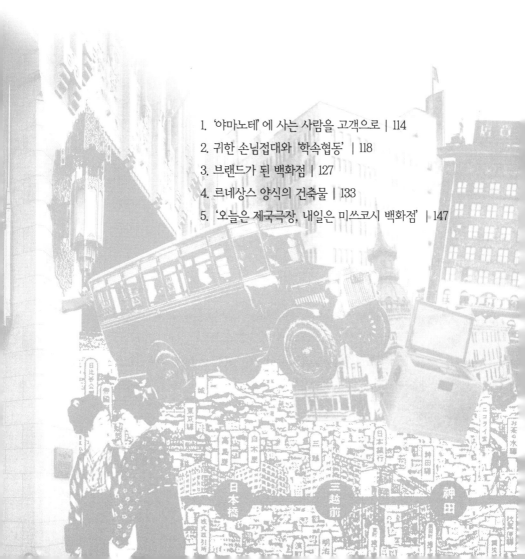

1. '야마노테'에 사는 사람을 고객으로

쇼와 초기, 도쿄의 백화점 가운데 생활 수준이 중류 혹은 그 이상 되는 사람들을 다른 데보다도 고객으로 많이 확보하고 있었던 곳이 미쓰코시였다. 쇼와 13년1938의 『백화점연감』에는, 「백화점관계 법규」, 「일본백화점 조합」과 함께 전국의 백화점이 소개되어 있는데, 거기에는 미쓰코시 본점의 고객에 대해서 "고객층은 말할 필요도 없이 전반적으로 널리 퍼져 있는데, 특히 중·상류 계층을 전부 망라한 견실한 고객층은 도저히 다른 가게가 따라잡을 수 없는 수준이었다"[1]라고 기록하고 있다.

그러나, 미쓰코시가 오복점에서 백화점으로 탈피해 갔던 초기 단계에서, 다른 오복점 혹은 백화점보다 중·상류 계층의 고객을 유독 많이 붙잡았던 것은 아니다. 관동대지진 이후 백화점의 손님층이 대중화될 무렵까지 각 백화점은 서로 특별한 단골 고객을 가지고 있었으며, 백화점에 따라 그 특징이 달랐다고 한다. 마쓰자카야의 쓰카모토 하치사부로는 메이지 시대 도쿄의 백화점이 에도 시대이래의 전통적인 특징을 지니고 있다는 점에 대해 다음과 같이 이야기하고 있다.[2]

> 백화점은 이제 와서 겨우 이른바 '대중성'을 표방한다. 손님 성향에 두드러진 차이는 보이지 않지만, 에도 이래 전통적으로 가지고 있는 손님들의 특별한 성향이 분명하게 나타나고 있는 것이다.
>
> 즉, 시라키야의 경우, 다이묘大名들이 압도적으로 많이 찾았는데, 이것은 이후 메이지 시대가 되어서도 소위 '다이묘 귀족'의 손님들이 대부분을 차지하는 것으로 이어졌다.
>
> 미쓰코시는 어땠는가 하면, 상공업의 자산가 계층이나 교토 출신의

1 大橋富一郎 編,『百貨店年鑑 昭和十三年版』, 쇼와 13년, 日本百貨店通信社.

2 塚本鉢三郎,『百貨店思い出話』, 쇼와 25년, 百貨店思出話刊行會.

공경(公卿) 귀족들이 다수를 차지했다. 또한, 다이마루가 이른바 변두리에 사는 사람들, 즉 요즘이라면 일반 시민들의 인기를 모았으며, 다카시마야에는 궁내성[3] 관계로 여러 관료들의 출입이 많았다. 마쓰자카야의 경우는 각 불교종파의 승복, 신사(神社)의 신관 옷차림을 독점으로 취급하였다고 한다. 이처럼, 각 백화점은 제각각 독특한 색깔을 가지고 있었다고 보인다.

메이지 시대의 백화점은 에도 시대부터 거래하던 고객을 계속 유지해 갔으며, 이것은 백화점이 되고서도 단골 손님의 성향이 제각각 다른 결과로 나타났다. 그러나 백화점이 오복점에서 탈피해 점차 성장해 가는 과정에서 각 백화점은 모두 새로운 고객을 발굴해 갈 필요가 생겼다.

미쓰코시가 새로운 고객층으로 생각한 것은 도쿄의 야마노테[4] 지구에서 생활하고 있는 사람들이었던 것 같다. 메이지 후기, 미쓰코시 백화점이 탄생하기 10개월 전쯤, 당시 미쓰이 오복점의 실질적인 대표였던 다카하시 요시오는

"도쿠가와德川 시대에는 각 구(區)와 각 정(町)에 다이묘의 부지가 있어서, 이를 중심으로 주위에 여러 종류의 소매 상점이 있었다. 이런 점으로 보자면 각 구와 각 정은 거의 독립된 도시상태를 이루고 있었다.

…(중략)…

그랬다가 그 후 점점 시내 교통이 발달함에 따라 어느 곳 할 것 없이 편리한 세상이 되었다. 더욱이 전기철도가 계속해서 연장되어 결국 어느 곳이든지 사통팔달이 될 것이다. 그때 즈음이면 기쿠초麴町이라든가, 아카사카赤坂, 아자부麻布나 요쓰야四谷, 우시코메牛込, 혼고本鄉 등 야마노테에서 물건을 사는 이는 눈에 띄게 줄어들 것이며, 대부분은 니혼바시의 한 가운데 있는 커다란 점포로 가게 될 것이 틀림없다."[5]

3 궁내성(宮內省): 일본 황실의 모든 업무를 담당하는 부서-역자주

4 야마노테[山の手]: 도쿄의 변두리 지역을 뜻하는데, 지식인과 회사원들이 많이 사는 곳. 시대와 더불어 점차 넓어졌다-역자주

5 高橋義雄, 「商業上に於ける中央特權の趨勢」(『商業界』, 메이지 37년, 同文館).

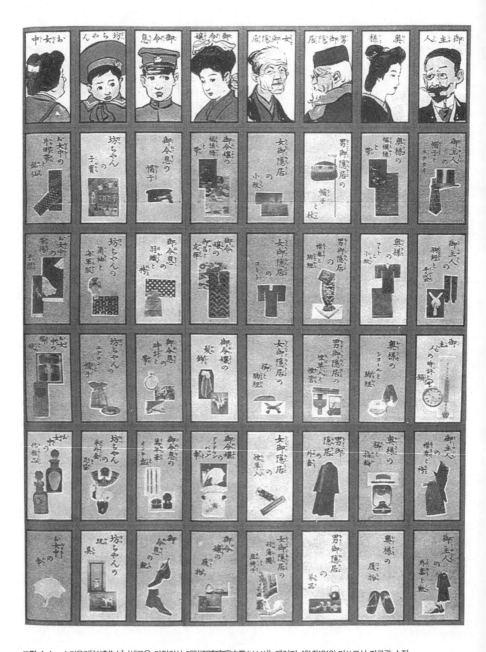

그림 4-1　스기우라[杉浦非水] 〈새로운 가정의상 제안(新案家庭衣裳あはせ)〉 메이지 43년(1910) 미쓰코시 자료관 소장

라고 술회하고 있다. 교통이 발달하여 머지 않아 기쿠초나 아카사카 · 아자부 · 요쓰야 · 우시코메 · 혼고 등 야마노테 사람들이 쇼핑을 하러 니혼바시의 큰 상점으로 가게 된다고 말하고 있다. 다카하시가 새로운 고객층으로 생각하고 있었던 것은 바로 이들 야마노테에 사는 사람들이었다.

야모노테는 에도 시대에는 무사계급들의 집이 많이 세워져 있었던 땅으로, 무사 사회를 중심으로 한 생활이 이루어졌다. 메이지가 되자 무사계급이 없어지고, 빈집들이 많이 출현했는데. 그 지역에 들어와 살게 되었던 사람들은 대개 지방에서 상경해 새롭게 도쿄의 주민이 되었던 관리, 군인, 학자, 은행원, 회사원 등과 같은 봉급생활자가 많았다. 그 후 일본의 근대화 과정 속에서 전면에 나서서 사회의 중추 역할을 맡게끔 된 것도 그들이며, 중 · 상 계층을 형성하였던 사람들도 그들이었다.

야마노테의 범위도 시대에 따라 다르다. 다카다 히로시高田宏에 따르면, 야마노테라고 부를 수 있는 계층이 형성되기 시작한 메이지 20년1887경에는, 기쿠초라든가, 아카사카 · 아자부 · 요쓰야 · 우시코메 · 혼고 등의 지역을 가리켰다. 그런데 그 범위가 점점 넓어져 관동대지진 후에는 도쿄 서쪽, 남쪽의 교외에 새로 개발된 주택지까지 야마노테라고 불리게 된다.[6] 메이지 이후 도시의 생활양식은 크게 변하였는데, 그 중에서도 특징적인 것이 사는 장소와 일하는 장소가 떨어져 있었다는 점이다. 직장과 주거의 분리가 진행되어 가면서 도시생활자 가운데 그 생활을 재빠르게 몸으로 체험해 나갔던 것은 봉급생활자가 주를 이룬 야마노테의 사람들이다. 이들은 이후 비교적 높은 생활수준을 배경으로 일본의 가정생활을 선도해 나간다. 의자에 앉는 서양풍의 생활양식이라든가, 가스, 수도, 전기기구가 가정

6 高田宏 외, 「東京 '山の手' 調べ事始」(現代風俗研究會, 『現代風俗 '81』 쇼와 56년).

안에 보급되어 가는데 그들은 큰 역할을 한다. 다이쇼 시대는 '문화 냄비', '문화곤로', '문화목욕탕', '문화주택' 등 '문화'라는 말이 인기를 끌었던 시대다.[7] 서양풍 생활양식이나 '문화'라는 말을 동경하여, 이들 흐름에 발빠르게 반응을 보인 것도 그들이었다.

메이지 시대 후반부터 다이쇼 시대에 걸쳐, 높은 생활수준을 배경으로 넉넉한 소비생활을 즐길 수 있었던 것도 그들이었다. 미쓰코시가 새로운 고객으로 개척하고자 했던 것은 바로 이러한 계층의 사람들이었던 것이다.

2. 귀한 손님접대와 '학속협동'

메이지 37년1904 12월 6일, 주식회사 미쓰코시 오복점이 새 출발하게 된다. 점포의 마크도 한자로 우물 정 안의 석 삼 글자를 써넣은 마크에서 둥근 원 안에 한자로 월(越)을 넣은 모양으로 바꾸었으며, 동시에 히비 오스케[8]가 전무로 취임한다. 이후 다카하시 요시오의 개혁을 이어받아 미쓰코시 백화점으로 정착시켜 나가는 일은 히비 오스케가 떠맡아 진행한다. 앞서 소개한 미쓰코시의 디파트먼트 스토아 선언은 새로운 회사의 발족에 즈음해서, 히비가 지향하는 바를 회사에 발표한 내용이기도 하다. 히비가 미쓰이 오복점에서 부지배인으로 일하게 된 것은 기존 점원들의 스트라이크 소동이 일어난 지 얼마 되지 않은 메이지 31년1898 9월이다. 미쓰이 은행 본점의 부지배인에서 자리를 옮겨 미쓰이로 입성한다.[9]

히비가 적극적으로 추진한 것 가운데 하나가 일본을 찾은 외국인의 접대이다. 메이지 37년1904 9월에 독일 황족인 칼 안톤 폰 호헨

7 小木新造 외 編, 『明治大正圖誌 東京(三)』, 쇼와 54년, 筑摩書房.

8 히비 오스케[日比翁助]; 1860~1931, 미쓰코시 백화점의 창시자-역자주

9 星野小次郎, 『日比翁助』, 쇼와 26년, 創文社

촐토렌 전하가 미쓰코시에 온 것을 시작으로, 많은 외국 귀빈들이 미쓰코시를 방문한다. 다음해 4월에는 같은 독일 황족인 칼 안톤 바바리아 왕비 내외가 미쓰코시를 방문하자 미쓰코시는 일본 전통 옷의 제작을 맡는다. 7월에는 미육군 다홋 경 및 딸 루즈벨트가 찾아오는데, 이때에는 건물 옥상에 'WELCOME'이라고 전광문자를 설치해 환영한다. 10월에는 영국의 동양함대 사령관인 노웰 대장이, 다음해 2월에는 청나라의 황족 대택(戴澤) 전하가 방문한다. 같은 달 영국으로부터 영일 친선을 도모하고, 메이지 천황에게 가터 훈장을 증정할 목적으로 일본에 온 콘노트 친왕이 미쓰코시를 찾아왔을 때는 옥상에 다실(茶室) '구추간(空中庵)'을 신축하여 접대하는 외에, 기념 그림엽서를 발행하기도 한다.[10] 그밖에도 메이지 말기에 미쓰코시를 방문한 저명 외국인들은 많았는데, 미국의 정치가 브라이언, 러시아의 크로파트킨 대장, 이탈리아의 비지네 친왕, 몽골의 토로하트 왕, 한국의 이재완(李載完) 보빙 대사 등이 그 예이다. 귀빈에 국한된 게 아니고, 미쓰코시에서는 될 수 있는 한 많은 외국인들이 찾기를 바라고 있었던 것 같다. 그 예로 메이지 38년1905 5월에는 '겐로쿠 미인'을 표지로 내세워 외국인 손님에게 배포한 영문 가이드 책도 만든다.

미쓰코시를 찾은 저명인은 외국인에 그치지 않는다. 구니노미야久邇宮 친왕, 이토 히로부미伊藤

10 三越, 『株式會社三越 85年の記録』, 헤이세이 2년.

그림 4-2 외국 귀빈 환영의 전광문자(『주식회사 미쓰코시 85년의 기록』)

博文, 이노우에 가오루井上馨, 오쿠마 시게노부大隈重信 등 황족과 정치가들, 그리고 도고東郷 대장, 구로키黑木 대장, 하세가와長谷川 대장, 야마모토山本 대장, 니시西 대장 등과 같은 군인들도 방문하였다. 이처럼, 미쓰코시가 초대한 저명인은 많았는데, 이 때문에 '미쓰코시는 제2의 국빈접대소[11]'라고 부를 정도였다.[12]

히비는 미쓰코시를 단지 백화점만이 아니라, 상류 사람들과 사회의 일류들이 모이는 사교장으로 삼으려고 한 듯하다. 히비의 이러한 생각은 이윽고 '학속협동(學俗協同)'의 형태로 구체화되어 간다.

미쓰코시에서는 각계의 학자, 저명인과 문화인을 모아 매월 한 차례씩, 테마를 정해 회합을 가지는 '유행연구회'(통칭 '유행회')를 만들었다. 유행회는 당초 PR지 「지코우」를 편집하는데 필요한 원고를 모으기 위해, 최신 유행에 흥미를 가진 사람들을 규합하여 시작한 모임으로[13] 메이지 38년1905 6월에 결성되었다. 이와야 사자나미[14]를 간사로 각계의 학자, 교육자, 미술가, 문예가, 신문기자 등이 참가한 모임으로 의상, 세간 등 유행이나 사회풍속의 경향 등을 연구, 토의하여 미쓰코시에 어드바이스를 하였다. 이 모임은 매월 한 차례 개최되었고, PR지에 그 목소리가 실렸다. 초기 무렵인 메이지 40년1907 3월 유행회의 활동은 다음과 같다.[15]

3월 22일 유행회에서는 출석자 다수가 박람회에 관한 의장을 중심으로 이야기를 나눴으며, 마지막으로 이번 미쓰코시 신무늬 출품 및 박람회 출품에 대한 비평 등 유익한 의견을 교환하는 것으로 끝났다. 지난 달은 29일 모임을 열어 미쓰코시 공중정원(空中庭園)에서 기념촬영도 있었다. 미쓰코시 및 공중정원을 주제로 즉흥해서 시를 짓기도 …(중략)… 역시 화제는 박람회에 나타난 유행이 되었는데, 이야기는 양산에서 시작하여 급기야 양산의 색깔 연구까지 옮겨갔다. 어려운 문제들

11 우리의 영빈관 역할을 하였다고 생각함-역자주

12 三越吳服店, 「時好」, 메이지 40년 5월 1일.

13 濱田四郎, 『百貨店─夕話』, 쇼와 23년, 日本電報通信社.

14 이와야 사자나미[巖谷小波]; 1870~1933, 일본 아동문학의 선구자. 소설가, 동화작가로 옛날이야기를 채집하고 정리하여 출판함-역자주

15 앞의 책, 「時好」, 메이지 40년 5월 1일.

은 다음 모임에서 다시 다루기로 하고서….

이 시기 유행회의 화제는 메이지 40년에 개최된 도쿄박람회와 포목의 새로운 무늬에 대한 평가, 양산의 색깔 연구 등 다양한 분야에 걸쳐서 이루어졌으며, 그밖에도 즉흥시 창작까지 있었다는 사실도 알 수 있다.

그로부터 조금 지난 메이지 43년1910 1년간 유행회의 활동 보고를 보면 다음과 같이 정리하고 있다.[16]

> 처음 유행회라는 이름을 내걸고 제한된 몇몇 사람들의 월례 모임을 시작한 지 벌써 5년이 된다. 그 동안에는 새로운 넥타이와 조끼에 대한 의견을 냈고, 반소매 작은 세간 잡화에도 새로운 시도를 하여 새 옷감 무늬 도안모집의 선구자가 되었다. 또한 그 동안 전문가나 명사들의 이야기를 계속 들어왔지만, 올해만큼 급격한 추세로 발전한 일은 없었기 때문에 유행회의 기록으로 각별하게 적어둘 필요가 있을 것이다.
>
> 먼저 회원의 수만 하더라도 초창기와 비교해서 거의 2배쯤 늘었으며, 박사, 학사, 혹은 당대 일류의 많은 명사들이 참가한 것은 참으로 눈부신 진보라고 할 수 있겠다.
>
> …(중략)…
>
> △ 1월에는 올해 유행의 선도적 축으로서 '신유식(新有識)'의 모양이 될 법한 새로운 15개의 과제를 발표하여 도안을 모집하였다.
>
> …(중략)…
>
> △ 5월에는 회원 후지무라 씨[17]의 근속 50년 기념회를 개최하여, 전대미문의 연예발표가 회원들에 의해 거행되었다. 동시에 다음 모임부터 회원 각자가 전문연구를 강연하고, 이를 채록하여 세상에 발표하기로 결정하였다.
>
> (중략)
>
> △ 8월, 9월에는 회원의 유익한 이야기가 계속 진행되었다.

16 三越吳服店, 『みつこしタイムス』, 메이지 44년 1월 1일.

17 후지무라(藤村); 미쓰코시 상무-역자주

△ 10월에 들어서는 활동이 활발해짐으로써 회원이 증가하였으며, 본 모임의 강연회를 공개하여 종래 내부의 사람만으로 한정하였던 것에서 벗어나 일대 비약하게 되었다.

△ 11월, 12월 두 달은 역시 회원들의 이야기로 마쳤다.

이 해에는 옷감 무늬 도안 모집과 그 심사, 연예발표, 회원의 이야기 및 회원을 강사로 한 공개 강연회 등이 열렸다는 것을 알 수 있다. 그러나, 유행연구회의 성격 그 자체는 지식인들의 살롱을 미쓰코시가 제공한 것이라고 보아야 한다. 또, 이야기 모임이나 미쓰코시에 근무하는 회원의 근속 50년 기념회 등도 열린다. 회원에는 이와야 사자나미, 시노다 고조[18], 니토베 이나조[19], 후쿠치 오우치[20], 마사키 나오히코[21], 쓰카모토 야스시[22], 쓰보이 소고로[23], 구로다 기오테루[24], 모리 오우가이[25] 등 외에도 미쓰코시의 주역들도 이름을 내걸지 않고서 참가, 미쓰코시와 지식인들의 교류장이 되기도 하였다. 유행회는 그 후에도 회원을 늘려, 점점 살롱 문화적인 성격이 강해진 듯하다. 초창기에는 회원의 출석률도 좋았지만, 다이쇼 무렵부터는 강연이 있을 때에는 출석자가 많아도 그렇지 않은 날엔 적어지는 경향을 보였다. 다이쇼 후반에도 회원은 더욱 늘어난다. 유행회는 관동대지진으로 인해 일시 중단되었다가, 다이쇼 14년1925 1월에 '지코 구락부'로 이름을 바꿔 계속되었다. 지코 구락부의 회원에는 다카시마 베호[26], 오사타케 다케시[27], 와다 에이사쿠[28], 야나기다 구니오[29],

18 시노다 고조[篠田鑛造]; 1871~1965, 신문기자, 메이지 풍속 관련 저서로 유명-역자주

19 니토베 이나조[新渡戶稻造]; 1862~1933, 대학교수, 대만총독부 식산국장 및 국제연맹 사무차장 등을 역임-역자주

20 후쿠치 오우치[福地櫻痴]; 1841~1906, 메이지 시대의 신문기자, 극작가, 소설가. 가부키 대중화에 주력 가부키좌를 만듦. 오우치라는 이름은 사랑하는 기생의 이름-역자주

21 마사키 나오히코[正木直彦]; 도쿄미술학교 교장 및 문부장관 비서 역임. 일본 근대미술을 연 교육자로 평가받음-역자주

22 쓰카모토 야스시[塚本靖]; 1869~1937, 도쿄제국대학 공학부 교수, 일본 근대건축의 선구자로 디자인, 공예에도 조예가 깊음. 절정기였던 1925년 그가 설계한 서울역이 완공됨-역자주

23 쓰보이 소고로[坪井正五郎]; 1863~1913, 고고학자, 각종 고분이나 유적 발굴에 업적을 남김. 일본 인류학과 고고학의 아버지-역자주

24 구로다 기오테루[黑田清輝]; 1866~1924, 서양화가. 프랑스 유학 후 활동. 도쿄미술학교 교수 역임-역자주

25 모리 오우가이[森鷗外]; 1862~1922, 소설가·희곡가·번역가·평론가·육군 군의관 등 다재다능했던 메이지의 지식인-역자주

26 다카시마 베호[高島米峰]; 1875~1949, 불교인, 교육가, 수필가-역자주

27 오사타케 다케시[尾佐竹猛]; 1880~1946, 판사. 사학자-역자주

28 와다 에이사쿠[和田英作]; 1874~1959, 화가. 도쿄미술학교 교수 및 교장 역임-역자주

요시이 이자무[30], 사토 고이치[31], 사사키 노부쓰나[32], 사이토 류조[33], 우치다 로안[34] 등의 이름도 보인다.

미쓰코시에서는 유행연구회 외에도 몇몇 연구회를 더 만든다. 그 중에서도 활발하게 활동한 것으로는 아동박람회를 계기로 만든 '아동용품 연구회' 등이 있다.

학속협동에 대해서 히비 오스케는 메이지 44년[1911] 3월 1일부터 새로 발간된 PR지 「미쓰코시」에서 다음과 같이 밝히고 있다.[35]

> '학속협동'은 내 처세의 첫째 요령이다. 미쓰코시 오복점을 경영하는 쪽에서 보더라도, 그들에게 이익을 다투게 하는 것만이 능사가 아니다. 한 시대의 취향을 높이고 당 시대의 흐름을 시원하게 밝혀, 조금이라도 사회에 공헌할 수 있는 일은 전부터 내가 진심으로 바라던 바이다. 나는 늘 모든 전공분야에서 그 학문에 정통하고, 문예 미술에 뛰어난 석학과 천재를 지원함으로써 이러한 소박한 바램을 이루도록 노력하려고 하였다.
>
> …(중략)…
>
> '학속협동'의 정신은 일찍이 내 머리 속을 떠난 적이 없다. 그렇지만, 유감스럽게도 우리 판매부의 진보와 발전이 너무도 급속하게 진행되는 감이 있는데, 그밖의 모든 부문을 희생하는 것이 아니라면 바로 이 진보를 따라야 하겠다.

'학속협동'을 더욱 소중히 여겨야 한다고 줄곧 생각해 왔지만, 미쓰코시의 진보가 너무나 빨라 따라갈 수 없었다는 것을 말하고 있다. 이어서 이야기하길

> 지금은 편집부의 기관지도 차츰 정리가 되어, 한 시대의 석학과 천재들이 기꺼이 당점의 사업을 지원해 주는 예가 적지 않은데, 각 분야의 전문가들의 좋은 글이나 탁월한 이야기가 늘 잡지 「미쓰코시」 지상에

29 야나기다 구니오[柳田國男]; 1875~ 1962, 시인. 민속학자. 일본 민속학의 거두로 야나기다 학파가 생김-역자주

30 요시이 이자무[吉井勇]; 1886~1960, 가객. 극작가, 소설가로 활동-역자주

31 사토 고이치[佐藤功一]; 1878~1941, 관동 대지진 후 부흥기 때 많은 작품을 남긴 건축가. 와세다 대학 건축학과를 설립-역자주

32 사사키 노부쓰나[佐佐木信綱]; 1872~1863, 가인, 국문학자, 만엽집 연구자-역자주

33 사이토 류조[齋藤隆三]; 1875~1961, 미술사 연구자-역자주,

34 우치다 로안[內田魯庵]; 1868~1929, 토스토예프스키, 톨스토이 작품을 일본에 소개한 대표적인 번역가. 평론가, 소설가, 수필가-역자주

35 三越吳服店, 『三越』, 메이지 44년 3월 1일.

서 끊이지 않는다. 참으로 이 책은 태평스러운 시대의 장관이자 문예의 꽃이 핀 낙원이 될 것이다.

유행회에 대해서는 백화점 내에선 귀중한 돈과 시간을 소비하기만 하지 이익이 되지 않는다는 무용론을 주장하는 이들도 있었다. 마쓰이 쇼오[36]도 그런 한 사람으로,

　　필자가 일찍이 선생님(히비 오스케-저자주)이 백방으로 바쁘신 중에 어렵게 시간을 내어 학자와 선생분들과 회합하였는데 이익도 없는 한담에 귀중한 시간을 헛되이 소비하는 것을 비난한 적이 있었다. 그러자 선생은 이윽고 불쾌한 낯빛을 필자에게 보이면서 이렇게 말씀하셨다. "자네는 아직 어리네. 그 사람들인들 바쁜 가운데 나 같은 놈을 위해 시간을 할애해 주는 게 아니겠는가? 이따금은 쓸데없는 이야기라도 듣는 것이야말로 유익한 재료를 얻는 밑거름이 되는 게 아니겠는가? 서로 마음속에서 학자를 존경하지 않으면, 다른 백화점은커녕 천하의 국가들도 진보하지 못하네."[37]

히비는 세계의 흐름 속에서 뒤늦게 근대화의 길을 출발한 일본의 발전을 생각하면, '학속협동'이야말로 없어서는 안 된다고 판단하였을 것이다. 일본의 근대화를 지지하는 인물 가운데 한 사람이 되는 것이 그의 사는 보람이기도　하였다. 게이오기주쿠를 졸업하고 나서 미쓰이 은행 본점의 부지배인까지 올랐던 그로서는, "오복점이라고 하면, 그 당시까지는 일반 사회로부터 천대받고 있었다. 그런 곳에 가는 것이기 때문에 나 역시 마음속으론 사실 싫었다"[38]라고 밝힌다. 그런 그가 그곳에서 사는 보람을 찾아낸 것은,

　　"일본의 모든 사회는 군사에서도, 교육에서도, 공업에서도, 모든 것이 전부 구미의 선진풍으로 기울어져 날로 발전하고 달로 진보하여 개

36 마쓰이 쇼오(松居松翁); 1870~1933, 신문기자를 거쳐 연극계에 들어선 극작가, 연출가 역자주

37 松居松翁, 「日比翁助先生評傳」(小松徹三 編, 『日本百貨店總覽 第一卷 三越』, 쇼와 8년, 百貨店商報社).

38 日比翁助, 「商賣繁昌の秘訣」(豊泉益三 編, 『日比翁の憶ひ出 (續)』, 쇼와 8년, 三越).

량되어 갔다. 그런데도, 유독 일본의 소매상만큼은 이러한 진보의 영역에서 벗어나 옛날 막부의 유풍에 젖어 구태의연하게 옛 모습을 지키고 있으니, 이는 크게 개선하지 않으면 안 된다. 이 끝없이 펼쳐진 초원을 개척하는 것은 나의 사명이며, 실로 유쾌한 일이라는데 주목했다."[39]

는 점에 있음을 말하였다. 이것은 앞서 다카하시 요시오의 "워너메이커의 조직을 연구하여, 일본의 소매상도 결국 이러한 흐름을 채용하지 않으면 안 된다라는 생각을 가지고 있었다"[40]라는 생각과도 매우 근접해 있다.

두 사람 모두 뒤떨어진 일본의 소매업의 근대화에서 자기 사명을 발견하고, 오복점의 개혁에 앞장섰던 것이다. 또한, 상점 중에서 비교적 커다란 조직으로서 힘을 가지고 있었던 오복점의 백화점화는 일본의 근대화를 촉진시키는데 중요하다고 생각하였다. 이런 점은 히비 오스케가 "나 오스케는 불초하지만 후쿠자와 유키치[41] 문하의 한 사람이다. …(중략)… 미쓰코시 오복점은 오직 돈을 벌기만 했던 것은 아니다. …(중략)… 돈을 벌어 손님의 편의를 도모하는 외에, 언제나 국가적 이념을 가지고 경영하여 국가에 공헌해야 한다"[42]라고 말한 것에서도 확인할 수 있다. 물론 그런 한편, 미쓰코시를 발전시켜 나가지 않으면 안 된다라는 절대적인 사명을 그가 동시에 짊어지고 있었던 것도 사실이다. 백화점의 책임자로서 제일의 목적이 이런 점에 있었을 게 분명하지만, 이처럼 직접적이며 명확한 목적을 가지면서도 의식의 한 구석에는 일본의 근대화를 얼마만큼 수행해낼 수 있을까라는 진지한 의문을 품고 있었던 것도 사실일 것이다. 이후, 미쓰코시 이외에도 오복점에서 백화점으로 탈피해 가는 소매점이 많이 출현하여, 일본의 백화점 형식이 만들어졌다. 이런 움직임은 바로 일본의 소매업계로서는 근대화의 길을

39 앞과 같음.

40 高橋義雄, 『箒のあと(上)』, 쇼와 8년, 秋豊園.

41 후쿠자와 유키치[福澤諭吉]; 1835~1901. 메이지 시대의 대표적인 계몽사상가. 게이오기주쿠 창설. 일본돈 만엔 지폐의 인물 - 역자주

42 앞의 책, 「商賣繁昌の秘訣」.

걷는 과정이 되기도 하였던 것이다. 소비를 담당하는 소매점의 개혁은 생산과 직결되는 큰 원의 한 부분으로서 자기 역할을 갖고 있었으며, 이는 또 다른 재생산을 촉진시키는데 없어서는 안 될 존재였다. 이 점에 있어서 소매업의 개혁은 일본의 산업근대화와도 이어졌던 것이다.

일본을 구미에 못지 않은 근대국가로 키우지 않으면 안 된다는 생각[43]과 미쓰코시를 발전시키는 길을 모색한다는 생각, 두 가지가 만나는 접점에서 '학속협동'이라고 하는 방법이 나왔던 것이다. 사실 이 '학속협동'의 방법을 히비에게 가르쳤던 것은 고토 신페이[44]였다. 고토 신페이가 대만총독부에서 근무하고 있을 때, 그리고 만주철도 총재 시절, 그는 늘 학자들을 초대해 그들의 의견에 귀를 기울였다고 한다. 히비 오스케에게도, "학자를 소중하게 여기지 않으면 안 된다"[45]라고 자주 말하였다고 한다.

국내, 국외의 귀빈 접대, 그리고 각계의 학자, 명사 그리고 문화인을 끌어들인 '학속협동'의 생각은 결과적으로 미쓰코시의 이미지를 높여, 사회적인 위상을 높이는데 큰 역할을 했다. 귀빈 인사, 문화인의 생활 및 그들이 이야기하는 앞으로 존재할 가정의 모습이야말로, 생활면에서 중류 혹은 그 이상의 사람들에게는 장래의 이상적인 생활 스타일을 보여주는 것이라고 여겨졌던 것이다. 이는 미쓰코시가 새로운 고객층으로 삼았던 야마노테의 사람들에게는 공감할 만한 생각이었음에 틀림없다. 이들 중에는 지방에서 도쿄로 유입되어, 장차 일본의 미래를 만들어 나가려는 의욕에 불타는 사람들이 많이 있었다. 그리고, 이들은 옛 에도와 무관한 사람들이었다. 앞서 다카다 히로시 등의 조사에 따르면, 백화점이 일본에서 하나의 틀을 잡아가던 시기에 해당했던 메이지 20년[1887]과 다이쇼 12년[1923] 사이,

43 원문에서는 '천하국가(天下國家)에 대한 생각'으로 표현되어 있는데, 이는 근대사회에 접어들었던 당시 가정 내지 일상생활에 대한 논의만이 아니라 국가의 이념과 정책을 논하는 태도를 일컫는다-역자주

44 고토 신페이[後藤新平; 1857~1929, 정치가. 초대 만주철도 총재, 내무 외무장관과 도쿄시장을 역임-역자주

45 巖谷小波,「日比さんと私」(豊泉益三 編,『日比翁の憶ひ出 (續)』, 쇼와 7년, 三越營業部).

도쿄대 교수들의 자택 분포는 야마노테 지구에 많았다고 한다. 여기서 시대와 더불어 넓어져 갔던 야마노테 지구를, 주오선中央線이나 야마노테선山手線의 서쪽 및 남쪽 지역까지 포함하여 생각하면, 야모노테에 사는 도쿄대 교수의 비율은 메이지 20년이 66%, 다이쇼 12년에는 98%까지 늘어난다. 또한, 육군 장관의 거주 분포로 보더라도 메이지 초기부터 변두리에 거주한 것이 아니라, 애초부터 야마노테 지구에서 살았다고 한다.[46] 도쿄의 학자와 군인들 상당수는 가내 상공업이 발달한 시타마치下町가 아닌 지식인과 회사원들이 많이 모인 야마노테에 살았던 것이다. 미쓰코시가 초대해, 적극적으로 의견을 들으려고 했던 사람들이 학자이며, 군인을 포함한 저명인이었다는 것은 이미 지적한 대로이다. 그리고 그들이 많이 살고 있었던 야마노테 지구의 사람들이야말로 미쓰코시가 처음부터 고객층으로 끌어들이려고 생각하였던 사람들이었다. 새로운 주된 고객층을 야마노테의 주민으로 좁혀, 귀빈의 접대와 '학속협동'을 적극적으로 추진한다. 미쓰코시로서는 이러한 것들 모두가 서로 관련을 맺는다고 생각했었을 게 틀림없다.

3. 브랜드가 된 백화점

46 앞의 책, 「東京 '山の 手' 調べ事始」.

47 더블춥(double-chop); 소매업의 요구대로 메이커가 일부 모양을 바꾼 상품. 메이커의 브랜드 이름과 소매업의 로고가 같이 표시됨-역자주

그리고 다이쇼 시대의 초기부터 미쓰코시가 시작하였던 것이 오리지널 상품의 개발이다. 그 출발은 '미쓰와越 비누'인데, 판매된 비누에는 미쓰코시 마크 모양의 인장이 찍혀 있었다. 미쓰코시 최초의 더블춥[47] 상품으로, 발매를 알리는 광고에서는

"미쓰와 비누는 사람들 사이에 정평이 나 있다. 좋은 것 중에서 더 좋은 것을 추구하는 게 우리 미쓰코시주의이다. …(중략)… 시중에서 발매되는 미쓰와 비누와 다음달 1일부터 미쓰코시에서 특매할⑳ 각인이 찍힌 미쓰와 비누를 동시에 비교하여 사용해 보길 바란다. 모든 점에서 미쓰코시 특매의 미쓰와 비누가 꼭 마음에 들 것으로 확신한다."[48]

라고 적고 있다.

　　더블춥 상품의 판매는 오복점에서 백화점으로 탈피해 오기까지의 과정에서 '미쓰코시'라는 상표 자체가 질이 좋은 우량 이미지를 소비자에게 심어놓는데 성공했는지 어떤지를 다시금 묻는 기회도 되었다. 결과는 좋았으며, 그 후로도 미쓰코시의 브랜드를 붙인 상품을 계속 개발한다. 다이쇼 3년1914에는 목이 깊은 신발과 목 낮은 신발, 두 종류의 '미쓰코시 학생화'[49]를, 다이쇼 6년에는 '미쓰코시 오데코롱'[50]과 '미쓰코시 분'[51]이 발매되고, 다이쇼 7년에는 시모우사고료[52] 목장의 버터 일부를 분할 받아서 '미쓰코시 버터'를, 그리고 미쓰코시 특제의 '목면봉투에 넣은 가정용 밀가루(5파운드)', 그밖에도 빙냉식의 '미쓰코시 냉장고'라고 하는 상품까지 발매한다.[53] 냉장고는 "견고하고 우아한 미쓰코시의 냉장고, 이제 가정에서 필요할 때가 되었습니다"[54]라고 선전하였으며, 잘 팔렸다. 미쓰코시 브랜드 상품이 식료품에서 화장품, 잡화, 가정용 기구류까지 미쳤음을 알 수 있다.

　　오복점으로부터 시작한 미쓰코시도 메이지 말기에는 각종 상품을 갖춘 백화점 형식을 띠고 있었다. 그 움직임을 보자면, 메이지 35년1902에는 포목 이외에 덧붙이는 장식용 깃, 가방이나 쇼핑백 등 주머니류, 쇼울, 그리고 자수, 병풍, 명주로 만든 양산 등 외국인 취향에 맞춘 상품까지 더해 취급하였다. 메이지 38년에는 화장품, 모

48 三越吳服店, 『三越』, 다이쇼 2년 5월 1일.

49 三越吳服店, 『三越』, 다이쇼 3년 12월 1일.

50 미쓰코시 오데코롱 [eau de Cologne]; 프랑스어로 상큼한 냄새가 특징인 알콜성 화장수-역자주

51 미쓰코시 분[打粉]; 땀을 막아주는 분가루-역자주

52 시모우사고료[下總御料]; 지바현에 있는 근대식 목장-역자주

53 앞의 책, 『株式會社三越 85年の記錄』.

54 三越吳服店, 『三越』, 쇼와 4년 7월 1일.

그림 4-3　(위)〈미쓰와(硬) 비누〉의 광고(『미쓰코시』 다이쇼 2년(1913) 5월)
(아래) 〈미쓰코시 냉장고〉(『미쓰코시』 쇼와 4년(1929) 7월)

자, 어린이용 옷과 장식품에도 손을 뻗는다. 그리고 더 나아가 메이지 39년에는 메이지 21년1888에 개업했다가 중단하고 있었던 양복 부문을 재개하였다. 메이지 40년에는 가방, 신발류, 양산, 머리 장식품, 비누, 구두, 미술품을, 메이지 41년에는 귀금속, 연초, 문방구 등을 판매했다. 또한, 45년에는 실내장식 및 가구의 주문을 개시한다.[55] 이처럼, 취급하는 상품으로 미쓰코시를 볼 때 또 다른 특징의 하나는, 비교적 이른 시기부터 수입품을 취급하였다는 점이다. 수입품이 국산품보다도 질이 좋은 고급품으로 여겨지던 당시, 수입품을 취급하는 것도 백화점의 이미지를 높이는데 도움이 되었을 것이다. 게다가 다이쇼 4년1915에는 조니 워커의 특약 판매를, 다이쇼 10년에는 바바리의 레인코트 판매도 실시한다.[56]

오복점에서 백화점으로 탈피해 가던 다른 백화점에서도 메이지 말기에 판매상품을 늘리고 있었다는 점, 그리고 수입품을 비교적 빨리 취급하고 있었다는 점은 공통적이었다. 오사카의 다카시마야에서는 메이지 40년1907에 세간 물품(잡화), 화장품을, 도쿄 우에노의 마쓰자카야에서는 메이지 41년에 주머니류, 세간 물품, 우산, 양품 등의 상품을 취급한다. 도쿄 이마가와바시今川橋의 마쓰야에서는, 메이지 30년대 중엽부터 덧붙이는 여성의 장식용 깃, 주머니류, 세간 물품, 우산, 양품 등의 상품을 취급한다.[57] 미쓰코시와 도쿄에서 백화점의 패권을 놓고 경쟁을 벌이고 있었던 시라키야에서는 미쓰코시보다도 더 빠른 메이지 19년1886에 벌써 영국의 아서 데이비 상회와 계약을 맺고서 서양부를 창설한다. 그 후 메이지 23년경에 코트를, 메이지 41년에 기성복, 구두를 판매한다. 메이지 43년에는 부인용 오버 코트, 문방구, 다음해에는 사진, 식료품, 서적, 전통가구, 서양가구, 도기, 칠기, 귀금속, 시계, 악기의 판매를 시작하는 등 판매

55 앞의 책, 『株式會社 三越 85年の記錄』.

56 앞과 같음.

57 伊藤重次郎「我國百貨店の發達段階」(앞의 책, 『日本百貨店總覽 第一卷 三越』). 高島屋百五十年史編纂委員會 編, 『高島屋百五十年史』, 쇼와 57년. 松坂屋70年史編集委員會 編, 『松坂屋70年史』, 쇼와 56년. 社史編集委員會 編, 『松屋百年史』, 쇼와 44년.

품목을 늘려간다.[58]

취급하는 상품을 보더라도 일본에서는 메이지 말기에 이미 전통적인 오복점에서 근대적인 백화점으로 탈피해 갔음을 알 수 있다. 그리고, 오복점에서 백화점으로의 변모가 끝나갈 즈음인 다이쇼 초기 무렵부터는 백화점의 브랜드명을 붙인 상품들도 판매하기 시작한다. 시라키야에서는 다이쇼 5년1916에 '시라키야 제조 웰스 만년필'을 발매한다.[59]

백화점의 브랜드명이 붙은 상품이 많았으며, 그 양상을 비교적 쉽게 파악할 수 있는 곳이 미쓰코시이다. 미쓰코시에서는 다이쇼 초기에 자신들의 브랜드 이름을 내건 상품을 팔기 시작하는데, 그후 식료품에서 화장품, 잡화, 가정용 기구류에 이르기까지 늘어난다. 브랜드명을 붙인 상품을 몇 종류씩이나 판다는 것은 이 무렵에 벌써 미쓰코시 자신은 미쓰코시에서 팔고 있는 상품이 소비자들에겐 플러스 이미지를 전달할 수 있다는 판단을 가지고 있었다는 뜻이다. 다이쇼 초기에는 '미쓰코시'라는 이름을 쓰는 것 자체가 사회속에서 하나의 가치를 가지는 것으로 여겨지기 시작하였을 것이다. 그만큼 오복점에서 백화점으로 변신해 가는 과정에 미쓰코시에서 파는 상품은 '고급에 우수하고 질 좋다'라는 이미지를 만들어내는데 성공하였다고 하겠다.

미쓰코시가 오복점에서 백화점으로 변모해 가는 과정에서 적극적으로 취한 방법이 국내외의 귀빈을 접대해 이들 국빈을 위한 민간 접대소로서의 역할이었다. 또한, 각계의 학자, 저명인, 문화인을 모아 의견을 듣는 '학속협동'이었다는 것은 앞서 지적한 대로이다. 이러한 것들이 미쓰코시의 이미지를 높이는데 큰 역할을 해왔다는 점은 충분히 짐작할 수 있다. 그 결과, 오복점에서 백화점으로 탈피

58 白木屋, 『白木屋三百年史』, 쇼와 32년.

59 앞과 같음.

하는 과정에 새로운 고객층으로 야마노테에 사는 사람들을 염두에 두고서 출발한 미쓰코시가 쇼와 초기에는 이미 어느 백화점보다도 상 중류 계층의 손님들을 많이 붙잡을 수 있었다. 그리고, 그런 사람들이 일본 근대화의 길을 열어 가는 중심적 역할을 짊어지기 시작하였던 다이쇼 시대를 거치면서 미쓰코시의 평가는 한층 더 높아졌다. 또한, 미쓰코시는 고급스러움과 문화를 만들어내는 동경의 대상으로 변화해 갔다. 오래되고 보수적인 오복점을 고급스러운 이미지를 가진 근대적 상점인 백화점으로 탈피시켜 나가는데 멋지게 성공하였던 것이다.

메이지 시대 후반부터 다이쇼 시대에 걸쳐서 미쓰코시 이외의 오복점도 백화점화의 길을 걸어가는데, 그 도중에 미쓰코시와 마찬가지로 상·중류 계층의 손님을 모으는 걸 적극적으로 추진한다. 미쓰코시와 같이 외부의 지식인을 불러 모임을 만들고, 유행을 연구하는 방법은 마쓰야나 시라키야에서도 열린다. 마쓰야에서는 신문사나 통신사의 사람들을 회원으로 삼아, 메이지 45년1912부터 '이마요카이[60]'를 만든다. 시라키야에서는 메이지 45년1912에 시부사와 에이이치[61]를 초대한 이래, 종종 일류 명사들의 강연회를 개최하였으며, 다이쇼 11년1922부터는 저명한 외부의 전문가를 초빙해 유행을 연구하는 '신초우회新潮會'[62]를 발족시킨다. 백화점이 상·중류 계층의 사람들을 주목한 이유는 당시 사회 분위기 속에서 어느 정도 소비를 즐길 수 있었던 사람들이라는 점에 있다. 그리고 결과적으로는 그런 사람들이야말로 그 후 일본의 도시생활양식을 리드해나갔다.

다이쇼 시대는 공무원, 은행원, 회사원 등 신중간층이라고도 부를 수 있는 사람들의 층이 급속하게 증가하던 시대이기도 하다. 미나

60 이마요카이[今樣會; 지금의 모습이라는 한자말 그대로 현대풍이라는 뜻-역자주

61 시부사와 에이이치[澁澤榮一]; 1840~1931, 근대일본의 자본주의 기틀을 다진 실업가. 1867년 파리만국박람회 등을 시찰, 귀국 후 조세, 화폐, 은행 등의 조례를 작성. 제일국립은행, 일본은행, 도쿄철도, 오사카방직 등을 창립. 부산에도 제일국립은행 지점을 만듦-역자주

62 앞의 책, 『松屋百年史』. 앞의 책, 『白木屋三百年史』.

미 히로시[63]에 따르면, 그 비율은 다이쇼 9년1920 무렵에는 7~8%까지 달했다고 추정한다.[64] 일본의 백화점이 새로운 고객으로 주목하였던 것도 바로 그들이었으며, 그 사람들이 머지 않아 다이쇼 후기부터 쇼와에 걸쳐서 시대를 움직일 만큼 성장해 갔던 것이다. 일본에서 오복점이 백화점으로 변신한 시기로 평가받는 다이쇼 시대 전기에는 '백화점은 화려함의 원천으로 주목되고, 눈을 즐겁게 해주는 무료박람회로서 유한계급이 즐겨 찾는 곳'[65]이라고도 불리게 되었다. 그만큼 백화점은 일본의 근대 도시인에게는 없어서는 안 될 존재로 성장해 갔던 것이다.

4. 르네상스 양식의 건축물

오복점으로부터 탈피해 백화점으로서 그 형식을 갖춰나가는 과정에서 백화점은 고급스런 이미지를 만들어 나갔다. 다이쇼 시대 초기에는 백화점 이름 그 자체가 하나의 상품가치를 가져 브랜드로서 사용되기까지 하였다는 점은 이미 지적하였는데, 백화점이 의도적으로 만들어 온 고급 이미지를 좀더 많은 사람에게 전달하는데에는 백화점 건물이 해낸 역할은 컸다. 미쓰코시의 신관이 다이쇼 3년1914에 완성되었을 때 많은 신문들이 건물의 크기, 시설이나 설비의 호화로움 등을 치켜세우는 기사를 실었다. 그 가운데 하나인 요미우리讀賣 신문에서는

"단지 안에 들어가 한번 둘러보는 것만으로도 건물과 장식의 여러가지 양식을 볼 수 있다. 편리한 설비나 기계를 보더라도 일본 대다수 사람들로서는 주거생활에서 대개 엘리베이터를 사용한다는 미국 같은

63 미나미 히로시[南博; 1914~2001, 사회심리학자. 1981년 일본심리센터를 설립-역자주

64 南博 編, 『大正文化』, 쇼와 40년, 勁草書房.

65 앞의 책, 「我國百貨店の發達段階」.

나라의 생활모습을 상상하는 기회도 될 것이다. 사회 전체를 통해 아주 많은 부인들이 모이는 백화점에 이와 같은 진보한 설비는 쇼핑이라는 것 이외에도 보기에 따라서는 지식적으로 배울 수 있는 점이 참으로 많다는 것을 잊어서는 안 되겠다."[66]

라고 진술하고 있다. 여기서는 백화점의 설비가 앞서간 미국의 구체적인 생활모습을 상상시키며, 진보한 설비가 이곳을 즐겨 찾는 부인들에게 새로운 지식을 가르쳐준다는 점을 지적하는데, 건축이 사람들에게 미치는 많은 영향에 대해서 인정하고 있는 점이 흥미롭다.

오복점이 백화점으로 변신해 가는 과정에서 직접적인 변화는 취급하는 상품이 증대하는 형태로 나타나지만, 이와 함께 각 백화점은 지금까지보다도 더 넓은 바닥면적의 매장을 가진 건물이 필요하게 된다. 일본에서 백화점이 만들어지기 시작한 것은 메이지 후기, 바로 20세기가 막을 열기 시작할 무렵이었는데, 이 시기에 많은 백화점이 신축, 증축, 개장공사를 추진한다. 도쿄의 백화점을 예로 살필 것 같으면, 메이지 중기 무렵까지의 건물은 오복점 시대의 흙벽으로 지은 창고형 건물을 계속 이어가고 있었다. 처음으로 건물에 변화가 나타나게 된 것은 메이지 말기로, 이 시기에 서양풍 의장의 건물로 바꾸는 백화점이 많이 생겨난다.[67] 각 백화점의 경영자가 건물이 사람들에게 미치는 영향을 얼마만큼 생각하고 있었는지를 보여주는 자료는 없지만, 적어도 건물의 신축이나 증축, 개장에 임하면서 백화점에 어울리는 건물을 만들려고 했을 거라는 점은 추측할 수 있다. 전통적인 창고식 건물로부터 서양풍의 건물로 변화한 것도 이러한 일련의 움직임에 따른 결과라고 판단해도 좋을 것이다.

도쿄의 백화점에서 메이지 후기에 건물을 서양풍 건축으로 한 백화점에는 마쓰야, 미쓰코시, 다이마루가 있다. 마쓰야는 간다 이마

66 <讀賣新聞>, 다이쇼 3년 9월 29일.

67 初田亨·加等眞哉, 「三越本店の建築について(都市における繁華街の建築に關する歷史的硏究 その1)」(日本建築學會, 『日本建築學會大會學術講演梗槪集』, 쇼와 63년). 初田亨·村島正彦, 「東京に建設された百貨店建築の施設等の變遷(都市における繁華街の建築に關する歷史的硏究 その5)」(日本建築學會, 『日本建築學會大會學術講演梗槪集』, 헤이세이 3년).

68 고우다 미노뤼古宇田實]; 1876~1965, 도쿄제국대학을 졸업하고, 도쿄미술대학 교수를 역임. 유럽에서 수학한 건축가 - 역자주

69 大丸二百五十年史編集委員會 編, 『大丸二百五拾年史』, 쇼와 42년.

70 이토 기치타뢰伊藤吉太郞]; 1851~1932, 일본 최초의 활판인쇄업을 통해 유명 상점의 광고선전물을 담당. 서적 판매 및 출판사업으로 유명-역자주

가와바시의 건물을 메이지 40년1907에 개축하여, 그때까지 목조 2층 높이로 검은 옻칠을 한 외벽을 가진 전통적인 창고식 건물에서 목조 3층 높이의 서양풍 건축으로 변한다. 미쓰코시에서는 메이지 41년에 목조 3층 높이의 가설 영업소를 니혼바시에 건설하는데, 여기서도 그 당시까지 사용하던 목조 2층의 검은 옻칠을 한 외벽을 가지고 있는 창고형에서 서양풍 건축으로 바뀌었다. 마쓰야는 고우다 미노루[68], 미쓰코시는 요코가와橫河 공무소가 설계한 건물로, 모두 목조이지만 분명히 서양풍 의장을 자랑하는 건물이다. 다이마루에서는 도오리하타고초通旅籠町의 건물을 메이지 41년에 다시 치장하여, 그때까지 목조 단층의 검은 옻칠을 한 창고형 건물에서 '청동기와를 올린' [69] 서양풍 건축으로 변신한다. 한편, 다카시마야는 메이지 23년1890에 도쿄에 진출하여 여관 등에 출장소를 마련하였고, 메이지 33년에 교바시 니시코냐마치西紺屋町에 건물을 구입하여 외국인 대상의 소매점을 개점하는데, 이때 구입한 것도 목조 2층짜리의 서양 의장을 가진 건물이었다.

도쿄의 백화점 건물이 서양풍을 닮아 가는 가운데 조금 색다른 변화를 보인 것은 시라키야이다. 시라키야는 메이지 36년1903에 니혼바시에 있던 목조 2층짜리 검은 옻칠한 전통적인 창고형 건물을 개축하는데, 몇몇 서양풍의 요소가 가미되었지만 전체적으로 일본풍의 빛깔이 강한 목조 3층짜리 창고형 건물을 세운다. 그리고 뒤이어 메이지 14년에 그 건물을 증축, 개장한다. 이 증축, 개장은 이토 기치타로[70]가 설계한 것으로, 이 시기에는 건물의 모서리에 축제 때 활약하는 수레를 생각하게 하는 탑 지붕을 올린 일식 양식이 섞인 화양절충(和洋折衷)식 건물을 세운다.

그 후 백화점의 건축에 변화가 나타난 것은 다이쇼 시대이다. 메

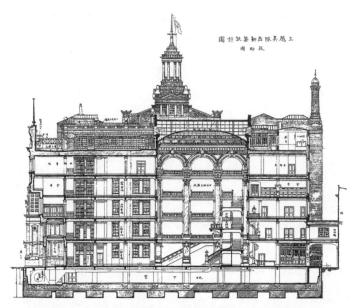

그림 4-4 (위) 다이쇼 3년(1914) 완성한 미쓰코시 단면도
(아래) 미쓰코시 외관(「건축잡지」 다이쇼 4년 4월)

71 앞의 책, 「東京に建設された百貨店建築の施設等の變遷(都市における繁華街の建築に關する歷史的研究 その 5)」.

72 6층은 옥상정원이 들어서 있는데, 사진부, 화장실, 주방이 있다 - 역자주

73 <萬朝報>, <二六新聞>, <讀賣新聞> 다이쇼 3년 9월 29일(三越吳服店, 『三越』, 다이쇼 3년 11월 1일에서).

74 「時報 三越吳服店新館建築の落成」(建築學會, 「建築雜誌」, 다이쇼 3년 10월호).

75 누마타 가즈마사(沼田一雅); 1873~1954, 조각가, 도예가, 특히 도자기 조각의 일인자. 프랑스 유학 후 도쿄미술대학 교수 역임-역자주

76 中村傳治, 「三越吳服店の建築に就て」(建築學會, 「建築雜誌」, 다이쇼 4년 4월호).

이지 후기가 오복점에서 백화점으로 탈바꿈해 간 시대라고 한다면, 다이쇼 시대는 사회 속에 확실하게 자리 매김을 하면서 백화점이 좀더 내용적으로 충실해져 간 시대라고 할 수 있다. 이 시대에도 각 백화점은 메이지 후기와 마찬가지로 매장 면적을 확장해, 건물의 신축, 증축, 개장 등을 진행시킨다. 도쿄의 백화점에서는 미쓰코시, 마쓰자카야, 시라키야가 더욱 본격적인 네오 르네상스 양식의 건물을 만드는 등 각 백화점 모두 좀더 화려한 건축을 향해 나아가는 경향이 보인다.[71]

미쓰코시에서는 앞서 말한 가설 영업소 건물을 남기고, 그 앞의 큰 도로 쪽을 접해서 철골철근 콘크리트 구조인 지상 6층[72] 지하 1층의 건물을 다이쇼 3년1914에 건축한다. 신문에서는 이를 두고 '수에즈 운하 동쪽으로는 비교할 것이 없는', '수에즈 운하 동쪽 제일의 상점', '수에즈 운하 동쪽 최대의 건축물' 등으로 부르기도 했다.[73] 건물의 외관은 '르네상스 양식'[74]으로, 특히 정면 입구 주변의 장식은 대단히 공을 많이 들인 부분이지만, 그 장엄함은 역시 건물 내부의 홀에서 극치를 이룬다.

건물 내부의 매장에는 중앙부에 정면 폭이 약 12미터, 앞뒤 폭의 길이가 약 18미터인 대형 계단을 배치한 큰 홀이 만들어진다. 홀은 1층에서 5층까지 시원하게 뚫려 있는데, 대리석으로 만든 10개의 코린트(Corinth)식 거대한 기둥이 나란히 서 있고, 그 위에 아치가 이어져 있다. 건물의 외관 및 내부에 거대한 기둥을 세워 건물을 더욱 화려하게 만든 점으로 보자면, 단순한 르네상스라고 하기보다도 바로크 양식을 가미한 네오 르네상스 양식이라고 하는 편이 옳겠다. 기둥의 상부에는 미술학교 교수인 누마타 가즈마사[75]의 작품인 '어린아이가 꽃다발과 악기를 갖고 노는 내용의 조각을 놓아'[76]두었으

그림 4-5　미쓰코시 중앙대계단의 상부(「건축잡지」 다이쇼 4년(1915) 4월)

며, 그 위 수평 서까래의 울퉁불퉁 주름진 장식 부분에는 일루미네이션도 설비된다. 그리고 천장에는 톱 라이트가 설치되어, 스테인드 글라스를 통해 빛이 아래층까지 떨어져 내리게끔 되어 있으며, 그 빛을 맞으면서 계단이 이어져 올라간다. 이처럼 백화점을 찾은 사람들 가슴을 두근두근 들뜨게 할 만한, '이것도' '저것도' 라고 할 만큼 건물 전체가 호화롭고 화려한 장식으로 만들어졌었다는 것을 알 수 있다. 시원하게 개방되어 있는 이들 공간을 중심으로 마치 건물 밖의 세계와는 전혀 다른 또 하나의 도시를 만들어낸 것과 같은 인상을 준다. 다시 말해, 건물 속에서는 밖의 세계와는 완전히 차단된 꿈의 세계가 전개되었던 것이다.

이 정도의 장관은 아니지만, 시원하게 뚫린 공간을 매장의 중간에 두어 전체를 하나의 공간으로 하는 방법은 앞서 소개한 미쓰코시의 가설 영업소 건물에서도 볼 수 있었다. 이 건물도 본격적인 네오 르네상스 양식으로, 건물 내 매장 중앙부에는 10개의 코린트식 기둥이 지탱하는 3층까지 이어지는 큰공간을 가지고 있었으며, 상부로부터는 스테인드 글라스를 통해 들어온 빛이 가득 떨어진다. 1층에서는 다다미를 깐 점포 중앙에 십자 모양으로 심은 식물들을 연못이 둘러싸고 있는 형태로 만들어졌으며, 그 뚫린 공간으로 계단이 올라가는 구조도 같다. 또한, 건물 밖에는 1,743개나 되는 전등으로 일루미네이션까지 설치되었다고 한다.[77] 가영업소와 신관의 공간 구성은 공통적이며, 신관의 건물이 가영업소 건물보다 한층 발전된 것을 알 수 있다.

건물의 설계는 모두 요코가와 공무소에 의해 이루어져, 나카무라 덴지[78]는 이들 건물의 설계를 하기 위해 구미 백화점 건축을 조사하러 떠났는데, 이는 미쓰코시 건축이 구미 백화점을 참고로 해서 세

77 「三越吳服店假營業場建築槪要」(建築學會, 「建築雜誌」, 메이지 41년 5월호).

78 나카무라 덴지[中村傳治; 1880~1968, 대표적인 용도원리주의의 근대건축가. 박람회의 장래성에 주목하여 1917년 나카무라 상회를 창립, 국내외 박람회를 맡아 건설함-역자주

그림 4-6 다이쇼 6년(1917) 마쓰자카야 이토우 우에노점(『건축사진유취 상점건축 권1』)

워졌다는 것을 말해준다. 건축학회에서 열린 나카무라의 강연에서는 런던의 해러즈(Harrods)와 뉴욕의 워너메이커(Wanamaker) 등의 건축이 상세하게 언급되었지만,[79] 매장 중앙부의 커다랗게 열린 공간으로 스테인드 글라스를 통해 빛이 실내로 쏟아지는 공간 구성은 오히려 파리의 백화점과 닮아 있다. 미쓰코시와 같은 형식을 가진 건물은 메이지 5년1872에 건설된 파리 봉 마르세에서도 볼 수 있다.

미쓰코시에서는 그 후 가건축을 없애고, 다이쇼 10년1921에 서관을 증축한다. 서관은 원래 있던 서관에 의장을 갖춰 덧붙였는데, 높이를 6층으로 높였고, 게다가 11층 높이의 전망실이 달린 탑을 설치한다. 탑은 야간에 조명기로 밝혀, 어둠 속에서 부상하는 듯 하였다.[80] 가까이 사는 사람만이 아니라, 도시에 생활하는 불특정의 사람들을 고객으로 하는 백화점으로서는 당시 아직 그렇게 많지 않았

79 中村傳治,「歐米に於ける〈デパートメントストア〉」(建築學會,「建築雜誌」, 메이지 41년 4월호 강연을 정리한 내용임).

80 「三越吳服店東京本店西館新築槪要」(建築學會,「建築雜誌」, 다이쇼 10년 10월호).

던 고층건물을 만드는 것, 그리고 그 높이를 더욱 강조할 수 있는 탑을 설치하는 것이 백화점의 존재를 많은 사람들에게 알리는데 유효한 역할을 하였을 것이다.

우에노의 마쓰자카야는 다이쇼 5년1916에 제1기 공사, 6년에 제2기 공사를 끝내 목조 4층짜리 건물을 건설한다. 건물은 스즈키 데이지[81]가 설계한 것인데, 르네상스 양식을 지닌 건물의 중심에 해당하는 정면 모퉁이에는 원형의 탑방이 달려 있다.

시라키야에서는 기다 야스조木田保造의 설계에 따라 다이쇼 6년1917에 건물의 증축과 개수가 이루어진다. 메이지 36년1903에 시라키야는 목조 3층 건물을 신축하였었다. 상부로부터 채광을 받는 3층까지 뚫린 홀이 있었다. 거기에는 위층으로 올라가는 계단이 설치되어 있었고, 1층에는 분수가 달린 연못이 있어서 잉어와 금붕어가 헤엄치고 있었다. 그런데 이때 증축하면서 기존의 홀 공간을 없애고 바닥 면적을 늘렸다. 매장 면적을 넓힐 필요성과 장엄한 건물을 연출하는 열린 공간 어느 쪽을 우선시 해야 하는지 궁리한 결과, 바닥 면적을 넓히는 쪽을 선택하지 않을 수 없었을 것이다. 그 후 메이지 44년1911에 건물 증축공사를 실시, 모퉁이 부분에 5층 높이의 탑방을 두고 일식과 양식을 절충한 의장을 가진 건물로 개장한다. 다이쇼 6년1917에는 그 건물을 4층짜리로 하는 동시에 그때까지의 화양절충 의장을 서양풍의 르네상스식으로 바꾼다.[82] 메이지 36년1903 일본풍의 색채가 짙었던 창고형 건물에서 메이지 44년에 화양절충의 의장으로 개장했으며, 다이쇼 6년에는 다시 서양풍 건물로 바꾼 사실, 즉 이처럼 단기간에 건축양식을 크게 바꿔 르네상스 양식으로 결국 정착된 점은 흥미롭다. 모퉁이 부분에 세워진 탑도 더욱 높아지고, 르네상스 양식으로 장식되었다. 르네상스 양식이 사람들에

81 스즈키 데이지鈴木 禎次; 1870~1941, 건축가. 유럽 유학 후 활동. 박람회의 시설에도 관여 - 역자주

82 앞의 책, 『白木屋三百年史』.

그림 4-7 시라키야 (위) 메이지 중기, (가운데) 메이지 36년(1903), (아래) 메이지 44년(1911) (『시라키야 300년사』)

게 백화점의 이미지를 전달하는데 가장 적합한 건축양식이라고 판단하였을 것이다.

도쿄의 많은 백화점이 서양풍 르네상스 양식 건물로 세워지는 가운데 좀 색다른 움직임을 보였던 것은 다카시마야이다. 다카시마야에서는 다이쇼 5년1916에 교바시의 미나미텐마초南傳馬町에 목조 3층짜리 도쿄점 건물을 신축하는데, 이 건물은 전통적 창고식 의장으로 만들어진다. 다카시마야에서는 메이지 45년에 철근 콘크리트 구조로 창고식 의장을 가진 교토 본점 건물을 만드는데, 도쿄점 건물은 이 교토 본점의 의장을 모방하였다. 교토에 본점을 두고 있는 다카시마야에서는 다카시마야다운 독자성을 주장하기 위해, 직물의 중심지로서 교토의 이미지를 표현하는 일본풍 의장의 건물이 더 어울릴 것이라고 판단하지는 않았을까.

메이지 후기부터 다이쇼 시대에 걸쳐서 오복점에서 백화점으로 변신하고, 나아가 차차 내실 있는 백화점을 만들어 가는 과정에서 색다른 시도도 있었다. 그렇지만, 백화점이 건물의 바닥 면적을 늘려갔던 점, 바닥 면적을 넓혀갈 때에 건물을 고층화했는데, 그 가운데에는 탑으로 높이를 강조한 백화점을 많이 볼 수 있었다는 점, 그리고 전통적인 창고식 건물에서 더욱 근사하게 장엄한 서양풍 르네상스식 건물로 변해간 경향을 보였다는 점은 공통적으로 지적할 수 있다.

그리고, 이 시기는 바로 백화점이 주식회사로 바뀌던 시기와도 겹친다. 미쓰코시가 합명회사 미쓰이 오복점에서 주식회사 미쓰코시 오복점이 된 것은 앞에서 밝힌 것처럼 메이지 37년1904 12월이다. 다른 백화점에서는 이보다 좀 늦지만, 메이지 43년에는 주식회사 이토우 오복점(나중에 마쓰자카야)이, 다이쇼 8년1919에는 주식회사

그림 4-8 (위) 시라키야 다이쇼 6년(1917)(『메이지 다이쇼 건축사진취람』)
(아래) 미나미텐마초의 다카시마야 (『다카시마야 150년사』)

시라키야하고 주식회사 마쓰야 쓰루야 오복점, 주식회사 다카시마야 오복점, 그리고 주식회사 소고우 오복점이 설립된다.[83] 도쿄의 백화점이 바닥 면적을 크게 해, 더욱 화려한 건물을 만들어 갔던 이 시기는 바로 각 백화점이 회사 형식으로 근대화해 갔던 때이기도 하였다.

그리고 또 한 가지, 건물의 바닥 면적을 넓히는 것, 르네상스 양식의 건물을 만드는 것과 함께 백화점이 적극적으로 추진하였던 것은 건축 설비를 충실히 한다는 점이었다. 엘리베이터와 에스컬레이터도 일찍부터 설치하였다. 백화점에서 최초로 엘리베이터를 설치한 곳은 시라키야이다. 시라키야가 엘리베이터를 설치한 것은 메이지 44년1911 건물의 증축, 개장이 이루어지던 때이다. 엘리베이터의 설치와 더불어 정면 입구에는 회전식 문도 설치한다. 당시 엘리베이터를 단 건물로는 일본은행 본점, 미쓰비시三菱 3호관 등이 있었지만,[84] 아주 드물었다. 그런 가운데 백화점이 보통 사람들이 이용할 수 있는 상점의 고객용 설비로서 엘리베이터를 설치하였던 것이다. 시라키야에서는 엘리베이터를 운전하면서, 엘리베이터 안에 벤치를 설치하였다. 당시 선전에는 "한번 그 안에 들어오시면, 간단하게 3층까지 올라갈 수 있습니다. 마음놓고 부담 없이 한번 승강을 즐겨 보시길 바랍니다"[85]고 써 있다. 이 문구에서 손님들이 엘리베이터를 즐기도록 배려했다는 사실을 엿볼 수 있다. 이와 함께 당시 몇 안 되는 엘리베이터를 설치함으로써 백화점은 고급스러운 장소라는 인상을 심으려고 했다는 점도 알 수 있다.

그 후 미쓰코시에서는 다이쇼 3년1914에 앞서 소개한 철골철근 콘크리트 구조의 건물을 세울 때, 엘리베이터와 에스컬레이터를 설치한다.[86] 엘리베이터로는 시라키야보다 늦었지만, 에스컬레이터로는

83 앞의 책, 『株式會社 三越 85年の記録』. 앞의 책, 『松坂屋70年史』. 앞의 책, 『白木屋三百年史』. 앞의 책, 『松屋百年史』. 앞의 책, 『高島屋百五十年史』.

84 中田乙一, 『丸の內今と昔』, 쇼와 27년, 三菱地所.

85 앞의 책, 『白木屋三百年史』.

86 앞의 책, 「東京に建設された百貨店建築の施設等の變遷(都市における繁華街の建築に關する歷史的研究 その5)」.

그림 4-9　(위) 미쓰코시의 에스컬레이터(『주식회사 미쓰코시 85년의 기록』)
(아래) 시라키야의 엘리베이터(『시라키야 300년사』)

백화점 최초의 일이었다. 신문에는 "다이쇼 박람회에서 이미 보았던 에스컬레이터는 어른과 어린이들로부터 큰 호응이 있었으며, 그 밖에도 놀라지 않을 수 없는 장치가 몇 개 더 있다."[87]라고 적고 있다. 미쓰코시에서는 에스컬레이터 위아래에 사람을 배치하여 운전하였다. 당시 에스컬레이터는 겨우 박람회에서나 접할 수 있을 정도로 신기한 설비였다. 에스컬레이터를 설치한 것은 단지 기능적인 역할 이상의 의미를 갖고 있다. 실제로 미쓰코시가 관동대지진 이후 건물을 개수할 때에는 기능적인 면에서 별로 도움이 되지 않아 비경제적인 에스컬레이터를 폐지하는 안도 신중하게 검토되었을 정도였다.[88] 엘리베이터는 그 후 다이쇼 6년1917에 우에노의 마쓰자카야에서도 설치된다. 엘리베이터, 에스컬레이터는 무료로 탈 수 있는 재미있는 설비로서 사람들의 사랑을 듬뿍 받았다. 비싼 요금을 지불할 수 있는 능력을 가진 사람이 아니면 설치할 수 없는 이들 설비는 백화점의 이미지를 고급스러운 것으로 사람들에게 확실히 인식시키는데도 큰 역할을 해냈다고 본다.

5. '오늘은 제국극장, 내일은 미쓰코시 백화점'

백화점 건물이 크게 변해 갔던 이 시기는 백화점이 고급스러운 이미지를 만들어, 그 이미지를 널리 정착시켜 나갔다. 한편 생활수준이 높고 비교적 풍부한 소비생활을 즐길 수 있는 사람들을 새로운 고객층으로 적극 개척해 나갔던 시기이기도 하다. 당시 미쓰코시 등 백화점이 야마노테 지구 등에 살면서 중·상층을 형성하고 있던 사람들을 주요 고객으로 삼으려고 했을 것이라는 점은 앞에서

87 <毎夕新聞>, 다이쇼 3년 9월 29일.

88 林幸平, 『像を繞る人人』, 쇼와 5년, 百貨店時代社

이미 설명하였는데, 백화점이 고급 이미지를 만들기 위해서는 웅장하고 화려한 르네상스 양식의 건물을 갖는 방법도 유효한 수단이라고 생각했을 것이다. 구미의 문명과 문화야말로 앞으로 일본이 본받아야 할 이상적인 것이라고 생각하던 당시, 그러한 문화의 전도자 역할을 백화점이 짊어지려고 했다. 이러한 시기에 구미의 주요 건물을 장식하고 있었던 역사적인 여러 건축양식을 자유자재로 짜맞춰 일본의 백화점 건물이 세워졌다는 것은 어쩌면 당연한 일일 것이다. 네오 르네상스 양식은 이러한 건축의 하나로 기둥의 머리 부분을 장식한 기둥의 배열, 상부의 둥근 반원 아치를 가진 점 등이 특징이다. 즉, 르네상스 시대의 건축에 사용되었던 같은 요소를 이용해, 전체의 조화를 중요시하면서 안정감이 있는 인상을 만들어냈다는 양식적 특징을 가지고 있다.

다이쇼 3～4년1914～15경, 미쓰코시는 제국극장과 제휴하여 프로그램 중에 '오늘은 제국극장, 내일은 미쓰코시'라는 광고를 게재한다.[89] 이것은 지금도 광고 카피의 걸작으로 이야기될 만큼 유명하다. 이 광고문은 미쓰코시 PR지 등 편집을 맡았던 하마다 시로[90]가 제안했던 것으로, 같은 하마다가 짜낸 가부키좌舞伎伎座의 팜플렛(筋書; 그림 책자) 광고에 "오늘 연극에 오신 분은, 내일도 미쓰코시에 외출하십시오"를 밑에 적었던 것이다. 나중에 하마다는 이 광고 카피와 제국극장, 미쓰코시에 대해서 다음과 같이 회상한다.[91]

> 얼마나 가벼운 문구인가라는 건 말할 필요 없지만, 당시를 살았던 수천만 명의 사람들에겐 오늘은 제국극장, 내일은 미쓰코시가 갈망의 대상이었다는 점은 틀리지 않는다. 동쪽에 미쓰코시 서쪽에 제국극장의 시대이다. 양쪽 모두 모던하고 화려한 전당이다. 여학생이든 부인이든, 오늘은 제국극장, 내일은 미쓰코시라면 극락정토를 현실에서 경험하

89 앞의 책, 『株式會社 三越 85年の記録』.

90 하마다 시로[浜田四郎]; 미쓰코시 선전부장-역자주

91 濱田四郎, 『百貨店一夕話』, 쇼와 23년, 日本電報通信社

는 격이었다. 따라서 그 반응도 매우 넓게 퍼져 이처럼 성공한 광고 문구는 별로 그 예를 보지 못했다.

이 광고 문구는 그만큼 반응도 커서, '미쓰코시를 부르조아의 대표적인 것이라고 비난하는 평이 나온' 적도 있다고 한다.

제국극장은 다카하시 요시오의 제안으로 이토 히로부미, 시부사와 에이이치, 오쿠라 기하치로[92], 곤도 렌페이近藤廉平, 후지야마 라이타[93] 등의 찬동을 얻어 설립된 곳이다. 다카하시가 쓴 창립 취지서에는, "제국극장의 설립은 현재 긴급한 문화사업이다. 1등국인 대일본이 크게는 외빈을 환영하는데 이러한 설비가 없어서는 안 되며, 그 외에 예술 장려라는 의미에서도 황실로부터 약간의 보호는 당연한 일일 게다"[94]라고 적고 있다. 물론 건설 전에 이토가 죽고, 황실과의 관계도 끊어지는 일을 겪기도 한다. 하지만, 취지서에서 볼 수 있듯이 외빈의 접대 내지 일본의 중 상류 계층의 사교장으로서 그 역할이 기대되었다는 것을 알 수 있다.

제국극장은 메이지 44년1911에 낙성하여, 3월에 개장 공연을 한다. 제국극장은 에도 시대부터 일반적으로 행해오던, 관극 형식 그 자체를 바꿨다는 점에서도 커다란 의미를 가진다. 전통적인 연극 내용 및 그 형식을 개량할 필요가 있다는 논의는 이미 이전부터 나와 있었고, 개량극 등도 시도되었다. 하지만, 시바이차야[95]의 폐지에 대해서는 오랫동안 좀처럼 실시되지 못했다. 이 당시 사람들이 연극을 보려고 하는 경우는 대개 극장에 붙어 있는 차야를 통해 자리를 확보해야 했다. 또한, 관람 중 의복의 보관, 음식물의 시중 등도 모두 차야가 맡아서 하였고, 사람들은 술을 마시거나 혹은 음식을 들면서 관람하는 습관이 있었다. 시바이차야 폐지에 대해서는 그

92 오쿠라 기하치로大倉喜八郎; 1837~1928, 실업가. 군수산업으로 성장 나중에 도쿄상법회의소, 도쿄전등회사, 내외용달회사, 제국호텔 등을 설립. 제국극장에 시부사와와 함께 투자-역자주

93 후지야마 라이타藤山雷太; 1863~1938, 실업가. 제당 및 펄프 분야의 회사를 경영-역자주

94 앞의 책, 『箒のあと(上)』.

95 시바이차야芝居茶屋; 가부키 극장 옆에서 관객들을 위해 자리 확보나 안내, 그리고 식사 등 심부름을 하던 찻집-역자주

그림 4-10 (위) 제국극장 프로그램 (미쓰코시 자료관 소장)
(아래) 메이지 44년(1911) 완성한 제국극장(『메이지 다이쇼 건축사진취람』)

이전에 신토미좌[96]에서 시도해 보았지만, 결국 오래가지 못한 채 실패로 끝난 경우가 있었다.[97] 제국극장은 그것을 과감하게 실행하였던 것이다. 제국극장에서는 지금으로 말하자면 지정석에 해당하는 의자와 그 의자와 같은 번호가 들어있는 입장권을 발매하였다. 동시에 안내인을 배치하는 것으로 이를 현실화시켰다. 또한, 프로그램을 무료로 배포하는 외에 상연시간의 단축과 막간의 시간을 엄수하였고, 식당이나 매점 설비도 갖춰 종래의 전통적인 관람방법과 결별한 것이다. 극장 개장시간도 늦춰서 오후 4시 이후로 하여 회사원들의 관람이 가능해졌다.

이처럼 제국극장의 전향적인 자세는 그 건물에도 나타난다. 건물 설계는 미쓰코시의 설계자인 요코가와 공무소에 맡겼는데, 제국극장 설계를 위해 요코가와 민스케[98]는 약 반년간 구미 여러 나라로 시찰을 떠난다. 당시 일본에 있어서 중요한 건물을 설계하려고 할 경우, 건축가는 그것 때문에 일부러 구미에 나가서 지식을 얻어오는 것이 상식이었는데, 제국극장의 경우도 그러한 관례가 적용되었다. 건물은 바로크를 가미한 네오 르네상스 양식으로 만들어져, 부분적으로 일본적인 모티브도 이용되었는데, 순수한 서양풍이라고 해도 지나치지 않을 건물이다. 1,700명을 수용할 수 있는 내부는 전통적인 마스세키[99] 대신에 좌석으로 바꿨다. 또한, 무대는 막의 높이가 높고 폭은 좁은 서양식의 배치[100]로 배치하였다. 이것은 그때까지 일본의 극장이 가지고 있었던 가부키나 스모에서 배우와 선수들이 등퇴장하는 통로인 하나미치花道도 설치되지 않았다.(하나미치는 나중에 덧붙여진다) 그리고 건물이 너무나 훌륭한 까닭에 공연 관람보다는 건물을 구경한다는 의미로 '고야小屋 구경'이라는 말조차 생기게 된다.[101]

96 신토미좌[新富座]: 에도 시대 모리다좌森田座의 후신인 가부키 극장으로 1872년에 도쿄 교바시에 세워졌는데 1923년 소실-역자주

97 秋庭太郎, 『東都 明治演劇史』, 쇼와 50년, 鳳出版.

98 요코가와 민스케[橫河民輔]: 1864~1945, 건물의 기능을 중시한 당시 대표적인 건축가-역자주

99 마스세키[枡席]: 가부키나 스모를 관람할 때, 몇 명이 함께 앉아 먹고 마시면서 구경하던 사각형의 관람 구역. 방석 위에 앉는 것이 특징-역자주

100 proportion: 비율 혹은 배합-역자주

101 國立劇場調査養成部, 藝能調査室 編, 『東京の劇場』, 쇼와 53년.

미쓰코시는 제국극장과 어깨를 나란히 하였다. 제국극장의 건축 양식인 네오 르네상스 양식은 메이지 후기부터 다이쇼 시대를 걸쳐서 많은 백화점이 건물을 신축, 증축, 개수할 무렵에 사용되었던 건축양식이기도 하다. 백화점은 건물에서도 스스로 추구하는 이미지를 반영시켰던 것이다. 메이지 후기부터 다이쇼 시대에 걸쳐 백화점은 고급 이미지를 만들어내어 그 이미지를 사회에 정착시켰으며, 당시 지식계급이었던 중 상류 계층을 고객으로서 사로잡는데 성공하였다. 백화점도 제국극장과 마찬가지로 그들의 사교장이 되었던 것이다.

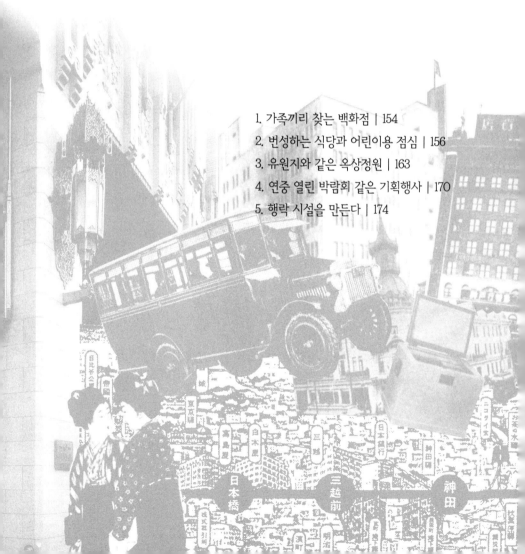

5

유람장이 된 백화점

1. 가족끼리 찾는 백화점

일본 백화점이 가족끼리 찾는 즐거운 장소인 점은 자세히 밝힌 바 있다. 다이쇼 3년1914에 긴자 덴뿌라집 '덴킨天金'에서 태어난 이케다 야사부로[1]는 이 점에 대해 이렇게 회고하고 있다.

> "'미즈·쓰ㆍ코ㆍ시'라는 이름은, 다이쇼 시대 긴자에서 자란 우리들에겐 이상할 정도로, 자극을 가져다주는 말이었다. 지금 사람들에게는 상상도 할 수 없겠지. 꿈만 같은 행복의 나라였지. …(중략)… 데리고 간다는 말만 들어도, 기뻐서 어찌할 줄 모를 만큼 좋은 곳이었다. …(중략)… 어쨌든, 당시 가족 동반으로 미쓰코시에 가는 것은 꼬박 반나절이 걸리는, 아이들 경우에는 거의 하루 종일 즐길 수 있는 즐거운 가족행사였다."[2]

가족 동반으로 백화점을 찾는 것은 일본의 특색 가운데 하나이기도 하였다. 쇼와 7년1932에 구미의 백화점을 조사한 미쓰코시[3] 잡화계 부장 야마모토 히데타로山本秀太郎는, "파리 백화점의 특징은 손님 중 99%가 부인들이라는 점, 남성 손님이 드물고 아이들을 동반하는 예가 적은 것 등입니다. 일본처럼 자녀들을 데리고 가족동반으로 백화점을 찾는 일은 크리스마스 판매 당일 정도일 겁니다"[4]라고 일본과 파리의 백화점이 다른 점을 이야기하였다. 구미 백화점 손님의 대부분이 부인들인 데 비해, 일본 백화점은 가족끼리 찾는 행락 장소의 역할을 다하였다. 이런 인식은 쇼와 초기에 꽤 광범위하게 퍼져있었던 것 같다. 이에 대해서는 건물의 구체적인 내용 등을 해설한 건축전문서『고등건축학』에서도 다음과 같이 기록하고 있다.[5]

일본 백화점이 특이하다고 할 만한 점은 백화점을 도회의 명물로 생

1 이케다 야사부로[池田彌三郎]; 1914~1982, 국문학자. 민속학자·역자주

2 池田彌三郎,『日本橋私記』, 쇼와 17년, 東京美術.

3 미쓰코시는 메이지 37년(1904) 12월 6일에 미쓰이 오복점에서 미쓰코시 오복점으로, 쇼와 3년(1928) 6월 1일에 미쓰코시로 상호를 변경한다.

4 山本秀太郎,「巴里の五大百貨店」(小松徹三 編,『日本百貨店總覽 第一卷 三越』, 쇼와 8년, 百貨店商報社).

5 高橋貞太郎·平林金吾,「商店·百貨店」(佐野利器 監修,『高等建築學 第16卷』, 쇼와 8년, 常盤書房).

각하였고, 게다가 행락장으로 보는 습관이 있었다는 것이다. …(중략)… 구미의 백화점 손님이 쇼핑을 목적으로 하는 것에 반해, 일본에서는 하루를 즐기는 행락의 장소로 백화점을 선택하기 때문에 자녀 동반의 부인들이 많다는 점을 기억해야 할 것이다.

여기서는 자녀를 동반한 부인 손님이 하루 행락으로 백화점을 고른다 점을 이야기하고 있다. 가족동반이라고 하지만, 휴일은 별도로 치더라도 평일 낮에 남편이 백화점에 나서는 일은 상상하기 힘들다. 따라서 가족동반의 대부분이 부인과 아이들 동반이었다는 점도 추정할 수 있겠다.

일본 백화점의 이러한 성격은 대도시에서만 볼 수 있는 경향이 아니라, 후쿠오카福岡 2대 백화점에서도 같은 경향이 보인다. 그리고, 미국 <헤럴드 트리뷴>지에서 백화점 코너를 담당했던 기자는, "미국 백화점에 비해 가족 전체를 고객으로 하는 데 놀랐다"고, 일본 백화점에 대한 인상을 언급하였다.[6] 그렇다고 미국 백화점에 아이들을 동반한 손님이 없었다는 뜻은 아니다. 그렇지만 거기서는 부인 혼자서 쇼핑을 즐길 수 있게끔 일반적으로 본격적인 탁아소가 설비되어 있었던 듯하다. 쇼와 2년1927에 미국 백화점을 조사하고 온 시라키야의 야마다 닌조山田忍三에 따르면, "미국 백화점에서는 꽤 넓은 장소를 어린이들 놀이터로 제공하여 반드시 '어린이 나라'를 만들어 둔다. …(중략)… 그래서, 부모는 안심하고 아이들을 점내 탁아소에 맡기고, 쇼핑을 위해 백화점 안을 천천히 구경할 수 있다"[7]라고 밝히고 있다. 이곳에서는 아이들을 동반하는 손님일지라도, 쇼핑하는 것은 부인 한 사람인 셈이다. 이에 비해 일본에서는, 자녀동반으로 백화점에 가는 것 자체가 즐거움을 위한 행위였다. 쇼와 초기에는 일본 백화점이 가족행락 장소로 이용되었으며, 바로 이

6 松田愼三, 『新訂 デパートメントストア』, 쇼와 14년, 日本評論社.

7 山田忍三, 『百貨店經營と小賣業』, 쇼와 5년, 千倉書房. 야마다 닌조는 포드의 판매를 대행하고 있었던 야마다 자동차의 경영자로 쇼와 2년(1927)에 시라키야의 영업부장, 게다가 같은 해 전무이사가 되어 경영 실권을 장악한다.

점이 일본 백화점의 큰 특색 가운데 하나라고 말해도 좋을 듯 싶다.

구미 백화점의 손님들 대부분이 부인이었다는 것은 일본 백화점이 형성되었던 초기부터 이미 인식하고 있었던 것 같다. 메이지 45년1912에 구미 백화점 시찰에 나섰던, 미쓰코시 대표(출발 당시는 오사카 지점장) 나카무라 리키타로中村利器太郎의 "외국 디파트먼트 스토아의 고객은 물론 남녀 모두이지만, 그 비율은 부인들이 훨씬 많아 열중 아홉은 부인들이었다"라는 보고와 같이 휴게실이라든지 식당과 같은 시설도, 그런 점을 고려해서 만들어졌다고 한다.[8] 이런 점들을 볼 때, 가족과 함께 찾는 오락 장소의 역할을 해낸 일본의 백화점은 구미의 백화점을 모방하여 만들어진 것이 아니다. 일본만의 독자성을 고려해 만들어진 것이라고 생각할 수 있겠다.

2. 번성하는 식당과 어린이용 점심

가족의 행락장으로 이용된 일본 백화점의 특징은 식당 및 옥상정원, 기획전시실의 완비 등 시설 면에서 나타난다.

백화점 식당에 대해서는, 다이쇼 11년1922부터 12년에 걸쳐 구미 백화점을 시찰하고 온 시라키야의 이시와타 다이사부로石渡泰三郎가, "일본 백화점의 식당이 크게 번창한 것은 일본만의 특징"[9]이라고 밝힌 바 있다. 더욱이 이시와타에 따르면, 그 이유가 적당한 식사를 할 수 있는 식당이 일본에서는 발달하지 않았기 때문이라고 보는데, 반드시 그 이유만은 아닐 것이다. 쇼와 초기 백화점에 대해서 앞서 소개한 『고등건축학』은 가족행락의 장소가 된 백화점과 식당의 관계를 다음과 같이 지적하고 있다.[10]

8 三越吳服店, 『三越』, 메이지 45년 9월 1일.

9 石渡泰三郎, 『歐米百貨店事情』, 다이쇼 14년, 白木屋吳服店書籍部.

10 앞의 책, 「商店 百貨店」.

현재 일본 백화점의 어디를 보든지 식당이 없는 곳이 없다. 게다가 그것도 상당히 큰 규모로, 어떤 백화점은 두세 곳이나 설치하여 영리를 목적으로 하고 있다. 이는 구미 백화점에서는 매우 보기 드문 현상으로 일본 백화점의 특색이라고도 할 수 있겠다. 이것은 앞에서도 밝힌 것처럼 일본 백화점이 도시의 부인과 어린이들의 일종의 행락 장소가 되었다는 점에서 비롯된 것이며, …(중략)… 외국에서는 식당이 있더라도 단지 손님이 점심 식사 때문에 밖으로 나가는 것을 막기 위한 것이었기에, 영리를 목적으로 하지 않는 간단한 시설인 경우가 대부분이다.

일본 백화점에서 가장 먼저 식당을 설치한 곳은 도쿄 니혼바시의 시라키야이다. 시라키야에서는 메이지 36년1903에 건물을 개축했을 때, 목마와 시소 등 완구를 구비한 놀이방을 설치했다. 그리고, 다음 해 그 일부에 우메엔梅園의 단팥죽, 히가시바시간東橋庵의 메밀국수 및 호카게초밥 출장점을 만들었다. 그 후 메이지 44년에 다시 건물을 증개축할 때에는 그때까지의 가설 수준이었던 식당을 크게 손봐서, 약 100명의 손님을 받을 수 있는 본격적인 식당을 마련하였다. 식당에는 가격이 50전짜리 점심, 20전짜리 시라키야 점심(샌드위치), 15전짜리 초밥, 12전짜리 서양과자, 10전짜리 일본과자 과일 사이다, 6전짜리 떡국, 5전짜리 단팥죽 우유 커피 홍차, 2전짜리 찐계란 등이 제공되었다.[11] 그 외에도 도쿄의 백화점에는 다이마루가 메이지 41년에, 마쓰야가 메이지 40년에 건물을 신축하면서, 30명을 수용할 수 있는 식당을 각각 만들었다.[12]

미쓰코시에서도 비교적 일찍 식당을 만들었다. 도쿄 니혼바시에 있던 미쓰코시 점 내에 식당이 만들어진 것은 메이지 40년1907 4월 1일로, 같은 해 3월 20일부터 우에노에서 개최된 도쿄권업박람회(東

11 白木屋, 『白木屋三百年史』, 쇼와 32년.

12 大丸二百五十年史編集委員會 編, 『大丸二百五拾年史』, 쇼와 42년. 社史編集委員會 編, 『松屋百年史』, 쇼와 44년.

京勸業博覽會)를 계기로 개설되었다. 미쓰코시가 디파트먼트 스토아 선언을 했다며 고객에게 인사장을 보낸 메이지 37년 12월로부터 약 2년 반 후의 일이다.[13] 식당은 약 165m²의 넓이에, 식탁이 7~8개 놓여 있었다. 거기서는 가격이 50전짜리 일식 정식, 15전짜리 초밥, 10전짜리 아카사카 모리나가赤坂森永의 서양과자, 5전짜리 혼교 후지무라本鄉藤村의 일본과자와 커피 홍차 등 6종류의 메뉴가 제공되었다.[14] 식당은 오사카 지점에서도 같은 해 11월 3일에 개설된다. 식당을 개설할 즈음 미쓰코시에서는 손님들의 미쓰코시에 대한 주문으로,

> "히비야 공원의 마쓰모토루松本樓라든지, 미쓰바시테이三橋亭에서 부담 없이 먹듯이, 가볍게 들릴 수 있고, 싸고 별미이며, 여자아이들 입맛을 끌어당길 만한 음식점이 당신 가게 근처에 있습니까? …(중략)… 집사람도 미쓰코시가 좋긴 한데, 거기선 먹을 수 있는 게 없어서 정말로 불편해요. 다른 곳에는 초밥이 있는가 하면, 단팥죽도 있어서 아이들을 그냥 데려가기만 해도 기뻐하니, 아이들 달래기도 훨씬 좋은 걸요"[15]

라는 희망사항이 담긴 기사를 전년도 10월판 PR지에 실어, 식당 개설을 예고한 바 있다. 이 예고기사에서도 식당 개설이 가족 동반의 손님들에게 얼마나 편리한 것인가를 주장하고 있다.

여기서 재미있는 점은, 새로 개설하는 식당의 이미지로서 히비야 공원의 마쓰모토루라든지, 미쓰바시테이와 같은 음식점을 염두에 두면서 그리고 있는 사실이다. 히비야 공원이 개원한 것은 메이지 36년1903의 일이다. 히비야 공원은, 그 이전에 만들어진 아사쿠사, 우에노, 아스카야마飛鳥山 등과 같이 기존의 신사 절 에도의 명승지

13 三越,『株式會社三越 85年の記錄』, 헤이세이 2년.

14 三越吳服店,「時好」, 메이지 40년, 5월 1일.

15 三越吳服店,「時好」, 메이지 39년 11월 15일.

옛날 유적 등을 끌어들여 만들어진 공원과는 달리, 전통적인 요소가 전혀 없는 새로운 토지에 건설된 서양풍의 공원이었다. 공원에는 복장이 불량하거나 각종 예인들, 행상인 등의 출입이 금지되었다. 다이쇼 시대에는 정장을 갖추고서 가족 동반으로 히비야 공원을 찾아, 마쓰모토루에서 양식을 먹는 것이 시민들의 꿈이기도 하였다고 한다.[16] 복장이 불량한 사람들, 더욱이 각종 예인과 행상인들은 들어갈 수 없었던 히비야 공원에 가서, 양식 먹기를 동경한 시민들이란 생활수준면에서는 중산층보다 조금 위, 혹은 그러한 생활을 꿈꾸고 동경하던 사람들이었다는 것을 짐작할 수 있겠다. 그래서 미쓰코시에서는 그 히비야 공원에 있는 것과 같은 식당을 만드는 것으로 자신들의 이미지를 구체화하였던 것이다. 그런 이미지를 기대하였던 손님층도 바로 그러한 사람들이었다는 것은 분명하다.

그리고, 식당이 개설된 그 다음달 미쓰코시 PR잡지에는 미쓰코시를 참관하고 왔다는 하나코라는 아이가 언니한테 그때 경험을 설명하는 이야기가 실려 있다. 하나코는 식당에서 어머니와 미쓰코시에 함께 온 친구를 우연히 만났다. 하나코는 자기 취향의 상품을 발견하고 이 다음에 와서 사 달라고 해야지 하고 생각하는데, 결국 나중에 다시 백화점을 찾은 것은 '다음에 엄마랑 함께 왔을 때'[17]이다. 가족 동반이라고 하더라도 부부와 아이들이 아니라, 대개는 부인과 아이들이 함께 오는 경우였던 것이다. 이런 점은 앞서 『고등건축학』의 인용에서 살펴본 쇼와 초기의 백화점 상황과도 맥을 같이 한다.

쇼와 41년1908 4월 1일에는, 미쓰코시 목조 3층 건물의 가설 영업소를 같은 부지의 안쪽에 완성, 이전하였다. 가설 영업소의 식당은 3층에 만들어졌는데, 약 100m²의 넓이로 그리 넓지 않았다.[18] 백화점으로선 아직 식당에는 그다지 기대를 하지 않았을 것이다. 미쓰

16 前島康彦, 『日比谷公園』, 쇼와 55년, 鄕學舍.

17 三越吳服店, 「時好」, 메이지 40년 5월 1일.

18 三越吳服店, 「時好」, 메이지 41년 4월 20일.

코시 식당의 면적이 넓어진 것은, 다이쇼 3년1914으로, 철골철근 콘크리트 6층 건물의 신관이 세워지면서부터이다. 이때 4층에 120석 규모의 식당이 만들어진다. 그렇지만, 메뉴는 별로 크게 늘어나지 않았고, 두세 개의 일본 음식과 단팥죽이 추가된 정도였다.[19]

그 후 다이쇼 10년에 서관이 증축되었는데, 이때에는 6층에 면적 259평(약 855m². 주방과 음식준비실은 별도) 600명을 수용할 수 있는 식당을 만든다. 이것은 옛 식당의 2배 이상의 크기였다. 메뉴도 크게 늘어, 장어구이밥 · 일식 초밥 · 샌드위치 · 일본과자 · 서양과자 · 아이스크림 · 커피 · 홍차 · 사이다 · 단팥죽 · 메밀국수 등 5전에서 1엔짜리 식사가 40종류 있었다. 더욱이 메밀국수를 먹을 수 있었던 곳은 '동관'이 된 구신관의 6층에 설치되었다. 당시 미쓰코시 PR잡지에는 "미쓰코시 식당의 특색… 넓고… 청결… 쾌적…", "드실 음식의 특색… 맛있고… 저렴한 가격… 좋은 질…"[20]이라고 기록되어 있다.

그렇지만, 아직 서양요리의 메뉴는 없었다. 서양요리는 그 후, 다이쇼 11년1922 11월에 동관 6층을 증축해 300명 정도의 좌석을 가진 제2식당(양식부)을 만들면서 비로소 서비스하기 시작했다. 제2식당 메뉴에는 서양요리의 정식 · 그릴 · 샌드위치 · 과자 · 커피 · 홍차 등이 있었다.[21] 제1식당과 제2식당은 '온실 화단'을 사이에 두고서 연결되어 있었다. 또한, 메밀국수는 제2식당 옆으로 별도의 설비를 만들어, 메밀국수집을 열었다. 당시의 손님들은 일본식이 70%, 양식이 30% 정도로, 식사시간을 빼고서는 양식부를 드나드는 손님이 훨씬 적었다고 한다.[22] 메이지가 끝날 무렵, 6~7개 정도의 테이블을 가졌던 식당과 비교하면, 900명이 동시에 식사할 수 있는 규모뿐만 아니라 메뉴까지 다양해짐으로써 이제 명실상부한 식당이 된 것이다. 여기서 미쓰코시가 식당을 중시하게 되었다는 점을 읽을

19 島田哲, 「食堂瑣談」 (앞의 책, 『日本百貨店總覽 第一卷 三越』).

20 三越吳服店, 『三越』, 다이쇼 10년 11월 1일.

21 三越吳服店, 『三越』, 다이쇼 11년 12월 1일.

22 앞의 책, 「食堂瑣談」.

수 있겠다.

그리고 더욱 주목할 만한 것은, 백화점 식당에서 어린이 점심 등
아이들을 위한 메뉴가 만들어진 점이다. 관동대지진 때 일어난 화
재로 인해 불타버린 미쓰코시의 수리 공사는, 다이쇼 14년1925에 서
관 부분이 완성된다. 식당은 5층으로 옮겨지는데, 이때 처음으로 어
린이용 의자를 만들어 비치한다. 이 의자는 아이들을 데리고 온 가
족 손님한테 큰 호평을 불러 일으켜, 식당의 손님은 갈수록 늘어갔
다고 한다. 당시 식당의 수용 능력은 600명 정도였는데, 식당은 그
후로도 계속 확장되어 쇼와 2년1927에는 지하층에 120석, 6층에 400
석 늘어났다. 게다가 쇼와 10년에 완성된 증축공사에서도 식당의
이전, 개수 등이 이어졌는데, 그 과정에서 '어린이 식단'이 만들어
진다. '어린이 식단'의 메뉴에는 다음과 같은 것이 있었다.[23]

〈표 5-1〉 어린이 식단

메뉴	가격
어린이 런치	30전
오믈렛	15전
치킨라이스	15전
하이라이스	15전
어린이 도시락	30전
어린이 초밥	20전
어린이 빵	10전
갓난아기 과자	5전
단팥죽	8전
아이스크림	15전
코코아	5전
후르츠(과일)	5전

23 앞과 같음.

그림 5-1　(위) 히비야 공원에서 쉬고 있는 사람들(『풍속화보』 메이지 36년(1903) 10월)
　　　　(가운데) 미쓰코시의 제2식당(『미쓰코시』 다이쇼 11년(1922) 12월)
　　　　(아래) 어린이 식단(『주식회사 미쓰코시 85년의 기록』)

'어린이 식단'에는, 식기도 옛날 이야기를 배경으로 한 그림이라든지, 아이들이 좋아하는 빨간 모양을 붙인 것 등을 사용하였다고 한다. 어린이를 동반한 손님들에 대해서 세세하게 배려했던 상황을 짐작할 수 있다. 그만큼 가족 동반의 손님을 중요시하였다는 것을 말해준다고 해도 좋을지 싶다.

미쓰코시 식당의 이용자는 쇼와 8년1933경에는, 평일에 1만명, 일요일과 공휴일에는 1만 6~7천명 정도에 이르렀다고 한다. 앞서 소개한 야마모토 히데타로에 따르면, "일본 백화점, 특히 미쓰코시처럼 어린이 메뉴를 만들고, 어린이용 의자를 준비하여, 어린이 무슨 무슨, 어린이 무슨무슨 식으로 어린이의 편리를 도모하는 일이란 프랑스 파리의 경우에는 절대 없다."[24]라고 말한다. 일본 백화점에서 식당이 발달하는 것은, 가족 동반 손님에 대응하기 위한 것이다. 다시 말해, 가족 동반의 손님이 쉽게 찾을 수 있도록 하기 위해, 백화점에서는 내실 있는 큰 식당을 적극적으로 만들어 나갔다고 하겠다. 메이지 말기에 처음으로 등장한 식당은, 그 후 지속적으로 면적과 메뉴가 늘어나 다이쇼 시대 후반에는 꽤 본격적인 내용을 갖춘 식당이 되었다는 것을 알 수 있다.

3. 유원지와 같은 옥상정원

식당과 함께 가족 동반의 손님들이 백화점에서 즐길 수 있는 시설로 옥상정원이 있다.

미쓰코시 오복점이 '공중정원(空中庭園)'이라는 이름의 옥상정원을 처음 개원한 것은, 식당 개설과 거의 비슷한 시기인 메이지 40년1907

24 앞의 책, 「巴里の五大百貨店」.

25 豊泉益三, 『越後屋より三越』, 쇼와 11년, 川瀬五節堂.

4월 7일이다.[25] 서양풍의 건축으로 세워진 전 양복부 건물 옥상을 개조하여 만든 60평 정도 크기의 정원으로, 여기에는 연못과 분수를 만들고 식물을 심었다. 그리고 '회전 파노라마'를 만들고 망원경도 설치하는 등, 마치 작은 유원지와 같은 분위기를 가지고 있었다. '회전 파노라마'에 대해서는 시설의 자세한 내용이 분명하게 알려지지는 않았다. 그러나, 암실에서 하기 때문에 앞이 보이지 않아 사람들이 붐비고 뒤엉키는 바람에 한 달쯤 파노라마를 운영하다가 그만 두었다고 알려져 있다. 이 점으로 볼 때, 작은 집을 짓고 어두운 실내에서 파노라마를 보여주는 방법이었을 것으로 보인다. 1820년대에는 런던 등에서 풍경을 그린 커다란 그림을 천으로 된 두루말이로 감았다 풀었다 하며 보여주는 '움직이는 파노라마'[26]가 이미 출현하였는데, 아마도 같은 원리였던 같다. 또한 망원경은 모두 3대가 설치되었는데, 손님들이 서로 보려고 다툰다든지, 맘대로 렌즈를 늘렸다 줄였다 해서 금방 고장나버렸다고 한다.[27] 당시 도쿄에는 높은 건물이라고 해야 3~4층 건물이 고작이었고, 그 수도 매우 적었다는 점을 고려한다면, 아주 훌륭한 전망대 시설이었음에 틀림없다.

미쓰코시는 메이지 40년1907 3월 20일부터 7월 31일에 걸쳐 열린 도쿄권업박람회에 참가한다. 미쓰코시에서는 이때 『도쿄와 박람회 부록; 미쓰코시 오복점 안내』를 작성해 무료로 배포하였는데, 이 책자 가운데 묘사된 미쓰코시 오복점의 8경으로는 '공중바위(空中庵)의 그윽함', '기절실(寄切室)의 혼잡', '휴게실의 피아노', '진열창의 화려함', '일루미네이션', '잡화 판매장의 꽃비단', '식당의 청초함'과 함께 '공중정원의 조망'이 꼽혔다. "이번에 공중정원을 설치했습니다. 여기에 올라 시내 광경을 바라보면, 공중의 새가 밑에서 날

26 R.D.オールテイック 著, 小池滋 監譯, 『ロンドンの見世物 II』, 헤이세이 2년, 國書刊行會.

27 豊泉益三, 「回顧漫筆」(앞의 책, 『日本百貨店總覽 第一卷 三越』).

아다니는 걸 볼 수 있어서 그 나름대로 재미있습니다. 또한 공중정원에는 이나리 신사를 옮겨 놓았고, 분수연못도 있으며, 등나무 그늘과 분재 등도 있으니 꼭 한번쯤 올라가 볼 필요가 있습니다"[28]라며 자랑하고 있다.

이후 옥상정원은, 백화점으로서는 빼놓을 수 없는 존재가 된다. 미쓰코시가 다이쇼 3년1914에 신관을 건설할 즈음에는, 한 단계 더 큼직한 옥상정원이 만들어졌다. 정원 계획이나 시설도 꽤 충실해졌으며, 5층 위와 6층 위에 연속해 설치, 입체적인 정원이 되었다.[29]

> 사진부의 밖은 모두 옥상정원이 되어 있어서, 피로에 지친 손님의 머리를 식히는 오락기관의 역할을 합니다. 간략하게 설명을 드리면, 정면 입구 윗부분의 뒤쪽에 해당하는 곳엔 청동제 산양의 입에서 분수가 나오고, 밑에는 연못을 만들었습니다. 그리고 여기서 동북쪽 도깨비문에 해당하는 곳엔 이 점포와 연고가 있는 미쓰이 이나리三圍稻荷를 신으로 모시는 그림이 있습니다. 그 앞에는 자연목으로 세운 동쪽 건물이 있고, 그 바로 옆에는 또한 주악당(奏樂堂)이라 부르기보다는 주악대라고 불러야 할 곳이 있습니다. 그리고 사진부에서 복도로 이어지는 곳에 35평 정도의 온실이 있습니다. 이곳에서 각종 꽃과 풀 배양기구 및 종자 등을 판매하고 있습니다. 옥상정원 서북쪽 한 구석에는 다실이 있습니다. 마쓰우라松浦 백작이 이곳을 좋아했는데, 공중바위라고 불립니다. 그리고 사진부 동북쪽 귀퉁이 위는 7층이 되는데, 여기에 또한 지붕, 정원이 있습니다. 여기서 남쪽으로는 시나가와品川 앞바다에서, 북쪽으로는 우에노, 아사쿠사쪽을 조망할 수 있는 전망대로 되어 있는데, 파고라 밑에는 앉을 수 있는 공간을 만들어 놓았습니다.

옥상정원은 백화점의 오락 시설로 확실히 인식되어, 꽤 그럴 듯하게 만들어졌다. 6층 높이에 해당하는 옥상은, 사진부와 주방 등이 있는 곳을 빼고는 전부 정원으로 되어 있었다. 정원에는 식물이 심

28 小松徹三, 『大三越の歴史』, 쇼와 16년, 日本百貨店調査所.

29 中村傳治, 「三越吳服店の建築に就て」(建築學會, 「建築雜誌」, 다이쇼 4년 4월).

그림 5-2 다이쇼 3년(1914) 완성된 미쓰코시 옥상정원(「건축잡지」 다이쇼 4년 4월)

어져 있는가 하면, 온실 이나리토稲荷堂 분수 주악대 다실 등도 설치되었다. 나아가 거기서 계단을 오르면 사진부 위 옥상에 만들어진 조망대로 이어진다. 유원지적인 요소는 다소 적었지만, 연못을 두었고, 자연 식물을 심었으며, 차실 신사 등을 배치해 일본 정원과 같은 분위기를 느끼며 둘러볼 수 있도록 하였다. 이와 함께 파고라, 앉을 공간, 산양을 새긴 분수, 주악대, 온실 등 서양풍의 정원, 그리고 조망을 즐길 수 있는 공원이 백화점 오락 시설로 만들어졌던 것이다.

그 후 다이쇼 6년1917에는, 20여 평(약 66m²) 크기의 슬레이트 지붕을 가진, 오두막풍30 상설 청량음료수 판매장을 설치, 비가 오는 날

30 원문에는 고테지풍이라고 표현하고 있는데, 이는 비와 햇빛을 피할 수 있는 작은 간이 건물을 뜻한다-역자주

이나 바람이 세게 부는 날에도 즐겁게 쉴 수 있는 시설을 설치, 내용을 충실히 하였다.[31] 또한, 다이쇼 10년에 서관을 증축할 무렵에는 7층 중앙부에 갤러리를 만들고, 그 주위에 산보 길을 겸한 테라스 옥상정원을 만들었는데, 이것은 동관 옥상으로도 이어졌다. 서관에는 3대의 엘리베이터가 7층까지 설치되었으며, 거기에 높은 탑 위로 높이 약 43미터의 11층 전망대를 설계하여 연결하려고 하였다.[32] 건물이 거대해지고, 높아짐에 따라 좀더 크게 그리고 조망을 적극적으로 확보한 옥상정원이 만들어졌던 것이다. 그 당시까지 옥상정원에 전망대와 산보길이 보태어지면서, 더욱 즐거운 오락 시설이 되었던 것을 알 수 있겠다.

미쓰코시 외에, 도쿄 백화점 가운데 비교적 빨리 옥상을 만든 곳은 마쓰야와 시라키야이다. 마쓰야는 식당 개설과 동시에 건물을 신축한 메이지 40년1919에 앉을 공간을 갖춘 전망소인 '유람소'를 만들었다. 시라키야에서는 다이쇼 10년에 8층 건물을 오사카 사카이스지堺筋에 완성시켰다. 당시 오사카 지점 선전에서는 "오사카 제1의 조망을 자랑하는 전망대에서 먼저 대오사카의 번화함을 구경하세요"라고 옥상의 조망을 매력적인 상품으로 팔았다. 그리고, 교토의 다이마루에서는 다이쇼 원년1912에 건물을 신축할 때, 옥상에 롤러스케이트장과 음악실을 설치하였다.[33] 이처럼 메이지 말기부터 다이쇼 시대 걸쳐, 백화점에 옥상정원을 만드는 것이 바람직한 현상으로 인식되기 시작하였던 것이다.

이와 같이 일본의 백화점에서는 멋진 옥상정원을 만들어 나가려는 경향이 보였음에도 불구하고, 당시 구미의 백화점을 시찰한 사람들의 외국 백화점에 대한 기술 중에는 무슨 일인지 옥상정원에 대해서 언급한 부분이 거의 없다. 아마도, 구미 백화점을 돌아다닌 사람

31 三越吳服店, 『三越』, 다이쇼 6년 4월 1일.

32 橫河工務所, 「三越吳服店東京本店西館新築槪要」(建築學會, 「建築雜誌」, 다이쇼 10년 9월).

33 앞의 책, 『松屋百年史』. 앞의 책, 『白木屋三百年史』. 橋爪紳也, 『明治迷宮都市』, 에리세이 2년, 平凡社. 앞의 책, 『大丸二百五拾年史』.

그림 5-3 (위) 마쓰자카야 우에노점 옥상(『마쓰자카야 70년사』)
(아래) 마쓰야 아사쿠사점 스포츠랜드(『마쓰야 백년사』)

들에겐, 구미의 백화점 옥상은 그렇게 인상적인 장소가 아니었던 것 같다. 그에 비해 일본의 백화점에서는 옥상에 식물을 심고, 연못을 만들고, 다실을 설치하는 등 조망을 즐기면서 이용하는 정원을, 지친 몸을 쉬게 할 수 있는 오락 시설의 하나로 만들려고 했다.

일본의 백화점이 옥상을 중요한 요소로 받아들여, 즐길 수 있는 공간으로 발전시키려고 했던 점은 주목된다. 이러한 경향은 백화점이 철근 콘크리트로 만들어지게 된 관동대지진 이후에는, 좀더 두드러지게 나타난다. 대지진 후, 각 백화점에서는 경쟁적으로 본격적인 옥상정원을 만들었으며, 옥상정원은 마치 유원지처럼 받아들여졌다. 다이쇼 13년1924에 개점한 마쓰자카야 긴자점에서는 다음해 옥상에 사자, 표범 등을 갖추어 동물원을 개설하였고, 쇼와 4년1929에 신축이 완성된 우에노점에는 아동정원을 만들었다. 그리고 쇼와 6년에 개점한 마쓰자카야 아사쿠사점에는 작은 동물원과 각종 놀이 시설을 모은 '스포츠랜드'를 만들었다.[34] 식당과 함께, 옥상정원은 가족 동반으로 백화점을 찾는 손님에게 무엇보다도 재미있게 즐길 수 있는 장소가 되었던 것이다.

관동대지진 후 미쓰코시는 개수공사로 동관 윗부분이 증축된 서관과 마찬가지로 7층이 되었고, 그 옥상에도 역시 대지진 이전과 같이 연못을 설치하고, 나무를 심고, 벤치를 설치한 정원을 만들었다.[35] 이 무렵에는 백화점 옥상정원을 도심 속의 공원으로 인식하는 사람도 있었다. 다야마 가타이[36]는, 미쓰코시 옥상에 대해서 이렇게 회상한다.

"햇볕이 반짝반짝거리는 가운데 철쭉꽃이 선명하게 피었고, 달팽이 모양을 한 분수에서는 가는 물줄기가 조용히 양방향으로 품어져 나왔

34 松坂屋70年史編集委員會 編, 『松坂屋70年史』, 쇼와 56년. 앞의 책, 『松屋百年史』.

35 三越吳服店, 『三越』, 쇼와 2년 4월 1일.

36 다야마 가타이[田山花袋]; 1871~1930, 소설가이자 시인-역자주

다. 풀과 꽃이 붉게 노랗게 그리고 보랏빛으로 주위에 번져있었다. …
(중략)… 우리들 어렸을 때에는 재미없거나 심심할 경우엔, 일부러 멀
리 우에노라든지 시바 공원 같은 데까지 놀러가지 않으면 안되었는데,
지금은 놀이터가 시내에 있다. 잠깐 전차를 타고 와, 바로 밝은 햇볕을
흠뻑 받는 게 가능하다."[37]

이처럼 백화점 옥상정원은, 백화점 오락시설을 넘어 도심 속의
공원으로도 이용되었던 것이다. 다시 말해 백화점은 단순한 상업건
축을 넘어, 도시생활에 윤택함을 가져다 주는 시설이었다.

4. 연중 열린 박람회 같은 기획행사

미쓰코시가 손님을 불러들이기 위해 적극적으로 행한 것이 기획
행사 · 진열회 · 각종 매출행사 등이었다. 기획행사는 회화 공예 등
미술적인 전람회, 역사 · 서예 · 사진 · 생활개선 등의 전람회, 각지
명산물의 소개 등 다방면에 걸쳐서 열렸다. 기획행사 가운데는, 진
열회나 매출행사와 구별이 분명하지 않는 것도 많다. 예를 들어, 신
관을 개관한 다이쇼 3년1914 10월에 개최된 기획행사와 진열회 · 매
출행사로는 <표 5-2>와 같은 것이 있었다.[38]

문화적인 기획행사 · 강연회 · 진열회 · 대매출, 그리고 기간이 짧
은 것과 긴 것 등 각종 내용으로 개최되었던 것을 알 수 있다. 신관
개점이란 점도 있고 해서 비교적 큰 기획이 많았지만, 기획행사나
대매출의 횟수와 종류가 이 무렵이 유독 많았던 것은 아니다. 그 후
다이쇼 10년1921의 서관 증축 등에 따라 관련 시설이 커졌는가 하면,
기획행사나 매출행사의 수는 훨씬 늘어났다.

37 田山花袋「日本橋附
近」(東京日日新聞社 編,
『大東京繁盛記』, 쇼와 3
년, 春秋社).

38 三越吳服店, 『三越』,
다이쇼 10월 1일.

〈표 5-2〉 1914년 미쓰코시 10월 행사

명칭	기간
제28회 신무늬 진열회	10월 1일~25일
잡화 신제품 진열회	10월 1일~25일
현상모집 무늬옷감 도안 진열	9월부터 계속해서 10월 25일까지
현상모집사진 '탄소지인화' 진열	10월 1일~25일
미술전람회	10월 1일~25일
겨울 이월용품 대매출	10월 10일~25일
일본미술원 재흥(再興)기념 전람회	10월 16일~11월 15일
대공회(大供會) 일품 진열회, 아동운동장 모형 및 설비품 진열	10월 27일~29일
장난감회 강연회	10월 28일

　이러한 각종 기획행사를 개최했던 곳은 미쓰코시만이 아니다. 미쓰코시만큼 다양한 기획행사를 열지 않더라도, 같은 경향은 다른 백화점에서도 보인다. 다이쇼가 끝나갈 무렵에는 상점에서 기획행사나 매출행사를 여는 게 일반적인 일처럼 되었으며, 백화점은 기획행사로 연중박람회와 같은 상태였다고 한다. 「지코우」, 「미쓰코시」 등 미쓰코시의 PR지를 편집하고 있던 하마다 시로浜田四郎는 "다이쇼 말기가 되면, 전국 곳곳의 상점은 각종 기획행사로 조용한 날이 없었다. 백화점은 연중박람회의 구경거리가 있고, 매출행사 개최도 연속으로 끊이지 않고 이어졌는데, 이것은 고객유치의 일반적인 수단이기도 하였다."[39]라고 말하였다. 더욱이 미쓰코시 안에서 기획행사나 매출행사 등을 개최함으로써 백화점을 볼거리 많은 박람회와 같이 꾸려나가야 한다는 의미에서 박람회화를 주창한 것도 하마다였다고 한다. 미쓰코시의 부탁을 받고 백화점 조사를 위해 구미에 출장갔던 하마다는, "메이지 말기에는 겨우 백화점다워지기

39 濱田四郎, 『百貨店一夕話』, 쇼와 23년, 日本電報通信社

시작한 우리 미쓰코시처럼, 대다수는 종래의 방법에서 그다지 진전하지 못했다. 나는 돌아오자마자 제일 먼저 연중무휴로 백화점 안을 박람회화하자고 제안해 히비 오스케(저자주)의 찬동을 얻었다. 말할 필요도 없이 미국의 백화점, 각 점들은 각기 안을 내어 각종 매출행사를 거행함으로써 손님을 맞이한다"[40]라고 기술하고 있다.

하마다에 따르면, 일본 백화점의 박람회화는 미국 백화점의 매출행사로부터 힌트를 얻어, 당시 미쓰코시의 실질적인 대표자인 히비 오스케에게 제안하였다고 한다. 확실히, 구미 백화점은 연중 매출행사를 하는 것으로 손님을 모으고 있었다. 매출행사(바겐세일)는, 세계 최초의 백화점이라고 하는 파리 봉 마르세에서도 일찍부터 적극적으로 행해왔다. 가시마 시게루[41]에 따르면, 봉 마르세에서 1888년에 발행한 수첩 『아잔다』에는, 연간 매출행사의 스케줄이 눈에 띠는 표시로 줄줄이 담겨 있었다고 한다.[42] 앞서 소개한 이시와타 다이자부로의 말을 빌리면, "런던이라고 하면, 유럽 가운데에서도 백화점이 끊임없이 계속 매출행사를 열어, 동계매출·첫매출·흰천(白布)매출·특별매출·창고매출 등 왕성하게 신문광고란을 장식하고 있다."[43]며, 다이쇼 시대의 구미 백화점에 대해서 말하고 있다.

그렇지만, 일본 백화점의 박람회적 상황은 연중 매출행사를 하고 있었던 구미 백화점과는 약간 다른 내용인 것 같다. 하마다가 미국 백화점에서 본 모습과는 좀 달리, 그 후 일본 백화점에서는 간접적으로는 상품을 파는 것을 목적으로 하더라도, 직접적으로는 파는 것에만 목적을 둔 것이 아닌 기획행사가 많이 보인다. 앞서 소개한 미쓰코시의 기획행사와 매출행사에서도, 그와 같은 경향이 잘 나타난다. 다이쇼 3년1914 10월에 열린 9가지의 기획행사와 매출행사 가운데, 간접적으로 매출행사를 목적으로 한다고 생각드는 게 '제28

[40] 앞과 같음.

[41] 가시마 시게루(鹿島茂); 1949~ , 프랑스문학 연구자. 19세기 프랑스의 사회소설이 전문. 특히, 당시 풍속문화를 다룬 수필집으로 유명-역자주

[42] 鹿島茂。『デパートを發明した夫婦』, 헤이세이 3년, 講談社.

[43] 앞의 책, 『歐米百貨店事情』.

회 신무늬 진열회', '잡화 신제품 진열회', '겨울용 포목 이월품 대
매출' 3가지임에 비해, '현상모집 무늬옷감 도안 진열', '현상사진
[탄소지 인화] 진열', '미술전람회', '일본미술원 재흥기념 전람회', '대
공회 일품 진열회', '아동운동장 모형 및 설비품 진열', '장난감회
강연회'의 6가지는, 상품을 파는 것만을 직접 목적으로 하지 않는
기획행사였다고 여겨진다. 물론, 이들 기획행사도 백화점으로 사람
을 모은다는 점에서는 큰 역할을 하였으며, 간접적으로 상품의 판
매고에 영향을 주었겠지만, 이처럼 파는 것에만 그치지 않는 기획
행사가 많았던 것이 특징의 하나라고 하겠다.

  이러한 경향은 일본 백화점의 공통적인 특징이기도 하였다. 앞서
살핀 야마모토 히데타로의 말을 빌리자면, 파리 백화점에서는 "각
점들은 모두 손님을 불러모으기 위한 전람회나 진열회 등의 기획행
사는 일체 하지 않습니다. 대매출은 1년전부터 스케줄이 결정되어
있어서, 손님쪽이 더 잘 외우고 있습니다."[44]라고 한다. 마찬가지로
미쓰코시의 오다 구타로小田久太郎가 세계의 백화점에 대해서 말한
내용 가운데에는 "기획행사에 관해서는, 베를린 카르스타트 등 일
부는 조금씩 하고 있어도 그밖에는 거의 볼 수 없다. 남편까지 이용
해 손님을 부르려는 생각은 없는 듯하다. 설사 이용한다고 하더라
도, 일본인처럼 약삭빠른 일은 불가능할 지도 모르겠다"[45]라고 기술
하고 있다. 구미 백화점의 기획행사에 대해서는 분명하지 않은 부
분도 있지만, 적어도 다이쇼에서 쇼와 초기에 걸쳐서 구미 백화점
을 돌아다니며 조사한 일본 백화점 관계자의 인상 속에서는, 매출
행사 이외의 기획행사를 구미 백화점이 실시한 예는 거의 없다라는
인식을 갖고 있었다는 점을 알 수 있다.

44 앞의 책, 「巴里の五
大百貨店」.

45 小田久太郎, 『商品遍
路』, 쇼와 7년, 實業之日
本社

5. 행락 시설을 만든다

또한 앞서 소개한 『고등건축학』에서는, 백화점 기획행사와 그 시설에 대해서 다음과 같이 기술하고 있다.[46]

식당을 본격적으로 갖추었다는 점과 함께 일본 백화점의 특색 중 한 가지로 들 수 있는 것이 기획행사이다. 연중 하루도 빼놓지 않고 기획행사가 열린다. 전람회 · 소박람회 · 연예회 등 각 점포가 경쟁적으로 그 계획을 만들어, 손님을 끌어들이는데 안간힘을 쓴다.
…(중략)…

외국 백화점에는 이와 관련된 설비라는 건 매우 적어, 뉴욕 워너메이커의 주악실, 필라델피아의 워너메이커에 설치된 파이프 오르간과 같은 것이 진기하게 여겨질 정도였다. 일반적으로는 행락 설비가 없고, 간단한 위안 설비라고 할 만한 정도에 그치고 있다.

이 문장은 쇼와 초기 무렵의 모습을 말한 것이지만, 여기서는 일본 백화점의 특색으로서 전람회 · 소박람회 · 연예회 등이 많고, 그 것들을 개최하는 장소로 행락 설비를 갖추고 있다는 점을 지적하고 있다. 외국 백화점의 기획행사 장소의 성격을 지닌 설비로는, 여기 적은 뉴욕의 워너메이커 주악실이나 필라델피아의 파이프 오르간 외에 갤러리를 가지고 있는 예도 보인다. 더욱이 뉴욕 워너메이커가 1907년에 건설한 주악실은 2층에서 4층까지 뚫려 있는 대형 홀을 가진 훌륭한 시설이었다.[47] 파리의 봉 마르세에서는 1875년에 제2기 공사를 완성할 즈음에, 현대작가의 회화와 조각을 전시하는 갤러리를 설치하였다. 이후에는 이미 있었던 독서실과 갤러리가 하나로 합쳐져 매우 훌륭한 시설이 되었다고 한다.[48] 메이지부터 쇼와 초기에 걸쳐 외국 백화점의 기획행사 장소 등 시설에 대해서는 불

[46] 앞의 책, 「商店 百貨店」.

[47] 中村傳治, 「歐米に於ける〈デパートメントストア〉」(建築學會, 「建築雜誌」, 메이지 41년 4월호), 또한 佐藤武夫, 「百貨店」(『建築計畵 II』, 早稻田大學出版部)에서는 뉴욕의 워너메이커 연주당을 가리켜 '오디토리엄'이라고 불렀다.

[48] 앞의 책, 『デパートを發明した夫婦』.

분명한 점도 있지만, 기획행사를 거의 열지 않았다고 하는 점과 함께 그만큼 충실하게 시설을 갖춘 예는 드물었다고 하겠다. 그에 비해, 일본의 백화점에서는 메이지 말기 무렵부터 기획행사에 사용할 수 있는 장소가 만들어지기 시작, 다이쇼 후반부터 쇼와를 거치면서 더욱 충실한 시설이 되어갔다.

미쓰코시에서는 메이지 41년에 가설 영업장을 건설할 때에 중앙 계단을 올라가 그 중간 공간에 연주실을 설치 그랜드 피아노를 두었다. 또한 3층에는 '하치료토八稜堂'를 두고 미술품 진열장으로 사용하였다.[49] 다이쇼 3년1914에 신관을 완성할 무렵에는, 옥상에 '주악당'을 만든다. 다이쇼 10년에 서관을 증축할 때에는 2층에 특별 진열장, 7층에 갤러리를 만든다. 특히, 7층 갤러리에는 천장의 높이도 높게 했으며, 부분적으로 스테인드 글라스를 사용하여 빛이 위에서 실내로 쏟아져 들어오게 하는 등 신경을 써서 다른 방과는 색다르게 설계하였다.[50] 여기서는, 미술전을 시작으로, 여흥 등 각종 기획행사가 열렸다. 또한, 관동대지진의 피해로 인해 착수한 개수 공사가 마무리되었던 쇼와 2년1927에는 4~6층을 기획행사장으로, 7층을 갤러리로 만들었다. 이외에, 6~7층에 '미쓰코시 홀'도 완성되었는데, 객석을 136석 가진 본격적인 극장으로, 국악이나 무용 발표회 등으로 이용되었다.[51] 이 외에, 다이쇼 3년1914에 신관이 완성될 무렵에는, 비록 상품을 진열하기는 했어도, 5층에 미술품진열장을 크게 만든다.[52] 기획행사 장소가 건물 증축 혹은 개수될 때마다 충실해져가는 양상을 알 수 있다.

기획행사 장소 등에서 열리는 각종 행사가, 일본 백화점의 오락적 성격을 강하게 만들어, 백화점을 단지 쇼핑하기 위한 장소만이 아니라, 가족이 하루 종일 외출할 수 있는 즐거운 장소로 만들어낸

49 三越吳服店,「時好」, 메이지 41년 4월 20일.

50 앞의 책,「三越吳服店東京本店西館新築槪要」.

51 三越吳服店,『三越』, 쇼와 2년 4월 1일.

52 三越吳服店,『三越』, 다이쇼 3년 11월 1일.

그림 5-4 메이지 44년(1911) 시라키야의 여흥장(『시라키야 삼백년사』)

것은 분명하다. 미쓰코시 이외에 도쿄의 백화점에서 비교적 이른 시기에 홀과 같은 시설을 갖춘 예로는 니혼바시의 시라키야와 우에노의 마쓰자카야가 있다. 시라키야는 메이지 44년1911 객석 부분을 전부 의자로 설치해 2백 수십여 명 수용이 가능해졌고, 공연 무대를 설비해서 본격적인 여흥장을 만든다. 마쓰자카야에서는 다이쇼 6년1917에 대형 홀을 만든다.[53]

백화점은 가족 동반의 손님이 찾아올 것을 기대해서, 이들 가족이 쉽게 올 수 있게끔 시설을 만들었던 것이다. '여흥행사의 개최·무료휴게실의 설비·엘리베이터·에스컬레이터 등의 제반 시설은 디파트먼트 스토아이면서도 하나의 커다란의 유람장과 같은 것이었다'[54]라는 쇼와 초기 백화점에 대한 지적도 있다. 세계의 디파트먼트를 연구하고 각국의 백화점을 보러 돌아다니는, 뉴욕의 헤럴드 트리뷴지 기자이자 연구자이기도 한 아서 굿 프랜드가 쇼와 10년1935 일본에 왔을 때의 인상에 대해 이렇게 적고 있다. "도쿄에 와서

53 앞의 책, 『松坂屋70年史』. 앞의 책, 『白木屋三百年史』.

54 松田愼三, 『新訂 デパートメントストア』, 쇼와 8년, 日本評論社

놀란 것은 디파트먼트가 도쿄 사람들에게는 엄청난 힘을 가진 하나의 '쇼'라는 사실이다"[55] 백화점은 기대했던 것처럼, 가족끼리 찾는 장소로서 굳건하게 그 자리잡고 있었다. 곤 와지로[56]는 쇼와 3년1928 11월 일요일 오후에 미쓰코시를 찾은 손님들을 조사한 결과, 남자와 여자의 숫자가 비슷한 점, 일반 통행인이라면 줄어드는 경향이 있는 30에서 40살쯤 되는 사람들의 수가 그렇게 줄지 않은 점, 아이들을 데리고 온 부인이 많았다는 것을 발표하였다. 즉, 백화점은 가족끼리 가는 장소가 되었음을 뜻한다. 게다가 같은 조사에 따르면, 남성 61%가 양복이었던 데 비해, 여성의 대부분이 기모노인 점, 부인의 약 84%가 외출복, 11%의 사람들이 정장, 평상복차림은 약 5%에 지나지 않은 점도 밝혀졌다.[57]

일본의 백화점은 가족 동반으로 찾는 즐거운 장소가 되었다는 것, 다시 말해 구미의 백화점과는 다른 특징이 어떻게 해서 만들어졌는지, 비교적 사료가 많은 미쓰코시를 중심으로 각 백화점의 식당 옥상정원 기획행사와 기획행사장을 통해서 살펴보았는데 이들에게서 공통적으로 발견할 수 있었던 점은 모두 손님이 가족 동반으로 백화점에 오는 것을 장려했다는 사실이다.

식당은 메이지 말기에 비록 작은 시설이기는 했지만, 백화점 안에 만들어지기 시작, 조금씩 내용이 충실해져 간다. 미쓰코시에서는 다이쇼 시대 말기 무렵에 900명을 수용할 정도로 큰 시설을 갖게 되었으며, 쇼와 초기에는 '어린이 메뉴'까지 만들었다. 백화점의 옥상정원도 식당과 마찬가지로 메이지 말기에 만들었다. 미쓰코시에는 다이쇼 시대 초기, 일종의 오락기관으로서 꽤 충실한 정원과 조망을 즐길 수 있는 공간이 마련되는데, 그 후 증축할 때마다 점차 규모가 커졌다. 미쓰코시 이외의 백화점에서는 철근 콘크리트 구조

55 <東京朝日新聞>, 쇼와 10년 4월 29일.

56 곤 와지로今和次郎; 1894~1973, 평론가. 생활학의 주창자로서 주거 및 생활문화연구의 대표적 인물―역자주

57 今和次郎, 『考現學』, 복각판, 쇼와 46년, ドメス出版.

의 건물이 세워지게 된 관동대지진 이후에 커다란 장소가 확보되자, 그 안에 동물원이나 스포츠랜드를 설치하는 예도 보였다. 기획행사 및 행사장에서는 각종 기획행사가 열려, 다이쇼 시대에는 연중 박람회의 양상을 보여주었다는 것도 알았다. 그리고 이들 기획행사 중에는 구미의 백화점과 달리, 상품 파는 것을 직접적인 목적으로 하지 않는 기획행사가 많이 눈에 띄었다. 한마디로 가족끼리 찾아 즐길 수 있는, 유람장의 성격을 가진 백화점이 만들어졌던 것이다.

일본의 백화점이 구미의 백화점과 다른 차이점은 일본의 오복점이 백화점화의 길을 걷기 시작하였던 메이지 후기에 이미 보였으며, 다이쇼 시대에는 일본 백화점의 특징이라고 말할 수 있을 만큼 꽤 충실한 모습을 갖추게 된다. 일본의 백화점은 구미 백화점에서 배운 그대로의 모습을 구현해나가는 데 머물지 않았다. 여기서 한발 더 나아가 구미 백화점에서는 볼 수 없는 모습까지 실현하였다. 그 예는 가족 동반의 손님이 찾아오는 것을 기대하고, 그들이 즐겁게 지낼 수 있는 장소를 의식적·적극적으로 만들어 온 점이다. 그리고 그 '가족 동반'에서 가족으로 상정되었던 사람들의 이미지란 생활 수준의 면에서 볼 때 중간층보다 조금 높거나, 혹은 그 부류의 생활에 동경심을 가지고 있었던 사람들인 것 같다. 이것은 식당의 예에서도 찾아볼 수 있었다. 일본 백화점은 구미의 백화점과 달리, 이처럼 가족이 하루 종일 시간을 투자하여 찾을 수 있는, 즐거운 장소로서 출발하였다. 이 가족 동반은, 때로 남편, 부인을 포함한 가족 전원이 되기도 하였지만, 대부분의 경우 어린아이를 동반한 부인들이었을 거라는 점은 앞서 지적한 바가 있다. 즉 백화점은 부인이 손을 크게 흔들면서 외출할 수 있는, 몇 안 되는 장소 중 하나였던 것이다.

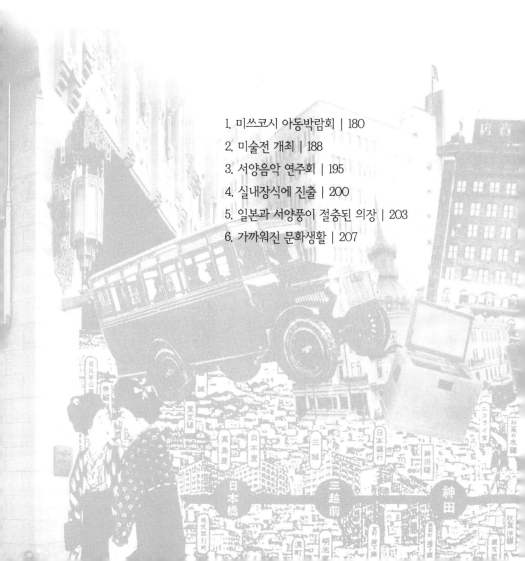

6

가정생활의 연출

1. 미쓰코시 아동박람회

각종 기획행사 중에 메이지 말기부터 다이쇼 시대에 걸쳐서, 미쓰코시가 무엇보다도 힘을 기울여 열었던 행사가 '아동박람회'이다. '어린이(子供; 고도모)'가 아니라, 미쓰코시에서는 '아동(兒童; 지도우)박람'로 불렀다. 미쓰코시는 이 아동박람회에 특별한 열의와 힘을 기울였다. 메이지 42년1909 4월에 아동박람회가 열렸는데, 자본금이 100만엔에 불과했던 미쓰코시가 3만엔(당시 대졸 은행원의 첫 월급이 35~40엔 정도)이나 하는 비용을 들여 개최했던 것이다.[1] 요시미 순야吉見俊哉에 따르면, 미쓰코시의 아동박람회는 국가나 신문사가 개최하는 박람회에 참가하는 것이 아니라, 백화점이 단독으로 개최한 것으로는 효시였다.[2] '아동박람회'는 미쓰코시에서 개최하기 이전 메이지 39년1906에 도쿄 우에노 공원과 오사카 부립박물관 등에서 열린 적이 있었다.[3] 그렇지만, 이들은 규모도 작았고, 그렇게 눈에 띌만한 것이 못되었다.

미쓰코시에서는 이 무렵, 아이들을 새로운 마케팅의 대상으로 삼기 위해 메이지 41년 3월에는 '아동부'를 신설한다. 포목 이외에 이미 여러 종류의 상품을 취급하고 있었지만, 4월에는 3월에 공사가 끝난 가설 영업소 건물이 개점하는 등 좀더 충실한 백화점이 되기 위한 계획이 착착 진행되고 있었다. 판매의 대부분이 포목인 점에는 변함없지만, 점차 본격적인 백화점 형태에 가까워지면서, 새로운 분야의 개척이 기대되었던 시기이기도 하였다. 메이지 39년1906에는 영국인을 고용하면서 '양복부'를 재개, 40년에는 '의상부', '사진부', '구두부'를 신설한다.[4] 그리고, "지금까지는 특히 대매출을 위해 내놓았던 자질구레한 물품들까지도 전시한다. 점 내 진열

1 豊泉益三, 「跋に代へて」(豊泉益三, 『日比翁の憶ひ出 (續)』, 쇼와 8년, 三越).

2 吉見俊哉, 『博覽會の政治學』, 헤이세이 4년, 中央公論社

3 橋爪紳也 中谷作次, 『博覽會見物』, 헤이세이 2년, 學藝出版社

4 三越, 『株式會社三越85年の記錄』, 헤이세이 2년.

제1회	메이지 42년(1909) 4월 1일 ～ 5월 15일
제2회	메이지 43년 4월 1일 ～ 5월 15일
제3회	메이지 44년 3월 25일 ～ 5월 15일
제4회	메이지 45년 5월 1일 ～ 5월 31일
제5회	다이쇼 2년(1913) 4월 15일 ～ 5월 31일
제6회	다이쇼 3년 4월 10일 ～ 5월 10일 (오사카 지점에서)
제7회	다이쇼 4년 3월 20일 ～ 5월 5일
제8회	다이쇼 7년 4월 1일 ～ 5월 15일 (오사카 지점에서)
제9회	다이쇼 10년 7월 1일 ～ 8월 9일

상품에 국한하지 않고, 일시적으로 드물고 진기한 상품의 전람도 한다. 혹은 파는 것이 목적이 아니라 단지 고객에게 보여주기 위해 전람회도 연다. 손님을 유치하는데 필요한 기획을 연구해 내었다"는 것이다.[5] 미쓰코시에서 '아동박람회'를 제안한 사람은 대표자였던 히비 오스케였다.

아동박람회는 제1회부터 제9회까지 <표 6-1>과 같이 개최된다.[6]

한편, '아동박람회개설취지'에서 그 개최 의도를 다음과 같이 밝히고 있다.[7]

이른바 아동박람회란 아동 그 자체를 진열하거나, 아동의 제작품을 진열하는 게 아니다. 동서고금의 남녀 아동이 평상시 앉고, 눕고, 뛰어 놀 때에 잠시도 빠뜨릴 수 없는 의복, 세간 및 오락기구류 등과 같은 것들을 수집하고, 또한 특수한 신제품도 모집하여 이를 많은 사람들 앞에 전람하는 것을 말한다. 이것이 오늘날 메이지의 신가정 속에 새로운 멋을 불어넣을 수 있기를 기대한다.

오늘날 신가정 속에 참신한 기운을 불어넣는 역할을 아동박람회

5 濱田四郎, 『百貨店一夕話』, 쇼와 23년, 日本電報通信社

6 미쓰코시 오복점의 PR지인 「みつこしタイムス(미쓰코시 타임즈)」 『三越』에 의함.

7 三越吳服店, 「みつこしタイムス」, 메이지 42년 3월 1일.

그림 6-1　(위) 미쓰코시 제3회 아동박람회 교육부(「미쓰코시」 메이지 44년(1911) 5월)
　　　　(아래) 미쓰코시 제2회 아동박람회 〈아동박람회장 그림(회장도)〉(「미쓰코시 타임즈」 메이지 43년 4월)

에 기대했다는 점은 주목된다. 여기서 기술된 '신가정'이 구체적으로 어떠한 것이었는지는 정리할 수 없다. 하지만, 크게는 메이지라는 새 시대에 가장 걸맞은 일본의 새로운 가정상을 의미하였다고 말해도 틀리지 않을 것이다. 보통 일상적으로 접할 수 없는 새로운 제품까지도 포함한 동서고금의 의복 세간 오락 기구류를 모아 각 가정의 일상생활에서 참고할 수 있도록 신선한 자극을 주자는 뜻이다. '아동'이라고는 했지만, 미쓰코시에서 이를 개최한 목적은 가정생활에 있었음을 엿볼 수 있다. 어린아이들이 즐거워할 만한 새로운 전기를 마련하고, 오락시설 등도 완비함으로써, 아이들을 통해 '신가정'의 개념을 백화점에 집어넣으려고 했던 것이다. 가족 동반의 고객을 대상으로 하였다는 점에 있어서는 앞서의 식당 옥상정원 기획행사장이라는 시설을 설치하는 것과도 공통된 것이다. 하지만, 여기서는 그보다 한 발 더 나아가 신가정의 생활 그 자체에까지 관심을 기울이고 있으며, 그런 생활에 어울릴 만한 물품을 구체적으로 전시하여, 새로운 생활을 연출해 나가려고 했던 것이다.

제1회 아동박람회의 회장은 니혼바시 큰길에 접해 있는 구관 자리로, 가설 건물과 스위스 루세룽산을 본딴 커다란 입체화 등으로 정원 한가운데를 꾸몄다. 거기에는 화단 분수와 함께 원앙 · 자코빈 · 킨파라 · 오오루 리치오우 · 카나리아 · 잉꼬 등의 조류와 곰 · 원숭이 · 개 · 고양이 등의 동물을 우리에 넣은 동물원을 만들었다. 회장에는 미술 · 교육 · 건축 · 체육 · 복식 · 공예 · 상무 · 기계 · 외국 · 원예 · 동물 · 참고라고 이름을 붙인 12관 외에도, 매점이나 식당도 설치되어 있었다.[8] 그밖에 미쓰코시가 2개월 전에 결성한 소년음악대가 처음으로 연주 솜씨를 선보인 곳도 이 아동박람회였다. 제1회의 모습은 많은 신문에서 기사로 취급하였는데, 그만큼 사회

8 앞과 같음.

에 끼친 영향도 컸을 것으로 생각이 든다. 아동박람회는 당초 예상 했던 것 이상의 대성공을 거둘 수 있었다. 첫날에는 오전 7시 개관 전부터 손님들이 몰려들어, 도로를 끼고 미쓰이 은행 광장까지 사람들이 줄을 섰다. 한때 출입구를 닫지 않으면 안될 정도로 혼잡했는데, 하루에 6만 명이나 되는 입장객을 모았다고 한다. 이후에도 연일, 회장은 아이들을 동반한 손님이 몰려드는 등 대성황으로 막을 내렸다.[9]

아동박람회에서는 출품된 물건 가운데 우수하고 탁월한 것에 대해 상을 주었는데, 그 심사원에 니토베 이나조[10], 다카시마 헤이자부로[11], 쓰보이 마사고로[12], 쓰보이 겐도平井玄道, 쓰카모토 야스시[13], 나카무라 고로쿠[14], 구로다 기오테루[15], 시바 사부로斯波三郎, 미시마 미치요시[16], 스가와라 교조菅原敎造, 오노 기소우지小野喜??治, 미야가와 스미코宮川壽美子와 같은 도쿄제국대학 교수나 아동 관계 각 분야를 대표하는 전문가와 박사 등을 모았다. 회장은 미쓰코시 대표자인 히비 오스케, 고문은 동화작가 이와야 사자나미가 맡았다.

아동박람회에서 성공을 거둔 미쓰코시는, '일반 아동용품의 개량과 보급을 도모한다'라는 목적으로, 같은 해 5월에 아동박람회 심사원과 거의 같은 멤버로 구성된 '아동용품연구회'를 조직한다.[17] 앞서 '유행연구회'가 살롱문화적 분위기가 강했던 것에 비해, '아동용품연구회'는 간사회와 정례회로 나눠, 간사회는 많을 때에는 한 달에 3회나 열리는 등 활발하게 활동한다. 또한 6월에는 아동박람회를 기념해서, 사랑하는 자식의 발육과정을 기록하는 그림장 『고다카라子だから』를 발행, 5전이라는 정가로 2천부 한정판매한다.[18] 아동박람회의 목적이 가정생활에 있었다는 것은 이러한 예들로도 알 수 있다. 아동박람회에 대한 평론기사를 실은 독일 잡지

9 三越吳服店, 「みつこしタイムス」, 메이지 42년 3월 1일, 4월 25일.

10 니토베 이나조[新渡戶稻造]; 1862~1933, 교육자. 국제연맹 사무차장 역임-역자주

11 다카시마 헤이자부로[高島平三郎]; 1865~1946, 교육심리학자. 아동심리가 전문-역자주

12 쓰보이 마사고로[平井正五郎]; 1863~1913, 고고학자-역자주

13 쓰카모토 야스시[塚本靖]; 1869~1937, 건축학과 교수. 디자인 및 공예에도 조예가 깊음. 일본건축학회 회장-역자주

14 나카무라 고로쿠[中村五六]; 유아교육학자-역자주

15 구로다 기오테루[黑田淸輝]; 1866~1924, 화가. 도쿄미술대학 교수 역임-역자주

16 미시마 미치요시[三島通良]; 1866~1925, 학교위생 연구자-역자주

17 三越吳服店, 「みつこしタイムス」, 메이지 42년 7월 25일.

18 앞과 같음.

「콘페크치오네아」에서는, "아동박람회는 일본에서 아동에게 기쁨과 만족을 주는 아주 뜻깊은 사업의 하나로, 그 부모들도 역시 이와 같은 종류의 상점을 존중하여 그대로 그 고객이 되기도 한다"[19]라고 적고 있다. 외국인 기자도 아동박람회의 개최로 미쓰코시가 의도하였던 목적이 어디에 있는지 알았던 것 같다.

이듬해에도 제2회 아동박람회가 열린다. 장소는 제1회와 같은 구관 자리에서 열렸는데, 제1회의 성공에 힘입어 박람회장의 규모는 더욱 커졌다. 회장 입구에는 모모타로[20]를 얹은 문을 만들고, 그 문을 들어서면 가운데 정원을 끼고서 커다란 후지산이 있으며, 그 뒤쪽으로는 3층짜리 건물이 세워져 있었다. 그리고 그 3층부터는 '도카이도 관람기차'라는 이름의 기차가 어린이들을 태우고 달리게끔 설비하였다. 제1회보다도 좀더 유원지적인 오락성을 강조한 회장이 되었다고 하겠다. 회기 중 매주 일요일에는 5색으로 인쇄된 칼라판 「미쓰코시주보みつこし週報」가 발행되었다. 이 주보의 발행을 알리는 PR지에는 "박사, 학자들의 탁월한 이야기가 산처럼 많다."[21]고 적고 있다. '학속협동'은 미쓰코시가 백화점을 추진해 나가는 과정에서 취한 방침이었다. 이것이 미쓰코시의 이미지를 높이는데 커다란 역할을 했다는 것은 이미 지적했다. 이들을 아동박람회의 심사위원이라고도 하고, 아동용품연구회 멤버라고도 불렀다는 것에서도 그런 자세를 엿볼 수 있다. 아동박람회는 제2회도 엄청난 성황을 이루면서 끝난다. 그리고 이번 회부터 아이들의 글씨나 그림 등 작품을 모집해, 우수한 작품에는 상을 주고 전시하기 시작했다.[22]

제3회는 제2회보다도 더욱더 큰 규모로 계획해 '바다'를 테마로 개최하였는데, 정문은 용궁의 성을 이미지해서 동화적으로 만들어졌다. 제1회가 유럽을 강하게 의식한 분위기로 회장을 꾸몄던 것에

19 三越吳服店, 「みつこしタイムス」, 메이지 43년 4월 1일.

20 모모타로桃太郎: 일본을 대표하는 옛날이야기로 아기장수 모모타로가 주인공-역자주

21 三越吳服店, 「みつこしタイムス」, 메이지 13년 5월 1일.

22 三越吳服店, 「みつこしタイムス」, 메이지 13년 2월 1일, 3월 1일, 4월 1일, 5월 1일.

비해, 제2회와 제3회는 모모타로 후지산 용궁성처럼 일본을 대표하는 옛날 이야기나 풍경을 집어넣었다. 구미에 대해서 꽤 의식해 나가면서도, 반드시 구미 일색으로 꾸미려고는 하지 않은 것 같다. 또 이 무렵에는「미쓰코시 주보」외에 아동박람회를 특집으로 다룬 PR지「미쓰코시」의 임시 증간호까지 발행한다.[23]

이후 개최 장소나 규모는 계속 바뀌어 갔지만, 비슷한 형식을 가진 아동박람회는 제9회까지 개최되었다. 제6회는 회장으로 예정되었던 장소에 신관 건설공사가 진행되어, 어쩔 수 없이 오사카 지점에서 개최하였다. 오사카에서 열린 제6회부터 회장은 건물의 일부를 사용하여 실내에서 열리게끔 되었다. 제7회는 다시 회장을 도쿄로 옮겨, 본점의 구점(다이쇼 3년 신관이 완성될 때까지 가설 영업장으로 불린 목조 건물) 3층을 회장으로 한다. 제7회까지는 매년 개최되었지만, 제8회는 3년 후 오사카에서, 그리고 제9회는 그로부터 3년 후에 도쿄에서 개최되는데, 이 회를 끝으로 박람회를 마치게 된다.

아동박람회가 열리지 않게 된 이유는 도쿄 회장이었던 구관 자리에 신관이 생겨 장소가 없어졌다는 개최장소의 문제가 주요한 것이었다. 하지만, 미쓰코시로서도 아동박람회를 개최한 소기의 목적은 이미 달성했다고 생각하였을 것이다. 그 후 미쓰코시에서는 어린이를 대상으로 한 박람회를 쇼와 5년1930 5월 5일부터 28일까지, 어린이들이 흥미를 가질 법한 과학을 테마로 해, 서관(다이쇼 10년에 증축된 건물) 4층 갤러리에서 개최하였는데, 이전 아동박람회에 비해서 규모도 작았고, 명칭도 '어린이박람회그ドモ博覽會'로 변하였다.[24]

미쓰코시 아동박람회의 개최는 대성공으로 끝났다. 물론 그 배경에 백화점으로서 새로운 상품분야의 개척이라는 목적이 있었던 것은 사실이다. 그러나, 아동박람회를 개최하는 의의로 '신가정' 생활

23 三越吳服店,『三越』, 임시증간, 메이지 14년 8월 20일.

24 三越,『三越』, 쇼와 5년 5월 1일.

에 참신한 기운을 불어넣을 것을 주장한 학자나 문화인을 모아, 게다가 '신가정'에 어울리는 아이들 용품을 개발해 나가는 것까지 진행시켰던 점은 주목된다. 가족이 부담 없이 찾을 수 있는 시설을 목표로 만들어졌다는 점에서 일본 백화점의 특징을 찾아볼 수 있는데, 아동박람회에서는 한 발 더 나아가, 전시물을 통해 새로운 시대에 걸맞은 가정생활까지 연출하려고 했던 것이다.

사실 백화점이 가정생활 부문까지 진출하려는 것은 꽤 이른 시기부터 고려해온 것이었다. 미쓰코시에서는 백화점 선언을 한 대략 4년 후인 메이지 41년1908 5월호를 마지막으로, 월간 「지코우」에서 매달 3회 발행하는 「미쓰코시 타임즈」로 PR지를 바꾸었다. "최근 유행 및 새로 나온 제품은 때를 넘기지 않고 가장 신속하게 소개해, 여러분들의 편의를 도모하고, 미술 문예 시사 등 모든 면도 아울러 더욱 확장하고 …(중략)… 이로써 일반 가정의 고문이 되기도 하고, 반려자도 되는 책무를 다할 것입니다"[25]라고 적혀 있다. 이어 메이지 43년에 「미쓰코시 타임즈」를 비매품으로 전환할 때의 인사말에는 "바야흐로 앞서가는 동서양의 유행, 현 시대의 기호와 직염의 흐름, 그밖의 사항에 대해서도 한층 면밀하고 기발한 보도를 게을리해서는 안 될 것은 물론, 동시에 참신한 가정의 오락과 가정에 유익한 기사를 게재한다면, 점점 더 흥미진진해질 것"[26]이라고 했다. 이는 미쓰코시가 가정의 오락과 가정에 유익한 존재가 되려는 방침을 가지고, 백화점화의 길을 진행시켰던 것을 말해준다. 아동박람회도 그러한 방침을 근간에 두고 실천한 결과로 개최되었던 것이다.

25 三越吳服店, 「時好」, 메이지 41년 5월 25일.

26 三越吳服店, 「みつこしタイムス」, 메이지 43년 3월 1일.

2. 미술전 개최

　미쓰코시가 연 문화적인 기획행사 가운데, 아동박람회가 다이쇼 시대 후반에 막을 내린 것에 비해, 그 후에도 적극적으로 계속 개최된 것은 미술전람회이다.

　미쓰코시에서는 메이지 40년1907 9월 15일에 오사카 지점, 12월 1일에 도쿄 본점에서 '신미술부'를 개설하여, 회화 공예품의 전시 판매를 시작한다.[27] 도쿄에서는 미술품을 소개하는 기관이 우에노 공원 다케노다이竹之臺 진열관과 미술협회의 레츠힌칸列品館에 국한되어 있었는데, 판매를 목적으로 한 전시라고는 해도 미술품 상설전 시장으로서의 역할도 해낸 신미술부를 개설한 것은, 미술 관계자로부터 경이와 찬사를 아낌없이 받았다고 한다.[28] '신미술부'에서 취급하였던 미술품은 위조나 가짜 물건 등을 싫어해서, 생존하고 있는 예술가의 작품에만 한정했다. 판매장에는 하시모토 가호橋本雅邦; 1835~1908], 가와바타 교쿠쇼川端玉章; 1842~193l, 시모무라 간잔下村觀山; 1873~1930], 다케우치 세이호우竹內栖鳳; 1864~1942], 히시다 순소菱田春草; 1874~1911], 요코야마 다이칸橫山大觀; 1868~1958], 가와이 교쿠도川合玉堂; 1873~1957] 등의 일본화 작가들, 구로다 기오테루黑田淸輝; 1866~1924], 오카다 사부로스케岡田三郎助; 1869~1939], 와다 에이사쿠和田英作; 1874~1959] 등의 유화 작가들, 칠기 도자기 그릇 구리 장식물 등의 미술품이 진열되었다. 참고로 미쓰코시가 신미술부를 개설한 의도는 다음과 같은 점에 있었다.[29]

　　봄과 가을 두 계절 동안에는 동쪽 무대에서 크고 작은 미술전람회가 열리는 것으로, 화가는[30] 각기 자기 솜씨를 발휘하고, 관람객은 마음껏

27 앞의 책, 『株式會社 三越 85年の記錄』.

28 遠山源治, 「三越からいた明治末, 大正, 昭和の美術界」(小松徹三 編, 『日本百貨店總覽 第一卷 三越』, 쇼와 8년, 百貨店商報社).

29 三越吳服店, 「時好」, 메이지 41년 1월 1일.

작품을 즐길 수 있지만, 평상시에는 자기 집 소장품 이외에는 다른 그림을 접할 기회가 참으로 적으며, 특히 화가에게 부탁해도 단기간에 그 물품을 얻는 것도 용이하지 않으므로 …(중략)… 외국인이 짧은 시간을 이용해 와서 즐길 수 있는 것, 혹은 새롭게 집안을 가꿀 수 있는 등 요즘의 그 필요성을 보더라도 이것을 구할 수 있는 점포가 적다. 이번 본 점포에 그 설비를 갖춰, 그러한 수요들에 넓게 응하면서 아울러 일종의 상설전람회도 겸하니

미술품의 상설전시장을 만들어 별로 시간이 없는 외국인, 그밖에 집을 새로 짓고서 급히 미술품이 필요해진 사람들에게 편의를 제공하려는 의도를 가진 신미술부를 만들었다는 내용이다. 외국인과 집을 신축한 사람이라고는 하지만, 당시 실정으로 보자면 외국인보다도 일본인 손님 쪽이 많았을 것으로 보인다. 그 목적에 맞춰 미쓰코시가 취급하였던 회화에는 표구가 되어 있거나, 액자 끼어진 채 가정의 도코노마[31] 등에 장식할 수 있게끔 팔렸다.

그 후, 메이지 43년1910 4월에는 거의 전 화단의 전면적인 협력을 얻은 한세쓰가카이半折畵會를 연다. 회장은 서양풍의 실내였는데, 다다미방이나 도코노마, 지가이다나[32] 등의 가설물로 전통적인 일본 방 분위기가 느껴지는 장소에서 그림이 전시되었다. 한세쓰가카이는 첫날에 50여 폭을 팔고, 게다가 그 후에도 계속 많은 그림이 팔려 성황을 이루었다. 기간중에는 화가 및 신문, 잡지의 비평가를 초대해 회합을 열었는데, 그 모습이 PR지에 실렸었다. 회합에 출석하였던 신문기자 후루하시古橋는 미술품에 대해서

"고미술품은 곧 옛날 명가들의 작품에 해당하는 골동품, 그것은 골동품상의 손을 빌려 이루어진다. 오늘날 대가들의 작품이라고 할 수 있는 미술품이 일본 가정에 없어서는 안 될 장식품이라면 실은 그것은

30 원문에서는 기술가로 표현-역자주

31 도코노마床の間; 방 안 한쪽 벽면에 만들어진 일본의 전통적인 장식공간-역자주

32 지가이다나違い棚; 도코노마 옆에 설치한 두 장의 판자로 좌우 어긋나게 메어 단 선반-역자주

실용품이 된다. 이와 같이 물품은 실용적인 상인의 손에 맡겨야 한다. …(중략)… 이를 미쓰코시가 앞장서서 실천하게 된 것은, 내가 무엇보다도 찬성하는 바이다."[33]

라고 말하고 있다. 후루하시는 미술품이 가정생활에 빼놓을 수 없는 장식품이라고 밝히고 있다. 이 발언은 한세쓰가카이에 적극적으로 협력하였던 당시 화단의 의향이나, 화단의 희망을 반영한 발언이라고도 할 수 있겠다. 이런 점에서도 새로운 집을 지은 사람에게 편의를 도모하기 위해 신미술부를 만든 미쓰코시의 생각과 일치하였다. 그러나 당시 현대미술이 사람들 사이에서 그렇게 널리 인식되었던 것만은 아니다.

한세쓰가카이 등의 성공을 계기로, 미쓰코시에서는 더욱 그 분야를 염직물, 자수, 조각, 도자기, 칠보, 마키에,[34] 조금(彫金), 주금(鑄金), 단금(鍛金), 추금(鎚金) 등 모든 미술품들에까지 넓혔다. 같은 해 10월 1일부터 '제대가(諸大家) 신작 미술공예품 전람회'를 연다.[35] 신작 미술공예품 전람회는 이미 착수하고 있었던 본점 신관 공사가 완성되는 때에 맞춰 미술공예품의 상설진열장이 만들어지자, 그 개장 기념이라는 의미도 함께 가지고서 준비되었다. 전람회를 개최하는 것을 즈음해서, 미쓰코시에서는 수십 명의 미술공예가를 초대해, 미쓰코시의 생각을 설명하고 의견을 듣는 것부터 시작한다. 그리고 출석하였던 수십 명을 모임의 위원으로 위촉하고, 그 중에서 목조의 다카무라 고타로[36], 금은세공의 운노 쇼민[37], 조각의 다케우치 규이치[38] 등 세 사람을 모임의 대표[39]로 뽑아 개최 준비를 진행한다.

미술가와 수요자의 교류장을 만드는 전람회를 개최하는 것에 대해, 당시 일본의 많은 예술가들은 협력을 아끼지 않았다. 모임 대표

33 三越吳服店,「みつこしタイムス」, 메이지 43년 5월 1일.

34 마키에[蒔繪]; 금이나 은가루로 칠기 표면에 무늬를 그려넣는 일본 특유의 공예-역자주

35 三越吳服店,「みつこしタイムス」, 메이지 43년 9월 1일.

36 다카무라 고타로[高村光太郞]; 1883~1956, 시인이자 조각가-역자주

37 운노 쇼민[海野勝珉]; 1844~1915, 금은세공 조각가. 도쿄미술학교 교수 역임-역자주

38 다케우치 규이치[竹內久一]; 1859~1916, 조각가. 도쿄미술학교 교수 역임-역자주

39 원문에서는 총대(總代)로 표현함-역자주

3인은 미술공예품전람회 개최에 즈음해서 문서를 보내는가 하면, 여기서 다카무라 고타로는 '미쓰코시에 가면, 미술 공예 의식주 등 뭐 하나 갖추지 않은 게 없다는 것이 기본 취지이기에, 돈벌이는 제쳐놓기', '국가의 봉공', '손님의 편익', '예술가의 장려'를 강조해 주었으면 하고 밝힌다. 또한, 운노 쇼민, 다케우치 규이치 두 사람도, 미술가 전체를 위해 찬성한다는 취지를 밝힌다.[40] 전람회는 1개월간의 예정으로 시작되었지만, 호평에 힘입어 11월까지 계속될 정도로 대성황을 이루었다. 미쓰코시가 가정에 현대미술품을 장식할 것을 권하고, 이를 미술가가 적극적으로 밀어주었던 것이다.

　다이쇼 3년1914 10월에는 미쓰코시의 신관이 완성되어, 당초 예정대로 5층에 미술품 상설전시장이 만들어진다. 건물이 커졌다는 점도 있고 해서, 이 무렵부터 미술전 등 문화적 기획행사가 한층 늘어난다. 다이쇼 3년 10월 16일부터 11월 15일에 걸쳐서는 '일본미술원 재흥기념전람회'가 미쓰코시에서 개최되었는데, 이는 일본미술원이 주최한 행사였다.[41] 그리고 이듬해 10월에는 니카카이[42] 주최로 제2회 '니카카이 미술전람회'가 열린다. '니카카이 미술전람회'의 제1회는 전년도 도쿄 우에노 공원의 다케지다이 진열관에서 열던 전시회를 미쓰코시로 회장을 옮겨 개최한 행사였다.[43] 이처럼 일본미술원 혹은 니카카이 주최의 전람회가 미쓰코시에서 개최되게끔 된 것은, 미쓰코시가 이 당시에는 미술전람회를 열기에 적당한 장소라고 사회적으로 인식되기 시작하였다는 것을 가리키기도 한다.

　도쿄에서는 이런 미술행사를 미쓰코시가 다른 곳보다 앞서 행했기 때문인지 시라키야에 미술품 매장이 신설된 것은 다이쇼 13년1924이 되고서이다. 이와 같이 다른 백화점의 미술에 대한 관여는 조

40 三越吳服店,「みつこしタイムス」, 메이지 43년 11월 1일.

41 三越吳服店, 『三越』, 다이쇼 3년 10월 1일.

42 니카카이[二科會; 일본 최초의 서양미술단체인 '메이지미술회'가 1889년에 창립되고, 7년 뒤인 1896년에 도쿄미술학교에 서양화과가 설치된다. 그런 과정에 문부성 전람회를 둘러싼 갈등이 심해지자, 신 구를 일과(一科)와 이과(二科)로 분리하자는 움직임이 있었지만, 그 요구는 시기상조라는 이유로 거부당한다. 이에 1914년 새로운 미술을 표방한 재야미술단체로 니카카이가 출범한다.-역자주

43 앞의 책, 『株式會社三越 85年의 記錄』.

금 뒤늦게 시작된다. 오사카에서는 그보다 좀 빨리, 소고우가 다이쇼 8년1919에 미술부를 신설하여 미술품 매장을 강화해, 같은 해 인기 화가 80여명의 신작 등을 모은 '일본화 대가의 대전람'을 개최한다. 그리고 다카시마야에서도 같은 해 다이쇼 8년에 미술부를 만들어, 상설 화랑을 개설하였다. 또한 다이쇼 13년1924에는 순요카이[44]와 원전[45]이 도쿄 우에노 다케지다이 진열관에서 개최된 이래, 관서지방에서도 개최되는데, 아사히신문사 주최로 양 전람회가 시라키야의 오사카 지점에서 유료 입장의 형식으로 열린다.[46]

백화점이 미술품을 취급하게 된 것은, 새로운 분야의 상품개발을 할 필요가 있어서였지만, 이러한 문화적인 기획행사를 실시함으로써 결과적으로는 사람들의 생활에도 커다란 영향을 미치게끔 되었다. 게다가 이는 새로운 시대에 어울리는 생활을 하지 않으면 안 된다고 생각하는 사람들이나, 그러한 생활을 줄곧 동경하면서도 어떻게 생활해야 좋을지 구체적인 방법을 알 수 없는 사람들이 이해할

44 순요카이[春陽會]; 일본미술원을 떠난 멤버들이 1922년 만든 미술단체-역자주

45 원전(院展); 일본미술원 전시회-역자주

46 白木屋, 『白木屋三百年史』, 쇼와 32년. そごう社長室弘報室 編, 『株式會社そごう社史』, 메이지 44년. 高島屋百五十年史編纂委員會 編, 『高島屋百五十年史』, 쇼와 57년.

그림 6-2 미쓰코시에서 개최된 니카카이 전람회(『미쓰코시』 다이쇼 5년(1916) 11월)

47 오가타 고린[尾形光琳; 1658~1716, 일본 예술의 절정기인 간로쿠[元禄] 시대에 활약한 화가-역자주

48 고요 산진[紅葉山人; 1867~1903, 메이지 시대의 소설가-역자주

49 앞의 책, 『株式會社三越 85年の記錄』.

50 가쿠료쿠는 힘을 겨룬다는 뜻으로 일본의 씨름인 스모를 가리킨다-역자주

수 있게 구체적인 형태로 새로운 가정생활의 방식을 제시하는 일이기도 하였다. 즉, 사람들은 PR지를 통해 가정에 현대미술품을 장식하는 일이 당연한 것이라고 교육받았으며, 백화점에 장식된 미술품 등을 봄으로써 구체적인 생활방법을 알게 되었던 것이다. 사람들은 새로운 시대의 이상적인 생활에는 현대미술품 역시 빠뜨릴 수 없다는 것을 백화점으로부터 배운 셈이다. 그리고 이런 점은 결과적으로 현대미술가 및 일본의 현대미술을 육성으로도 이어졌다.

그 후 미쓰코시 내에서 외부 단체가 주최하는 행사는 미술전 이외에도 많이 열린다. 그리고 또한, 미쓰코시 주최로 열리는 기획행사 중에서도, 상품 판매를 목적으로 하지 않는 것으로 보이는 행사도 크게 늘어난다. 신관이 완성되고, 그 다음 해까지 1년 4개월 동안의 예를 보면, 다이쇼 3년1914 11월에는 '광고의장 전람회'가, 다이쇼 4년 2월에는 '극(劇)에 관한 전람회', 6월에는 '에도 취미 전람회', '고린 2백년기 유품전'[47], 7월에는 '여행에 관한 전람회', 12월에는 '문호 고요산진紅葉山人 유품전'[48]이 개최된다.[49]

이와 같은 기획행사를 연 백화점은 미쓰코시만이 아니다. 미쓰코시보다는 좀 늦었지만, 다이쇼 14년1925에 교토 다이마루에서 오사카 마이니치大阪每日 신문사 후원으로 '현대풍속전'이, 쇼와 6년1931에 마쓰야 아사쿠사점에서 도쿄 니치니치東京日日 신문사 주최로 '어린이 가정박람회'와 같은 예들이 있다. 백화점이 주최한 기획행사는 매우 많아서, 메이지 말기 무렵부터 시작하여, 다이쇼 중기 경에는 거의 모든 백화점에서 문화적인 기획행사를 실시하였다. 그 중에서도 호평을 받은 것은 다이쇼 6년1917에 시라키야에서 개최한 '가쿠료쿠角力 전람회'[50], '추선(追善) 기념 이치가와야市川家 가부키 전람회'라든지, 오사카 다카지마야의 쇼와 2년1927 '니코日光 박람

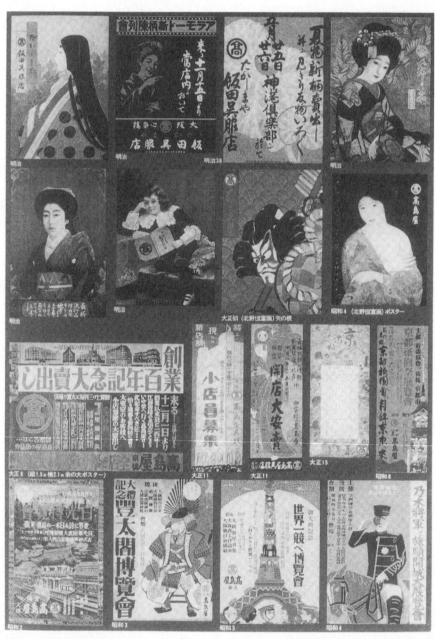

그림 6-3 다카시마야의 포스터(『다카시마야 백오십년사』)

회'[51] 등이 있다.[52]

　백화점 주최로 열린 사실, 혹은 그 이외의 기획행사들도 포함해서 다이쇼 시대에는 백화점의 문화행사의 개최는 이젠 보편적인 행사로 받아들여졌다. 다시 말해, 이 무렵 사람들은 백화점이 문화를 만들어내는 걸 당연한 것으로 이해하고 있었다고 여겨진다. 그리고 이것은 새로운 생활방식을 당시 사람들에게 구체적으로 가르치는 역할도 해낸 셈인데, 동시에 백화점에 대한 고급 이미지를 키워나가는 과정에서도 큰 힘이 되었다. 미쓰코시가 당초 새로운 고객층으로 삼은 것은 옛 에도 시대와 관련이 적은, 게다가 중 상 이상의 생활수준을 향유하고 있던 야마노테 주변의 주민들이었다는 점은 이미 지적하였다. 즉, 고급스러운 이미지로 장식되어진 이러한 신생활이야말로 그들이 진정으로 요구하는 것이었다.

3. 서양음악 연주회

　백화점 기획행사 가운데에서도 미술 행사는 비교적 이른 시기부터 행해졌는데, 그 미술 행사보다도 더 빨리 실시되었던 문화 행사가 서양음악의 연주회이다. 미쓰코시에서 서양음악의 연주를 시작한 것은 메이지 39년1906이다. 기타무라 스에하루[53] 피아노와 아마노天野 부인의 바이올린에 의한 협연이었는데, 매주 2~3회 사람들이 자유롭게 들을 수 있는 형식으로 약 2년간 계속 되었다. 이 무렵 서양음악을 일반인들이 직접 들을 수 있는 기회는 매우 적어서, "봐, 보라구! 악단의 주위는 사람들이 늘 인산인해를 이루어 시중의 평판이 좋았지. 미쓰코시에 가면 서양음악을 공짜로 들을 수 있다는

51 일본의 대표적인 절승지로 도쿄구[東照宮]가 유명하다-역자주

52 大丸二百五十年史編纂委員會 編, 『大丸二百五拾年史』, 쇼와 42년. 社史編集委員會 編, 『松坂屋百年史』, 쇼와 44년. 앞의 책, 『白木屋三百年史』. 앞의 책, 『高島屋百五十年史』.

53 기타무라 스에하루[北村季晴; 1872~1931, 작곡가-역자주

건 정말 대단한 인기"[54]였다고 한다.

히비야 공원에 음악당이 만들어져, 일반 사람들까지 손쉽게 서양음악을 들을 수 있게 된 것이 메이지 8년 8월부터이며, 미쓰코시에 콘서트가 열려 일반인이 즐길 수 있게끔 된 것은 그로부터 얼마 지나지 않아서이다.

그 후 미쓰코시는 아동박람회 개최에 맞춰, 앞서 언급한 '소년음악대'를 결성한다. 소년음악대의 첫 연주는 메이지 42년1909에 개최되었던 아동박람회였는데, 아동박람회에서 가장 인기를 모은 것이 소년음악대였다고 한다. 이후 미쓰코시에서 열리는 각종 행사에 출연하거나, 진열장에서 합주하는 것 외에 관청, 학교, 회사, 명사들의 집 등으로 출장 연주에 나선다.' 소년음악대가 연주한 곡목은 사람들이 친근함을 느낄 만한 서양곡과 일본곡을 반반 섞은 것이었다고 한다.[55]

이런 경향은 아동박람회에서도 마찬가지였다. 일본 백화점은 구미의 새로운 생활양식을 적극적으로 받아들이면서도, 그 구체적인 방법에서는 일본적인 것을 버리지 않았다. 다시 말해, 일본의 생활, 문화를 구미 일색으로 물들이려고는 하지 않았던 듯하다. 당초엔 피리나 클라리넷 등의 목관 악기와 일본 전통북인 타이고太鼓 등의 타악기만으로 시작한 미쓰코시 소년음악대도 메이지 44년에는 피아노, 바이올린, 첼로를 덧붙여 관현악으로 발전한다. 다이쇼 3년1914 이후엔 히비야 공원 내 음악당에 육해군 군악대와 번갈아 출연하는 데까지 발전했으며, 같은 해 개최된 다이쇼 박람회에도 출연한다.[56] 그리고 그 후 다이쇼 4년에는 '미쓰코시 음악대'라고 이름을 바꾼다. 음악 취미가 그다지 보급되지 않았던 시대에 소년음악대가 해낸 역할은 컸었다.

54 앞의 책, 『百貨店一夕話』.

55 앞과 같음.

56 佐藤英吾, 「三越音樂少年隊」(앞의 책, 『日本百貨店總覽 第一卷 三越』)

백화점 음악대로서는 시라키야가 메이지 44년1911에 '소녀음악대'를 창설해, 여흥장에 당시 평판이 좋았던 미쓰코시의 소년음악대로부터 배운 것을 연주를 한다. 맨 처음 출발할 무렵 소녀음악대는 바이올린, 기타, 노래 등으로 구성된 국악합주가 이루어졌는데, 머지않아 무도에도 힘을 기울여 코믹 오페라 상연회 등도 연다. 그리고 그 흐름은 미노오유마 전기궤도[57]가 다카라쓰카寶塚 온천의 명물 구경거리가 된다. 다이쇼 3년1914 다카라쓰카 소녀가극단[58]의 제1회 공연이 열려 그 전통을 이어나간다.[59] 미쓰코시라든지 시라키야 외에도 음악대를 만들었던 백화점은 많다. 메이지 44년1911에는 나고야의 이토우 오복점(마쓰자카야)에서 전 해군군악대인 누마 다이조沼泰三를 맞이하여 '소년음악대'를 결성한다. 그리고 다음해 다이쇼 원년에는 교토의 다이마루에서 '다이마루 소년음악대'가 만들어지고, 다이쇼 12년1923에는 오사카의 다카지마야에서 '다카지마야 밴드'가 창설된다.[60]

음악도 그렇고, 현대미술도 그렇고 당시 서구에서는 중류 계급 이상의 생활에 빼놓을 수 없는 존재였다. 서양의 생활 스타일이야말로 일본이 배워야 하는 문화생활이라고 생각하던 당시, 음악이나 현대미술품을 생활 속에 받아들이는 것은 문화적인 생활을 꾸려나가는 데에 필수적인 요소로 이해한 것 같다. 일찍이 미쓰코시의 히비 오스케가 구미 백화점을 시찰한 후 미쓰코시가 규범으로 삼을 만한 백화점으로 런던의 해러즈를 선정해 자세하게 조사하였다. 그때 그곳 사장인 리차드 바빗지로부터 배운 것 중의 하나는, 백화 즉 모든 물건을 완비할 때는 일상생활 속에서 사람 몸에 걸치는 물건부터 상품을 늘려 나가는 것, 그리고 귀금속의 경우는 상품의 회전율과 재고품의 관계를 보고 마지막으로 결정하는 것이 좋다는 것이

57 미노오유마 전기궤도[箕面有馬電氣軌道]; 현재의 한신급행전철-역자주

58 다카라쓰카 창가대; 우리의 여성국극단에 해당하는 다카라쓰카 가극단은 일년 내내 공연을 올린다. 일본 특유의 뮤지컬로 절대적인 인기를 누리고 있는데, '동에는 도쿄대 서에는 다카라쓰카'라는 말이 있을 정도이다.-역자주

59 앞의 책, 『白木星三百年史』.

60 松坂屋70年史編集委員會 編, 『松坂屋70年史』. 앞의 책, 『大丸二百五拾年史』. 앞의 책, 『高島屋百五十年史』.

그림 6-4 (위) 미쓰코시의 소년음악대 (「미쓰코시 타임즈」 메이지 42년(1909) 10월)
(아래) 시라키야의 소녀음악대 (「시라키야 삼백년사」)

었다. 이것은 히비가 미쓰코시에 돌아온 후 관계자들을 설득시킨 내용 가운데 하나이기도 하였다고 한다. 그럼에도 불구하고, 미쓰코시는 '귀금속은 최후의 것이라고 하는 선을 깨고, 비교적 빠른 시기에 귀금속품과 친숙한 미술품 파는 일'[61]을 골랐던 것이다. 미쓰코시가 서구의 백화점이 걸어온 길을 깨면서까지, 미술품을 이른 시기부터 취급하기 시작하였다는 점은 주목된다. 백화점은 음악과 현대미술이라고 하는 두 가지 문화적 분야가 일반인들에게 아직 보급되지 않았던 시기에 빨리 진출하였던 것이다. 즉, 음악과 현대미술이 가정생활 속에 폭넓게 받아들여지는데 백화점은 큰 역할을 했다.

일본에서 백화점이 새로운 시대를 짊어질 사람들의 가정생활에 적극적으로 관여한다는 방침을 갖고 있었으며, 그런 사람들의 근대적인 생활을 연출해 왔다는 것은 인정해도 좋을 것이다. 그리고, 직접 연출해 보여주었던 새로운 생활의 구체적인 스타일이 순수한 구미화(歐美化)만을 목표로 하지 않았다는 점도 확인해 둘 필요가 있겠다. 미쓰코시에서 개최한 아동박람회에서도, 제2회, 제3회 행사장에는 예로부터 사람들 사이에 널리 알려진 모모타로, 후지산, 용궁성 등 옛날이야기나 명소가 포함되었다. 미술전람회에 일본화, 서양화 양쪽 모두를 취급한 이유는 일본화가 성황이었던 당시 미술계를 고려할 때, 일본화를 포기할 수 없었기 때문이다. 음악회를 보더라도 미쓰코시 소년음악대의 연주 곡목에는 서양곡과 일본곡이 반반씩 들어있었다. 그리고 시라키야의 소녀음악대가 자랑하던 대표곡도 국악합주였다는 점 등에서도 이러한 경향이 보인다. 적극적으로 구미의 생활 스타일을 받아들이면서도, 일본 백화점이 연출하려고 했던 근대적인 가정생활은 전통적인 바탕 위에 서구화를 지향한 생활 스타일이었다고 해야겠다.

61 앞의 책, 『百貨店一夕話』.

4. 실내장식에 진출

가정생활의 연출이라는 점에서 백화점이 좀더 직접적인 역할을 해낸 것들은 가구, 실내장식 분야이다. 백화점이 가구 분야를 취급하는 일은 구미 백화점에서도 아주 흔히 볼 수 있는 현상이었다.

백화점이 실내장식 분야에 진출한 것은 빨랐는데, 그 출발은 교토에 거점을 두었던 다카시마야이다. 다카시마야에는 메이지 18년 1885 오사카 부청(府廳)에 창문 장식품 일체를 납품하고, 이어서 메이지 20년에는 짓고 있던 궁성의 장식용 직물, 메이지 22년에는 제국의사당의 옥좌, 대신실, 의장 등의 장식을 납품하는 일을 맡는다. 그후 조직도 충실해지면서, 메이지 33년1900에는 오사카에 '장식계', 다이쇼 2년1913에는 '도안부'를 설치해 가구, 실내장식 분야의 설계 시공의 체제를 갖추고, 다이쇼 9년1920에는 오사카 신사이바시점에 제1회 '가구장식진열회'를 개최한다.[62]

도쿄 백화점 중에서 가구, 실내장식 분야에 일찍 진출하였던 곳은 미쓰코시하고 시라키야이다. 시라키야에는 다이쇼 4년1915에 실내 장식부를 설치한다.[63] 그리고 미쓰코시는 시라키야보다도 훨씬 빠른 메이지 후반부터 가구, 실내장식의 분야에 진출했다.

미쓰코시의 실내장식이 사회에 알려지게 된 것은, 메이지 41년 1908 1월에 완성한 프랑스 일본대사관의 작업부터이다. 이 장식을 담당한 사람은 메이지 37년 6월부터 약 2년간 미국, 영국에서 실내장식을 공부하고 있었던 하야시 고헤[64]이다. 젊은 점원 하야시가 미쓰코시에 들어와 본격적으로 실내장식 공부를 시작한 것은 이 무렵부터이다. 미국 뉴욕의 전문학교에서 배운 후, 일터를 찾았지만 뉴욕에서 일자리를 구하지 못하고 런던으로 건너간다. 런던에서 실내

62 高島屋, 『高島屋家具 インテリア100年の歩 み』, 쇼와 53년.

63 앞의 책, 『白木屋三 百年史』.

64 하야시 고헤[林幸平]; 미쓰코시 경성지점 설계 에도 관여-역자주

장식, 가구전문 가게인 '메이플'에서 설계부 말단직원으로 급료 없이 일하면서 기술을 익혀나갔다.[65] 프랑스 일본대사관의 실내는

> "일본의 대사관이니까 일본풍의 장식으로 하는 게 좋다. 일본풍이라고 해서 다다미를 깔고 앉는 식은 아니다. 30년 동안 발달한 일본의 미술에 기초한 일본풍 의장으로 장식한다면, 도리어 일본미술의 진가를 발휘할 것이다. 무리해서 낼 돈도 없는데, 구주풍의 장식을 하면 웃음거리도 피할 수 없다."[66] 프랑스 대사관은 응접실을 국화, 식당을 단풍, 부인실을 벚꽃, 흡연실을 대나무 등 꽃을 주제로, 그리고 다른 방은 무기를 주제로 해서 꾸몄다.

라고 말한 히비 오스케의 제안으로 일본풍의 의장으로 만들어졌다.

미쓰코시가 한 프랑스의 일본대사관 작업은 호평을 받고, 그 후 런던이나 파리에서 일을 한다. 그리고 메이지 41년에 준공한 미쓰코시 가설 영업소에도, 대사관의 '다케노마竹の間' 실내장식과 같은 방법으로 의장을 마무리한 휴게실을 만든다.

이후 미쓰코시에서의 가구, 실내장식의 작업은 하야시를 중심으로 진행되어 가는데, 하야시 뒤에도 미쓰코시로부터 가구, 실내장식의 조사 연구로 구미에 파견되었던 사람들은 많다. 관동대지진 이전에 구미로 파견되었던 인물들은 <표 6-2>와 같다.[67]

<표 6-2>의 예에서 미쓰코시가 가구, 실내장식 분야에 얼마나 적극적으로 구미의 기술이나 의장을 받아들이려고 했는지를 엿볼 수 있다.

미쓰코시에서는 메이지 42년1909에 가구진열장을 신설했으며,[68] 계속해서 다음해에는 마루노우치 별관 내에 가구가공부를 창설하여 본격적으로 가구, 실내장식 분야에 진출할 준비를 갖춘다. 이 무

65 林幸平, 『豫を繞る人人』, 쇼와 5년, 百貨店時代社

66 日比翁, 『商賣繁昌の秘訣』(豊泉益三 編 『日比翁の憶ひ出 (續)』, 쇼와 8년, 三越)

67 앞의 책, 『株式會社三越 85年の記錄』. 三越吳服店, 「みつこしタイムス」, 메이지 44년 2월 1일, 동 다이쇼 2년 7월 1일.『三越』, 다이쇼 8년 3월 1일, 동 다이쇼 9년 4월 1일, 동 다이쇼 9년 10월 1일, 동 다이쇼 10년 4월 1일, 동 다이쇼 12년 7월 1일.

68 三越吳服店, 「みつこしタイムス」, 메이지 42년 11월 1일.

이름	기간 및 내용
다나카 주자부로田中忠三郎	메이지 42년1909 3월 25일~구미에 가서 장식가공업, 가구제작을 조사
이와자키 가니쓰쿠岩崎鐘造	(장식계 직원) 메이지 44년 5월 31일~다이쇼 2년1913 6월 27일, 영국의 실내장식상 웨어링상회의 공장에서 기술의 실제와 함께 세계 각국의 도료를 연구
이토 마사오伊藤正雄	(가구장식부 직원) 다이쇼 8년1919 4월 중순~다이쇼 10년 3월 19일, 미국 경유로 런던에 가서, 가구공장에서 가구장식의 제작과 의장을 연구
시게에다 히가시노重枝東之	(오사카 지점 가구장식부 주임 겸 구입부 부장) 다이쇼 9년1920 4월 1일~9월 7일, 미국, 영국, 프랑스, 벨기에, 독일 잡화상품을 매입
스기야마 아카시라우杉山赤四郎	다이쇼 12년1923 6월 28일~약 1년간 예정, 프랑스, 벨기에, 네덜란드, 독일, 이탈리아, 영국, 미국 등에 가구 및 실내장식 연구로 출발.

렵 수주한 일은 메이지 44년에 낙성한 제국극장의 귀빈 관람석의 장식, 집기, 무대의 막 등의 작업이다.[69] 더욱이 제국극장의 막은 다카시마야도 납품한다.[70] 미쓰코시에서는 메이지 45년1912 7월에 정관을 개정하여 회사 목적에 가구제조업을 정식으로 덧붙인다. 이 무렵에는 실내장식의 설계자로 고바야시 고헤이를 주임으로, 그 아래 10명 정도의 조수를 둔다. 의자, 테이블 등의 가구, 실내장식의 설계, 그리고 예산이 얼마정도 들지 세세한 부분까지 검토가 가능한 적산(積算) 체제를 갖추었다고 하겠다.[71] 또한 이 해에 선보인 '미쓰코시형 등나무 의자'는 좋은 평가로, 게이오나 와세다 대학생들에게 많이 팔렸다고 한다.[72]

[69] 三越吳服店, 『三越』, 메이지 44년 3월 1일.

[70] 앞의 책, 『高島屋家具 インテリア100年の步み』

[71] 三越吳服店, 「みつこしタイムス」, 다이쇼 원년 8월 1일.

[72] 建築世界社 『建築世界』大正元年 九月號

5. 일본과 서양풍이 절충된 의장

　가구, 실내장식 분야에 구미로 점원을 파견하는 등 적극적으로 구미의 의장, 기술을 받아들였다고 하지만, 미쓰코시의 개발 가운데 특히 주목되는 것은, 화양절충[73]의 가구나 실내장식에 힘을 기울인 점이다. 미쓰코시는 일본방에 맞는 서양가구의 개발이나, 서양풍으로 된 일본 전통가구의 개발을 적극적으로 추진한다. 화양절충의 가구, 실내장식의 개발을 진행시키는 과정에서 미쓰코시는 프랑스의 일본대사관 성공을 통해 자신감을 얻는다. 또한 상점이라는 성격상, 일본의 현실에 적합한 가구를 개발할 필요도 있었을 것이다. 미쓰코시의 가구, 실내장식 분야에서 중심적인 역할을 해냈던 고바야시는 '절충적 실내장식'에 대해서 다음과 같이 밝히고 있다.[74]

　　개인 주택에서도 태서적[75]인 방을 필요로 하는 사람이 많아졌습니다. 즉 중류 이상의 활동적인 신사라면, 하다못해 손님방 겸 서재 한 곳하고 식당 정도는 서양풍으로 만들어 두고 싶다는 주문이 많아졌습니다. 그렇지만, 이를 완전히 서양풍으로 한다면 창, 스토브 등의 관계상, 반드시 종래의 일본풍 안방과 따로 만들 필요가 생기며, 거기에 서양건축은 일본건축에 비해서 쓸데없는 경비를 필요로 한다는 경제상의 문제가 있습니다. 이 때문에 일본 가옥 내의 일부를 서양실로 하는 식의 변화즉 화양절충적인 건축이 필요하다고 하겠습니다. …(중략)… 일본의 취미에 서양의 실용적 편리를 조화시키는 일은 일본인과 같이 외국의 문명수입을 예로부터 해온 국민에게는, 꼭 염두에 두지 않으면 안 됩니다. …(중략)… 일본 가옥의 일부에 서양실을 갖는 식의 건물은 틀림없이 유행하게 될 것입니다. 그러므로 이번에는 그 반은 동양식, 반은 서양식의 건축에 적합한 장식이 필요할 겁니다.

[73] 화양절충(和洋折衷); 일본풍과 서양풍을 절충시킨 양식-역자주

[74] 三越吳服店, 『三越』, 메이지 45년 1월 1일.

[75] 태서적(泰西的); 구미적-역자주

그림 6-5   (위) 프랑스 일본대사관 단풍을 이미지로 한 방(식당)(「時好」 메이지 41년(1908) 5월)
(아래) 미쓰코시의 절충적 실내장식 〈부인실〉(「미쓰코시」 메이지(1912) 45년 1월)

그리고 절충식의 구체적인 예로서, 일본 가옥의 전통적인 장식단인 도코나마가 있는 방에 융단을 깔고 의자, 테이블을 배치한 부인실, 손님방, 식당 등을 소개한다. 여기서는 생활양식의 하나로 의자에 앉는 방법을 받아들이면서, 만약 그 양식을 전통적인 주택에 가져올 경우 실내장식 면에서 어떻게 조화를 이룰 것인가라는 점을 문제로 다루었다. 여기서 주목할 것은, 중류 이상의 활동적 신사가 '절충적 실내장식'을 원하고 있으며, 이러한 절충 자체를 예로부터 일본인이 해왔다는 사실을 인정한 점이다. 일본의 중류 주택이 메이지 시대 중기 무렵부터 현관 가까운 곳에 접대용으로 사용한 서양식 응접실을 부설한 화양절충의 주택을 만들어 온 것은 이미 지적한 사실인데,[76] 미쓰코시에서는 이러한 화양절충의 주택에 적합한 실내장식을 적극적으로 만들어 나가려고 했던 것이다. 그리고, 이러한 화양절충의 주택을 구하는 사람들이 '중류 이상의 활동적인 신사'가 많다고 하는 점에, 미쓰코시가 가구나 실내장식 분야에서 대상으로 하였던 고객층이 중류 이상의 사람들이었을 거라는 점도 알 수 있다. 이런 사실들은 앞서 지적한 것처럼 미쓰코시가 오복점에서 백화점으로 탈피해 가는 과정에서 적극적으로 받아들이려고 했던 고객층이 중류 이상의 사람들이었다는 점도 뒷받침한다. 또한 '활동적인 신사'에 대해서는 분명하지 않은 점이 남아 있지만, 새로운 시대 흐름을 적극적으로 자기 것으로 만들어가며 사회 속에서 활동하고 있는 사람들로 해석해도 큰 무리가 없을지 싶다.

미쓰코시에서는 다이쇼 2년1913 4월에 가구 도안을 현상 모집하는 행사를 한다. 1등 50엔(1명), 2등 30엔(2명), 3등 10엔(5명)의 현상으로 거기서 요구한 내용 역시 서양식 방의 서재용 책상, 의자에 '화양실(和洋室) 겸용 책꽂이' 등이었다.[77]

76 木村德國,「明治時代の都市住宅」(太田博太郎,『住宅近代史』, 쇼와 44년, 雄山閣).

77 三越吳服店,「みつこしタイムス」, 다이쇼 2년 4월 1일.

물론, 미쓰코시에 서양풍의 실내 의장이 시도되지 않았던 것은 아니다. '절충적 실내 의장'이 일본의 중류 이상의 가정에서 보자면, 현실적으로 가장 많이 요구된다고 인식한 위에 그러한 개발을 적극적으로 추진하였던 것이다. 그리고, 필요에 따라 서양풍의 실내 의장도 시도하였다. 다이쇼 2년의 PR지에는 세셋션(Sezession)식(분리파 양식)으로 지어진 마쓰히라松平 백작 저택이나 자코비안(Jacobean) 식을 응용한 모 신사의 저택 등 서양풍 실내의장의 내용을 싣고 있다.[78] 다이쇼 10년1921 5월에는 영국인 7명을 초빙해, 자수, 실내장식구, 유화, 문방구 등을 제작 실연하는 '영국 공예 실연회'를 개최하는 등 서양제품을 소개하는 자리도 마련하는데, 그 한편에서 일본 가옥에 맞는 서양 가구를 계속 개발해 나가는 미쓰코시의 자세는 변함이 없었다.

다이쇼 11년 4월에 개발된 '일본방용 서양식 가구 진열'에는, '근래 생활개선과 취미 향상에 대한 목소리가 높은데, 이에 도움이 되기 위해 일본 건축과 조화를 이루는' 응접실, 서재, 식당, 침실용 등의 서양 가구와, 툇마루용 등나무 제품 등을 진열한다.[79] 미쓰코시가 일본 가옥에 맞는 서양 가구의 개발이 생활개선과 이어진다고 생각하고 있었던 점은 흥미롭다. 또한 같은 해 10월의 PR지에는 "점점 더 수요가 늘어나고 있는 미쓰코시의 신일본 가구"라는 제목으로 기사를 실어, "서양식 건물 신축의 수고로움을 피해 종래의 일본풍 주택을 이용하여 간단하게 문명적 주거환경을 만드는 것은 현재 일본 사회 일반의 요구로 나타나기 시작하였습니다. 그래서 당점에서는 이미 이러한 경향을 읽고, 작년부터 일본 가옥용 서양 가구를 제작하여, 이것을 '신일본 가구'라고 이름을 붙여 발매하였습니다. 이 제품에 대해서는 칭찬이 매우 자자하여 거의 주문에 쫓기

78 三越吳服店, 『三越』, 다이쇼 1월 1일. 「みつこしタイムス」, 다이쇼 2년 5월 1일.

79 三越吳服店, 『三越』, 다이쇼 11년 6월 1일.

고 있는 게 현재의 상태"라고 적으면서, 등나무 제품, 버드나무 제품, 목제품에 대해서 소개하고 있다. 목제품의 해설에서는 일본풍의 특징을 자세히 지적하면서 다음과 같이 적고 있다.[80]

> 양식은 서양 가구와 마찬가지로 섬세한 기술이나 짙은 색칠은 금물로, 가능한 한 간결하게 보이지 않으면 안되므로, 직선을 주로 하고, 옅은 채색을 더해 부드러운 맛이 은근하게 나도록 합니다. 또한 장식으로는 요소요소에 투각, 격자, 섬세한 조각 등을 잘 안배해서 전체를 죄어 맵니다. 칠하는 방법도 색 배합은 옅고 가볍게, 그리고 짙게 칠할 때는 깊은 맛이 나도록 정성을 다하고 있습니다. 그리고 어떤 것이든지 랙칠이나 옻칠을 더해 나뭇결 그대로 살리는 동시에 오염을 막게 하였습니다. 더욱이 선반의 안쪽 부분, 그리고 의자에서는 등걸이 뒷면의 갈라진 틈도 꽤 중요한 역할을 가지고 있으므로, 이로 인해 그 단조로움도 보완하면서, 광채를 더하는 효과도 됩니다.

간소함, 직선을 주로 사용하는 것으로 나뭇결을 살린 점 등에서 일본적인 성격을 찾았고, 선반이나 의자의 갈라진 부분에 광채를 더했음을 밝히고 있다. 간결함, 직선의 사용, 재료를 살리는 데에 일본적인 성격을 읽고, 작은 면적의 균열이라도 이에 광채를 더하려고 한 점은 근대적 합리주의 정신에 의해 만들어진, 다이쇼 말기부터 쇼와 초기의 당시 건축계에 불기 시작한 새로운 디자인과도 통하는 사고방식이다.

6. 가까워진 문화생활

80 三越吳服店, 『三越』, 다이쇼 11년 10월 1일.

미쓰코시는 박람회에도 가구나 실내장식 부문으로 적극 참가했다. 다이쇼 3년1914에 우에노에서 열린 도쿄부 주최의 '도쿄 다이쇼 박람회'에는 제1회장 공업관에 서양 가구와 서양식 장식을 이용한 2개의 모델 룸을 만든다.[81] 뒤이어 다음해에는 고쿠민國民 신문사 주최의 '가정박람회'에서는 마루미야丸見屋가 세셋션풍의 어린이방, 거실, 침실, 욕실을 출품하는데, 그 설계와 장식을 한 것은 미쓰코시이다.[82] 다이쇼 11년1922 도쿄부 주최의 '평화기념 도쿄박람회'에는 '집짓기는 궁전풍에 신사풍을 가미하였고' 피아노, 의자, 테이블 등의 세간은 '일본방과 조화를 이루도록 새롭게 만들었다'는 모델 룸을 전시한다.[83] 미쓰코시가 박람회에 출품한 모델 룸에는 서양풍 의장을 가진 것이 눈에 띄지만, 여기서 든 예와 같이 화양절충을 배려한 모델 룸도 보인다. 다이쇼 시대의 박람회에는 가구 하나만이 아니라, 실내 장식을 포함한 모델 룸을 만드는 것이 일반적이었는데, 다이쇼 중기 무렵이 되면 미쓰코시에서 열린 진열회에도 모델 룸을 선보이게 된다.

미쓰코시의 이와 같이 생활에 대한 구체적인 제안은 머지않아 주택 개량으로도 이어진다. 일본에서 주택 개량 운동을 적극적으로 추진한 것은 다이쇼 시대부터이다. 다이쇼 5년1916에는 하시구치 신스케橋口進助를 중심으로 '주택개량회'가 만들어졌으며, 이듬해 2월에는 주택개량회가 중심이 되어 '생활개선 전람회'를 개최하는데, 이 전람회를 계기로 '생활개선 동맹회'가 탄생한다.[84] 주택개량회가 추진하였던 사업 가운데 하나가 부엌 개선인데, 다이쇼 8년에는 '부엌설계도안 현상모집'도 실시한다.[85] 이보다 좀 뒤늦게 다이쇼 13년에는 미쓰코시에서도 '신설계 부엌도안'의 현상모집을 공모한다. 현상모집에는 6백 건 이상의 도안이 모이는 성황을 이루었으며, 다음해 1월에는 심사발표를 하여 여기서는 2등으로 뽑힌 입선안(1등

81 앞의 책, 『株式會社 三越 85年の記錄』

82 三越吳服店, 『三越』, 다이쇼 4년 6월 1일.

83 三越吳服店, 『三越』, 다이쇼 11년 4월 1일.

84 內田靑藏, 「〈住宅改良會〉の活動からみち あ大正 昭和初期(戰前)における〈洋風系獨立住宅〉の導入と成立に關する硏究」, 쇼와 61년, 自家版.

85 平井聖, 『圖說日本住宅歷史』, 쇼와 55년, 學藝出版社.

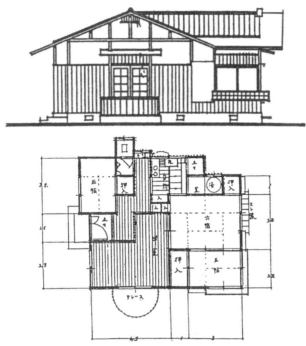

그림 6-6 (위) 15평의 미쓰코시형 소주택 입면도와 평면도(『오사카의 미쓰코시』 쇼와 5년(1930) 9월)
(아래) 〈신설계 부엌도안〉 현상모집의 2등 입선안(『미쓰코시』 다이쇼 14년(1925) 2월)

은 해당자 없었음)을 실제로 만들어 전시하였다.[86] 미쓰코시가 생활개선에 흥미를 보였다는 것은 앞서 지적하였는데, 이처럼 미쓰코시 독자적으로 생활개선의 현상모집까지 실시하게 된 것이다. 이것은 가구, 실내 장식부터 시작하여 주택부문으로 진출하였던 미쓰코시가 다이쇼가 끝날 무렵에는 드디어 생활개선이라는 목표점 당도했음을 의미한다.

다음해인 다이쇼 15년1926에는 오사카 지점에서 '부엌문화 전람회'가 개최되었으며, 쇼와 5년1930 7월 17일에는 오사카 지점에 주택건축부가 신설된다. 주택건축부의 개설에 즈음하여 미쓰코시에서는 15평의 '신혼부부용'과 16평의 '어린이 한 명이 있는 부부', 32평의 '어린이 두 명 및 가정부가 있는 부부'라는 세 가지의 '미쓰코시형 소주택'을 발표한다.[87] 이들 발표안의 특징은 가족 본위의 방 배치, 생활의 일부로서 의자에 앉는 방식의 도입, 방바닥에 앉아서 작업하는 전통적인 좌식과는 달리 서서 작업할 수 있는 부엌, 독립성이 높은 개인 방 등 당시 주택개량에 발맞춰 새로운 주택 제안이 이루어진 점이다. 그리고 다다미 방을 많이 볼 수 있었던 점도 큰 특징이었다. 다다미방을 중요시한 점은, 지금까지 화양절충 지향이 강했던 미쓰코시의 생각과도 통한다. 그리고 주택건축부 개설 당시에 미쓰코시가 상정하고 있었던 고객이, 중류 그보다 조금 위인 계층의 사람들이었다는 것도 엿볼 수 있는데, 우치다 세이조內田靑藏에 따르면 주택건축부에서 실제로 수행한 작업은 소주택보다도 중역, 사장급의 커다란 저택이 많았다고 한다.

백화점이 주택 부문에 진출한다고 해도 설계에 한정된 것이었다. 미쓰코시처럼 시공까지 실시하지는 않았지만, 시라키 역시 미쓰코시한테 배워서 주택부를 만든다.[88] 미쓰코시에서는 가구, 실내장식

86 三越吳服店, 『三越』, 다이쇼 14년 2월 1일.

87 三越吳服店, 『大阪の 三越』, 쇼와 5년 8월 1일.

88 內田靑藏, 『あめりか 屋商品住宅』, 쇼와 62년, 住まいの圖書館出版局.

을 비롯하여 모델 룸의 전시, 부엌 개량과 같이 메이지 말기부터 다이쇼 시대에 걸쳐서 점차 분야를 넓혀, 쇼와 초기에는 주택 전체의 제안으로까지 진행된다. 이들을 통해 미쓰코시가 보여준 제안은 전통적인 생활과 서양풍 생활의 절충이었다. 이 화양절충의 형식이야말로 현실적인 일본의 중산 계급, 혹은 그보다도 어느 정도 위에 해당하는 상류층 사람들에게 어울리는 모습이라는 점이 미쓰코시가 고른 답이었다. 미쓰코시는 새로운 시대의 중류 혹은 그 위의 상류층 사람들에게 좀더 바람직한 생활로서 서양풍 문화를 적극적으로 계속 쏟아 넣으면서도, 다다미방 생활에도 적용하는 화양절충의 생활을 연출하였다. 순전히 서양풍만을 목표로 하지 않는 자세는 앞서 아동박람회나 미술전, 음악회에서도 볼 수 있었던 태도로, 이것은 발을 돋아 손을 뻗으면 닿을 수 있는 혹은 그 한 단계 위의 현실적인 문화생활이기도 하였던 것이다.

가정생활은 백화점으로서는 일관된 불변의 큰 과제였다. 백화점이 가정생활에 적극적으로 관여해 나가려고 했던 자세는 미술전 음악회의 예나 미쓰코시 주최의 아동박람회, 가구와 실내장식 분야에의 진출 등을 통해서도 확인할 수 있었는데, 그 양상은 다른 기획행사에서도 찾아볼 수 있다. 미쓰코시에서 열린 가정생활과 관계된 기획행사는 많았는데, 그 예로는 <표 6-3>과 같은 것들이 있다.[89]

미쓰코시에서 개최한 기획행사는 아니지만, 다이쇼 8년1920 1월에 열린 문부성의 교육박물관 주최의 '생활개선 전람회'에 미쓰코시는 '1천엔 혼수 채비'를 출품한다. 이 출품에 미쓰코시가 중점적으로 생각한 것은, '흉잡히지 않을 만큼 준비를 하고 싶은데, 그렇지만 될 수 있는 한 경제적으로'라는 점이었다. 구체적으로는 결혼식의 의복 외에, 유가타, 하오리, 코트, 화장대, 바느질함, 신발장, 그릇

89 三越吳服店, 『三越』, 앞의 책, 『株式會社三越 85年の記錄』에 의함.

〈표 6-3〉 미쓰코시 가정생활 기획행사

연도	행사명
다이쇼 원년 1912	식기 신제품 진열회
1914	신년용 식기 진열회
1916	아동용품 전람회
1917	문구 전람회
1919	잡화 신제품 진열회
1921	가정요리에 관한 전람회 (오사카)
1923	가정전화(電化) 전람회
1924	우량아 심사회 (오사카)
1925	신설계 부엌 전람회
1926	부엌문화 전람회 (오사카)
쇼와 2년 1927	도쿄 우량아 심사회
1933	전기는 진보한다, 전파는 비약한다
1934	신설계 실내장식전
1935	건축문화 전람회
1936	패션쇼 부인, 아동 양장 여름 콜렉션
1938	필요 물자 대용품 전람회 국민방공 전람회 전시 가정경제 전람회

상자, 양산 등이 포함되어 있었다. 그리고 여기서는 "정말로 오래 쓸 듯한 물건은 놓아둘 장소까지 생각하지 않으면 안되기 때문에, 불필요한 것을 없애고 그릇 담는 상자 하나와 짊어지고 갈 운반대로 충분하게끔 혼수를 마련했습니다"라고 말한 부분에서 합리적인 제안을 볼 수 있다.[90] 부엌 현상모집 등 생활개선에 미쓰코시가 관계하였던 자세와 그대로인 셈이다. 합리적인 생활의 제안이라는 점은 다른 백화점의 기획행사 등에서도 마찬가지로 찾아볼 수 있다.

90 三越吳服店, 『三越』,
다이쇼 9년 1월 1일.

백화점에서 기획행사를 실시하는 목적은 직접적으로는 백화점에 많은 사람들을 불러들이는 것에 있으며, 그리고 새로운 상품의 개척과도 통하는 일이다. 그렇지만, 결과적으로는 백화점 이미지를 높이는 데에도 크게 도움이 되었다. 동시에 일본이 근대화의 길을 가는 과정에서 새로운 시대에 어울리는 문화생활을 동경하면서도 그 구체적인 생활방식을 알 수 없었던 사람들에게 눈으로 볼 수 있는 구체적인 형태를 제시하는 일이기도 하였다. 이러한 특징을 사료가 비교적 잘 정리되어 있는 미쓰코시를 중심으로 살펴보았다. 기획행사를 개최하는 일은 미쓰코시로서는 새로운 고객층을 넓혀 가는 것으로 이어졌으며, 결과적으로 그러한 사람들의 생활 방식을 연출하는 것으로도 이어졌던 것이다. 여기서 미쓰코시가 제안한 답변은 서양풍 문화를 적극적으로 받아들여 가면서도 생활 속에 전통적인 것을 남겨 가는, 혹은 전통적인 생활과 서구문화를 융화시켜 보는 방법이었다. 그리고 그것은 당시 일본의 중상층에 해당하는 사람들이 손을 뻗으면 닿을 수 있는 현실적인 문화생활이기도 하였다.

7

신중간층과 도시문화

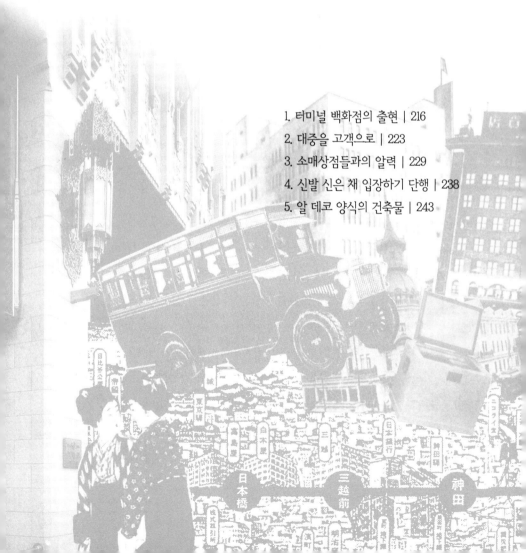

1. 터미널 백화점의 출현

쇼와 4년1929 4월 15일 한큐阪急백화점이 우메다역에 개업한다. 그 때까지 오복점을 모체로 해서 발전해 나갔던 백화점과는 달리, 전철회사를 모체로 한 한신급행전철(阪神急行電鐵)이 직영하는 백화점인데, 터미널 백화점으로 세계 최초의 것이다. 한큐백화점이 개업 첫날 무엇보다도 힘을 기울인 것은 일반잡화나 식료품, 그리고 가구와 작은 세간 도구와 같이 일반가정에서 사용하는 일용품으로, 포목이나 고급품은 취급하지 않는다는 방침으로 출발한다. 당시 신문에 7월 '백중 대매출'을 앞두고 "어느 곳보다도 좋은 물품을, 어디보다도 싸게 팔려는 당점의 방침을 지켜, 이 날은 지나친 호화 행사는 생략하겠습니다. …(중략)… 필요한 물건만큼은 알차고 품질 좋은 당점에서 구입하시길 바랍니다"[1]라는 광고를 실었는데, 여기서도 그 실용주의를 엿볼 수 있다. 기획행사 등도 흥미 본위로 사람을 모으기만 하는 것을 지양하였는데, 개점 당초에는 기획행사장도 없이 출발한다.[2]

메이지 말기, 오복점에서 백화점으로 탈피해 가는 과정에서 각 백화점이 무엇보다도 힘을 기울인 것 가운데 하나가 고급 이미지를 어떻게 만들어갈 것인가였다는 점은 앞서 지적하였다. 쇼와 초기에는 이처럼 고급품을 취급하지 않고서 가정의 일용품 중심의 상품을 갖추는 걸 방침으로 한 백화점이 탄생한 것이다.

한큐백화점 개점 후 사장 고바야시 이치조[3]는 백화점의 방침에 대해서 "식당 중심의 백화점을 경영할 생각이다"[4]라고 밝힌다. 이는 한큐백화점이 한신급행전철이 직영하는 한큐식당에서 출발하였으며, 규모가 커져 형식이 발전하더라도 당초의 방침 만큼은 바꾸

1 株式會社阪急百貨店社史編集委員會,『株式會社阪急百貨店二十五年史』, 쇼와 51년.

2 쇼와 6년 건물을 증축할 때, 기획행사장을 만든다.

3 고바야시 이치조小林一三; 1873~1957, 한큐전철 사장. 다카라쓰카 가극단 및 극장 설립, 도호(東寶) 영화사, 한큐백화점 설립-역자주

4 『阪急急行電鐵社報』쇼와 7년 10월 7일자에 실린 「小林一三社長講話」요지(앞의 책,『株式會社阪急百貨店二十五年史』).

지 않겠다는 의지였다.

한큐가 자신의 역에 식당을 만든 것은 다이쇼 9년1920으로, 10월에 고베神戸역과 우메다역에 개업한다. 양쪽 식당 모두 메뉴를 그 이전에 다카라쓰카 신온천 내에 세운 한큐식당에 준해 양식만 하였다는 점에 그 특색이 있다. 우메다역에서는 5층 짜리 본사 빌딩 2층에 테이블을 36개 배치한 규모로 출발한다. 손님은 1층에서 신발을 슬리퍼로 갈아 신고, 계단을 걸어올라 식당에 들어갔다. 메뉴에는 1엔짜리 정식(5품, 커피 포함), 45전 짜리 맥주, 20전하고 40전 짜리 일본술(정종), 30전 짜리 비프 스테이크, 카레 돈까스, 오믈렛, 햄 사라다, 고로케, 카레밥(커피 포함), 10전 짜리 과일, 케이크, 5전 짜리 커피, 홍차 등이 있었다. 하루 평균 이용자는 600명으로, 매상은 평일에 300엔에서 400엔, 휴일에는 600엔에서 700엔이나 되었다고 한다.[5] 한큐식당에서 폭발적인 인기를 얻은 메뉴는 수북히 담은 밥에 야채 절임 반찬을 곁들여 소스를 맘껏 쳐서 먹는 5전짜리 '소 라이스'라고 하는 양식이었다고 한다.[6] 이것으로 한큐식당의 손님들이 양식을 동경해 왔지만 생활수준 때문에 마음껏 사치할 수 없는 사람들이었다는 점을 유추할 수 있다.

건물 1층은 나중을 내다보고, 본격적인 설립에 앞서 마켓 동향조사를 겸해서 시라키야에게 빌려준다. 시라키야에서는 빌린 55평의 공간에서 식료품과 일용 잡화품을 판매하였다.[7] 시라키야가 경영하는 점포의 성공을 보고서, 한큐는 시라키야와의 임대차 계약이 끝나자 계약을 연장하지 않고, 드디어 직영 한큐마켓을 개설한다.

한큐마켓은 다이쇼 14년1925 6월 1일에 개업하는데, 이에 맞춰 본사 사무실을 이곳으로 이전해, 1층을 승객대합실, 2층과 3층을 마켓으로 하고, 식당은 4, 5층으로 옮긴다. 식당, 마켓 모두 각각 그

5 앞의 책, 『株式會社阪急百貨店二十五年史』.

6 竹村民郎, 『大正文化』, 쇼와 55년, 講談社

7 白木屋, 『白木屋三百年史』, 쇼와 32년.

면적이 2배로 넓어진다. 식당 손님도 마켓 개업으로 인해 급증하여, 개업 첫해엔 1일 평균 3,337명이었던 손님이 쇼와 2년1927에는 4,718명까지 늘어난다.[8] 마켓 경험이 없는 전철회사가 비경험자만으로 경영하는 것이기에 개설 무렵부터 신중한 조사가 이루어진다. '한큐마켓 준비위원회'를 만들고, 미국까지 출장을 가 현지 마켓 조사를 실시한다. 특히, 무엇을 상품으로 판매할 것인가는 큰 문제였는데, 이에 대해 위원회의 보고는, "고객은 당사 우메다역 승하객을 상대로 할 것. 가장 순환률이 높은 것을 판매하는 것이 좋은데, 제일 먼저 식료품을 취급하는 것이 적당 …(중략)… 고객 유인책으로는 식료품 이외에 작은 세간, 서적, 간단한 가정용품, 약품 등을 취급할 것"이라는 결론에 이르렀다.[9] 식당 및 마켓으로의 출입은 이 무렵 백화점들이 시도하기 시작한 신을 신은 채 그대로 입장시키는 방법을 택한다. 여기서 고객층을 한신급행전철의 승하객에 맞춰 출발하였던 것도 알 수 있다.

한신급행전철은 그 전신이 미노오유마箕面有馬 전기궤도로, 철도와 함께 미노오箕面 공원의 동물원 설치, 다카라쓰카 신온천의 개발과 소녀가극의 창설, 연선[10]의 주택지 개발 등을 적극 추진한 것으로도 잘 알려져 있다. 한신급행전철의 승하객 대부분은 메이지 말기 이후 개발이 진행되었던 연선에 사는 봉급생활자, 즉 이들 샐러리맨들은 한큐마켓이 만들어진 다이쇼 말기부터 쇼와 초기에 걸쳐서, 신중산층으로서 도시문화의 중심적 역할을 수행하는 계층으로 성장하기 시작한 사람들이었다. 야마모토 아키라山本明에 따를 것 같으면, 그들의 경제력에 대해 "다이쇼 지식계급이 부재 지주와 고급 관리, 경영자 등의 유산층이었던 것이 비해서, 1920년대 후반의 지식계급 대부분은 화이트칼라이었으며, 자택의 신축, 개량이 경제적

8 앞의 책, 『株式會社阪急百貨店二十五年史』.

9 한큐마켓 준비위원회의 조사결과 보고서에서 의뢰한 내용. 앞과 같음.

10 연선(沿線); 노선 주변·역자주

그림 7-1   (위) 쇼와 7년(1932) 한큐백화점 7층 식당(『주식회사 한큐백화점 25
          년사』)
          (아래) 한큐마켓의 광고(〈오사카 마이니치신문〉 다이쇼 14년(1925)
          6월 7일)

으로 큰 부담이었다"[11]고 보았다. 그들은 자본가와 노동자의 중간에 위치하면서, 때때로 '양복 입은 영세민', '허리에 차는 도시락(하급월급쟁이)' 등으로 불리기도 하였는데, 이들이야말로 근대 도시생활의 원형을 만들어낸 일꾼이기도 하다.

한큐마켓에서 많이 팔린 것 가운데 롤케이크가 있다. 롤케이크는 다카라쓰카 제과소에서 제조하였는데, 판매를 따를 수 없어서 한큐마켓을 개업한 다음해부터 직영 제과공장의 신설공사를 시작해 쇼와 2년1927부터 제조를 시작한다. 초기에는 롤케이크만을 '어떻게 하면 더 좋게, 어떻게 하면 더 싸게 만들까'에 전력을 기울였는데, 머지않아 두 번째 제품으로 에크레아형 슈크림을 만들어 역시 한큐의 명물로 키워낸다.[12] 양식만이 메뉴였던 한큐식당, 싼 양과자가 명물이었던 한큐마켓의 고객이 바라던 것은 손이 닿을 수 있는 서양풍 문화였고, 한큐가 멋지게 그 요구에 답하였다는 것을 알 수 있다. 한큐마켓의 대성공으로 한큐는 그 후 지상 8층, 지하 2층의 빌딩을 건축해 앞서 소개한 한큐백화점으로 성장해 나갔다.

한큐식당을 만들 무렵부터 고바야시 이치조는 그 뒤를 이어 터미널 백화점 형식을 가진 한큐백화점을 만들 것을 이미 생각하고 있었다. 하지만, 고바야시가 백화점에 흥미를 가진 것은 이보다 훨씬 이전의 일로 그가 미노오유마 전기궤도 주식회사의 창립 준비에 참가하기 이전까지 거슬러 올라간다. 미쓰코시가 주식회사가 된 메이지 37년1904 많은 신인을 채용하였는데, 그때 미쓰이 은행으로부터 미쓰코시로 이적을 권장 받은 사람들도 많았다. 고바야시도 그런 후보들의 한 사람으로 거의 확정적인 이야기를 받았지만, 어떤 이유에서인지 떨어지고 말았다. 그는 그 후 미쓰이 은행을 그만두고, 오사카로 가서 미노오유마 전기궤도에 관여한다. 고바야시의 말에

11 山本明,「社會生活の變化と大衆文化」(『岩波講座 日本歷史19 近代6』, 쇼와 51년, 岩波書店).

12 앞의 책, 『株式會社阪急百貨店二十五年史』.

그림 7-2　(위) 한큐백화점(『주식회사 한큐백화점 25년사』)
　　　　　　(아래) 도요코백화점(『신축기념 도요코백화점』)

따르면, 그가 한큐백화점을 개업할 때 미쓰코시의 히비 오스케로부터 지도를 받았다고도 한다.[13] 고바야시가 히비 오스케로부터 실질적인 지도를 받은 일은 별로 없었다고 보이지만, 고바야시가 일찍부터 백화점에 흥미를 보였으며, 미쓰코시의 움직임에도 관심을 가지고 있었다는 점은 분명하다고 하겠다.

오사카에서의 한큐가 성공한 것을 보고, 도쿄에서도 전철회사 직영의 식당이 문을 연다. 한큐를 본보기로 해서, 도쿄에서 사철(私鐵) 직영의 식당을 연 것은 도쿄요코하마 전철(현재의 도쿄급행전철)이다. 쇼와 2년1927 12월 25일에, 도요코東橫 식당을 시부야澁谷역 2층에 개업한다. 도쿄요코하마 전철에서도 얼마 지나지 않아 점포를 열고, 제과장을 만들어 쇼와 9년 11월 1일에는 지상 7층 지하 1층의 건물을 건설하여 도요코백화점(현재의 도큐東急백화점)을 개업한다. 도요코백화점에서는 백화점 건설에 앞서서 한큐백화점에 사원을 파견하여 영업 실태 조사까지 실시한다.[14] 개업한 건물에 크게 '야간 영업'이라고 쓴 간판을 내건 것처럼 노선 주변의 거주자들이 편리하게 이용할 수 있도록 영업시간을 오전 9시에서 오후 7시까지로 하였으며, 연중무휴를 힘주어 강조했다.

한편, 한큐백화점은 쇼와 4년1929에 운동 도구, 이듬해인 쇼와 5년에는 미용실, 낚시도구 매장을 개설한다. 식당 좌석의 규모는 400평(약 1,320㎡)이 넘는 면적으로, 한큐마켓 시대에 비해 약 4배쯤 커진다. 메뉴도 종래의 양식 한 가지에서 일본식을 더해 다양해진다. 백화점이 되고 나서부터도 식당에 힘을 기울인 점은 이전과 변함없었는데, 쇼와 4년 11월부터 이듬해 4월까지 1개월 평균 손님수는 20만 명이 넘을 정도로 성장한다. 앞에서 지적한 쇼와 8년경 미쓰코시의 식당 손님수가 하루에 1만 명 정도였던 점을 생각한다면, 미쓰코

13 小林一三, 「序文にかへて」(濱田四郎, 『百貨店一夕話』, 쇼와 23년, 日本電報通信社).

14 東京急行電鐵 編, 『東京急行五十年史』, 쇼와 47년.

시의 식당과 거의 비슷한 수의 손님을 맞이한 셈이며, 이로 볼 때 한큐의 식당이 얼마나 급속하게 발전했는지 알 수 있다. 또한, 쇼와 6년에 건물을 증축할 무렵에는 특히 포목부를 충실하게 만든다. 이 때에는 포목의 경험자를 입사시키는 동시에 다이마루를 사직하고 휴양중이었던 포목의 권위자로 알려진 미카와 다사부로美川多三郎을 고문으로 영입한다. 포목이 백화점 매상에 빼놓을 수 없는 상품 가치를 가지고 있었다는 점은 분명하다. 이와 더불어 일반적으로 오복점에서 백화점으로 성장하고 있던 일본에서, 백화점의 이미지를 높이는데는 역시 포목을 제외할 수 없었을 것이다. 출발 당시의 방침에서 벗어나 고급 포목도 취급하기 시작한다.[15] 이 무렵 식당에 힘을 기울였던 점은 다른 백화점과 구별되는 특징이지만, 한큐백화점은 이미 오복점에서 백화점으로 성장하고 있었던 다른 백화점과 거의 비슷한 내용을 갖추게 되었음을 알 수 있다.

2. 대중을 고객으로

메이지 후기에서 다이쇼 시대를 거치면서 오복점에서 성장, 차츰 그 모습을 탈피해 갔던 백화점이 사람들에게 고급 이미지를 심어주는 동시에, 새로운 고객으로서 지식 계층이기도 하였던 상·중류 계층의 사람들을 개척하고자 하였다는 것은 이미 지적한 바 있다. 또한, 쇼와 초기에 등장한 전철회사 직영의 터미널 백화점이 대상으로 삼은 고객에는 다른 백화점과 달리 생활수준이 조금 낮은 사람들도 많이 포함되었다는 것도 알았다. 그들을 신중간층, 혹은 대중이라고 불러도 좋을 듯 하다. 터미널 백화점이 그 첫 단계부터 대

15 앞의 책, 『株式會社 阪急百貨店二十五年史』.

중을 고객으로 생각하고 출발하였다는 사실은 이미 언급하였는데, 실은 터미널 백화점이 출현하기 얼마 전부터 다른 백화점도 조금씩 그 성격을 바꿔 대중을 고객으로 삼기 시작하였다.

오복점에서 출발한 백화점도 다이쇼 시대 중기부터 상설의 실용품 매장을 설치한다든지, 바겐 세일을 시작한 것이다.

백화점에 고급 이미지를 심고, 그 리더적인 역할을 해 오던 미쓰코시가, '실용품 특별 염가판매'라는 명목을 걸고 대대적인 선전을 하면서, 도쿄 마루노우치 별관에서 '목면(木綿)의 날'을 개최한 것은 다이쇼 8년1919 11월 3일부터, 5일까지 3일간이었다.[16] 이때는 바로 제1차 세계대전 후 인플레를 경험한 시기로, 면직물 외에 일용 잡화, 식기, 식료품 등의 상품이 진열되었다. 행사장에는 연일 수만명의 사람들이 몰려들어, 기마 경찰이 출동할 정도로 대혼잡을 이루었다.

도쿄의 미쓰코시에서 '목면의 날'을 연 계기는 오사카의 미쓰코시에서 같은 해 10월 1일부터 2일간 개최한 '사카에(さかえ)의 날'의 매출이었다. '사카에의 날'은 4일간의 일정으로 실시되었는데, 대호평으로 그만 2일만에 판매할 상품이 다 팔려버려 결국 2일간으로 행사기간을 단축하고 만다. 당시 신문은 그 상황을 "미쓰코시 오복점의 특가 제공인 '사카에의 날'의 계획은 물가 등귀에 힘들어하는 중산 계층 이하의 사람들 가슴에 아주 통렬하게 울릴 것으로 보이는데, 그 첫날 아침 일찍부터 미쓰코시의 고층건물을 향해 밀려드는 사람수는 참으로 놀랄 만한 것이었다. 당일 오전 4시 아직 어두운 새벽 무렵부터 약 300명의 남녀가 철제 문 앞에 모여 문이 열리기를 기다리는 그 뜨거운 열정"[17]이라고 보도하였다. 오사카 미쓰코시로서도 예상을 크게 뛰어넘은 대성황이었던 것이다. 그리고 신문을 보면, 그 염가 판매에 가장 민감하게 반응하였던 것이 중산 계층

16 三越, 『株式會社三越 85年の記錄』, 헤이세이 2년.

17 <大阪每日新聞>, 다이쇼 8년 10월 2일(大橋富一郎 編, 『百貨店年鑑』, 쇼와 13년, 日本百貨店通信社에서).

이하의 사람들이었다고 한다. 오사카 미쓰코시에 의한 특가품 판매
는 그 후 도쿄의 '목면의 날'로 이어져 계속되었다.

도쿄의 백화점에서 염가판매를 비교적 이른 시기부터 실시하였
던 곳은 마쓰야이다. 마쓰야에서는 메이지 41년1908 3월에 '바겐의
날'이라고 이름 붙인 판매를 실시, 이후에도 월 1회 정도로 줄곧 실
시하였다. '바겐의 날'은 두세 가지 상품에 국한하여 판매를 실시,
기간중은 20% 할인이 원칙이었다. 그리고 4월에는 50전 균일 판매
부를 신설, 완구, 작은 세간, 머리 장식물, 빗자루, 부엌 용품, 신발
류, 칠기, 타월, 어린이 학생모자, 부인들 기모노 부속품, 화장품, 고
리 모양의 무늬가 들어 있는 우산 등 일용품을 50전 균일로 판매하
였다. 이 방법은 미국 백화점으로부터 배운 것으로 5년 정도 계속
실시된다. 그리고, 같은 달에는 총액 1만엔 복권이 포함된 특별 판
매도 실시한다. 나아가 그 다음해 메이지 42년에는 쿠폰이 달린 판
매도 시작한다. 이 판매에는 쿠폰권 10장으로 경품 추첨을 할 수 있
는 덤도 딸려 있었다. 그 후 메이지 44년에는 '창고 대방출' 판매를
실시한다. 마쓰야가 오복점에서 백화점화의 길을 밟아간 것은 다른
백화점과 거의 비슷한 메이지 후기이지만, 미쓰코시 등에 비해서는
상당히 이른 시기부터 대중화의 방침을 취해 적극적으로 구매층을
넓히려고 했었다.[18]

당시 도쿄에서 미쓰코시와 백화점의 왕좌를 다투고 있었던 시라
키야에서는, 미쓰코시의 '목면의 날'보다 조금 늦은 다이쇼 11년
1922 4월 파격적인 가격으로 포목, 잡화 제품을 판매하는 상설매장
을 설치한다. 대중화의 움직임은 미쓰코시보다 좀 늦었지만, 미쓰
코시의 '목면의 날'이 본점 건물과는 다른 장소에서 그것도 상설이
아닌 임시로 개최된 데에 비해, 시라키야에서는 처음부터 본점 내

18 社史編集委員會 編,
『松屋百年史』, 쇼와 44
년.

에 상설매장을 따로 만들어 파격적인 가격의 상품을 판매하기 시작한다. 더욱이 4개월 후인 8월에는 특매부를 확장하는 등 싼 상품을 판매하는데 주력한다.[19] 그만큼 값싼 상품의 필요성을 인식하였다고 하겠다.

백화점이 좀더 본격적으로 대중을 상대로 일상의 필수품 판매에 뛰어들기 시작한 것은 다이쇼 12년1923 9월 1일 관동대지진을 계기로 해서이다. 관동대지진으로 도쿄의 백화점들은, 점포가 소실되는 등 큰 타격을 입는다. 철골철근 콘크리트조의 건물로 유일하게 소실을 면한 미쓰코시도 화재를 입어, 건물을 수리하지 않으면 사용할 수 없는 상태를 맞이한다. 각 백화점은 제각기 가설 마켓을 세워 급한 불을 끄는 한편, 본격적으로 건물 건설을 진행한다.

미쓰코시는 다이쇼 12년1923 10월 12일에 본점 안에 가건물을 급조해서 마켓을 개설하는 것을 시작으로, 10월 15일에는 고이시가와小石川, 아오야마青山에, 10월 28일에는 신주쿠, 긴자에, 11월 17일에는 혼고, 11월 25일에 우시코메, 12월 3일에 아사쿠사, 12월 12일에 우에노 등 각지에 마켓을 연다.[20] 미쓰코시 마켓의 구입매장 계장인 쿠리하라 겐지로栗原元次郎의 말에 따르면, 미쓰코시 마켓의 전신이 일용품 전반을 원가로 싸게 판매한 '목면의 날'에 있으며, "마켓과 보통 매장의 다른 점은 마켓이 어디까지나 실질 본위, 품질 본위이라고 하는 것과 같은 물건을 대량으로 판매한다는 점에 있을 것이다. 그러니까, 예를 들어 계절이 지난 물건이라 하더라도 무늬나 모양 등 다소 오래되었을지라도 전혀 상관없었는데, 요컨대 중요한 것은 좋은 물건을 싸게 들여와 염가로 제공하는 점에 있는 것이다."[21]라고 한다. 즉, 일용품을 싸게 판매하는 것이 마켓의 실태였던 것이다.

19 앞의 책, 『白木屋三百年史』.

20 앞의 책, 『株式會社三越 85年の記錄』.

21 栗原元次郎, 「三越マーケットの使命」(小松徹三 編, 『日本百貨店總覽 第一卷 三越』, 쇼와 8년, 百貨店商報社).

그림 7-3　미쓰코시 오사카점 '바겐의 날' 실용품 봉사장(「미쓰코시의 발자취」)

　　시라키야에서는 다이쇼 12년1923 9월 20일에 마루빌딩 1층에 마루노우치丸の内 신영업소를 개설, 10월 8일에 구단九段 출장점, 10월 25일에 요쓰야 시오초四谷鹽町 출장점을 개설, 11월 1일에는 본점에 가건물을 완성, 11월 15일에는 마루빌딩 뒤쪽에 마루노우치 특매장을 개설한다. 물자 부족과 함께 일반 소매점들의 대부분이 지진을 만나 피해를 입기도 해서, 백화점은 서둘러 일상생활에 필요한 물품을 갖춰 판매한다. 이와 같은 긴급한 상황에 직면하여 백화점은 그때까지 고급품을 중심으로 품격을 중시하였던 판매방법을 고집할 수 없게 된다. 시라키야는 다음해인 다이쇼 13년1924의 백중 매출기 및 여름철을 맞이하여 10% 할인을 오전 특매형식으로 실시한다. 이는 대대적으로 신문에 광고되었는데, 요일에 따라서 포목의 날,

목면의 날, 가정용품의 날, 서양물품의 날, 어린이의 날, 양복의 날, 부인 잡화의 날 등 판매하는 상품을 구분해서, 현금 50전 이상 구입하는 손님에게 10%의 할인을 실시하였다.[22]

이후 사회의 재건 부흥이 진행됨에 따라 동시에 백화점의 마켓 등은 줄어드는데, 그 가운데에는 미쓰코시의 신주쿠 지점과 같이 마켓이 발전하여 지점으로 성장해 간 예도 있다. 점포의 신축, 개수 등도 진행되어 백화점은 머지않아 이전의 품격을 되찾지만, 일상의 필수품을 취급하는 일은 그 후로도 계속된다. 백화점이 대중을 상대하기 시작하였던 것은 마쓰야처럼 발빠른 백화점의 경우는 메이지 말기 무렵부터, 미쓰코시, 시라키야 등은 제1차 세계대전 후 인플레 시기에 해당하는 다이쇼 시대 중기 무렵부터 후기에 걸쳐서이다. 그리고, 백화점의 염가 판매와 일용품 판매가 정착하였던 것은 관동대지진 이후의 일이다. 포목을 중심으로 한 고급품은 어느 쪽인가 하면, 대량 판매가 그다지 효과가 없는 품목이었다. 이에 비해 서양 용품, 잡화, 식료품 등의 일용 필수품은 대량 판매가 쉬운 상품이었다. 일용 필수품의 경우도 소비가 생산의 사이클을 보완하는 점은 같다. 즉, 백화점은 대량 판매를 통해 대량생산도 이끄는 존재가 되었던 것이다. 그리고 머지 않아서 백화점에 의해 대량생산으로 이어지는 시대의 유행이 만들어진다. 다시 말해, 대량소비사회가 진행되는 가운데 백화점은 더욱 넓은 범위에서 도시생활을 선도하는 존재가 되어갔던 것이다.

쇼와 3년1928 11월 25일에 미쓰코시를 찾는 손님을 직접 조사한 곤 와지로의 결과에 따르면, 두드러진 경향으로서 어린이를 동반한 부인이 눈에 띄게 많은 점과 가정부를 데리고 쇼핑을 하는 손님이 줄어든 점을 들었다. "백화점, 도심거리를 산보하는 일조차 이젠 가

22 앞의 책, 『白木屋三百年史』.

족끼리만 하는 식으로 변화해 가고 있는 듯하다. 이젠 가정부를 동반하여 함께 걷는 것으로 위엄을 차리려는 사람들은 찾아볼 수 없게 되고 말았다"[23]고 분석하였다. 이로 볼 때, 백화점 그 자체가 대중화되어 가는 가운데, 백화점은 더 이상 권위를 보여주는 장이 되지 못했다는 사실도 이해할 수 있다.

3. 소매상점들과의 알력

백화점이 대중을 상대하기 시작할 때, 먼저 생각해야 할 것 가운데 하나는 바로 대량수송 기관인 철도와의 연계이다. 쇼와 4년1929에는 관서지역에 한큐가 경영하는 터미널 백화점이 출현함으로써, 점포를 찾는 손님을 늘리기 위해서 백화점이 교통기관과 연대하는 게 중요하다는 점은 이미 밝힌 바 있다. 도쿄의 백화점이 대량수송 기관과 연대하기 위해 처음으로 실시한 것은 각 노선의 역 사이를 오고가는 자동차의 운행이다.

미쓰코시가 셔틀자동차 운행을 개시한 것은 다이쇼 9년1920 8월로, 도쿄역 사이를 왕래하였다. 버스는 14개의 좌석을 가지고 차체를 빨갛게 도장하고 거리를 달렸는데, '미쓰코시의 빨간 자동차' 로 불려 사람들에게 매우 친숙하였다. 셔틀자동차는 이용자는 하루 종일 긴 행렬을 만들 정도였는데, 관동대지진이 끝난 다이쇼 15년 4월에는 자동차의 수를 크게 늘린다.[24] 도쿄의 다른 백화점으로는 시라키야가 쇼와 2년1927 도쿄역에 셔틀자동차 운행을 시작한다. 마쓰자카야 우에노점에서는 쇼와 4년1929에 우에노역, 만세이바시萬世橋 역 구간을 운행한다. 마쓰야 긴자점에서는 쇼와 6년에 도쿄역과 신

23 今和次郎, 『考現學』, 복각판, 쇼와 46년, ドメス出版社.

24 앞의 책, 『株式會社三越85年の記錄』.

<표 7-1> 1931년 도쿄 백화점들의 셔틀자동차 운행 현황

백화점	행선지	1일 평균 이용자(명)
미쓰코시	도쿄역	13,023
시라키야	도쿄역	8,198
마쓰자카야(긴자)	유라쿠초역	1,593
마쓰자카야(긴자)	신바시역	4,476
마쓰자카야(긴자)	도쿄역	2,740
마쓰자카야(우에노)	만세보역	5,241
마쓰자카야(우에노)	우에노역	2,913
다카시마야	도쿄역 하치쥬바시	363
마쓰야	신바시역	4,358
마쓰야	도쿄역	6,893

바시역에 셔틀자동차를 운행한다.[25]

쇼와 초기에는 백화점이 셔틀자동차를 운행하는 게 당연한 일처럼 되었다. 더욱이 마쓰다 신미[26]의 조사에 따르면, 쇼와 6년 7월 25일 현재 도쿄의 대표 백화점들의 셔틀자동차와 그 이용자는 <표 7-1>과 같다.[27] 이를 통해, 백화점과 가까운 노선의 역이 버스로 얼마나 긴밀하게 이어졌던가를 엿볼 수 있다.

그 후 백화점은, 백화점측에서 먼저 제안하여 지하철과도 연대한다. 쇼와 9년1934에 아사쿠사에서 우에노, 니혼바시, 긴자를 거쳐 신바시까지 지하철이 개통되었는데, 그때 <지하철 노선 안내도>가 만들어진다. 여기에는 (우에노) 히로코지에 마쓰자카야, 미쓰코시 앞에 미쓰코시, 니혼바시에 시라키야와 다카시마야, 긴자에 마쓰야라는 식으로 지하철역과 백화점이 빨간선으로 이어져 있는 식으로 그려져 있다.[28]

관동대지진 후에는 그때까지 간다에 있었던 마쓰야가 긴자로 옮

25 앞의 책, 『白木屋三百年史』. 松坂屋70年史編集委員會 編, 『松坂屋70年史』, 쇼와 56년. 앞의 책, 『松屋百年史』.

26 마쓰다 신미(松田愼三; 1905~, 경제전문가. 일본백화점협회에서 근무한 경험을 살려 백화점 연구의 업적을 남김-역자주

27 松田愼三, 『改訂 デパートメントストア』, 쇼와 8년, 日本評論社.

28 初田亨, 「地下鐵と百貨店」(<日刊建設工業新聞>, 쇼와 57년 5월 17일).

그림 7-4 (위) 우에노~마쓰자카야~만세이바시 사이를 다닌 셔틀자동차(『마쓰자카야 70년사』)
(아래) 미쓰코시~도쿄역 사이를 다닌 셔틀자동차(『주식회사 미쓰코시 85년의 기록』)

기고, 이세탄伊勢丹이 신주쿠로 이전한다. 긴자가 도쿄 제일의 번화
가로 성장해 가던 당시, 마쓰야가 긴자로 옮긴 것은 이해할 수 있지
만, 도쿄를 대표하는 번화가의 하나로 계속 성장해 간다고 하더라
도 아직 번화가로서는 모습을 갖추지 못한 신주쿠로 이세탄이 이전
하는 데에는 위험성도 많았다. 이세탄이 신주쿠 진출을 결정하였던
큰 이유 중의 하나는 철도의 승하객이 많다는 점과 그에 따른 장래
의 발전성을 내다보았다는 점에 있었다. 신주쿠 진출에 필요한 것
으로 여겨졌던, 토지 매수비용, 집기 비품 및 유동자금을 충당할 목
적으로, 쇼와 6년1931부터 시작된 이세탄의 증자 신주식 모집의 증
자취지서에는 다음과 같이 기록되어 있다.[29]

　　신주쿠가 근래 비약적인 발전을 한 것은 주지의 사실로 재작년 도쿄
　　철도국이 실시한 조사에 따르면 신주쿠역의 승하객이 도쿄, 우에노마

29 伊勢丹創業七十五周
年社史編纂委員會, 『伊
勢丹七十五年の歩み』,
쇼와 36년, 伊勢丹.

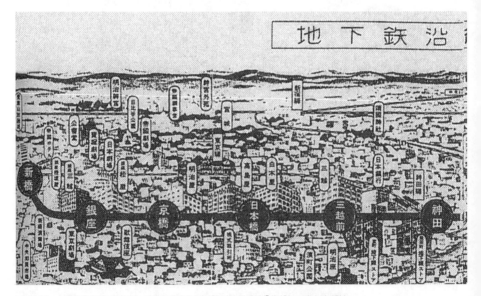

그림 7-5 쇼와 9년(1934) 아사쿠사~신바시 사이의 〈지하철 연선 안내도〉(『지하철 50년의 발자취』)

저 능가하여 "제일인자는 신주쿠"라고 확정하였던 것은 세간의 기억에 새로운 것이었습니다. 그래도 이것은 연선만의 실정이고, 이외에도 아직 오다큐小田急, 케이오京王, 세이부西武의 철도들이 이 지역에서 사방으로 뻗어져 나가고 있다. 시내교통의 모든 기관 또한 이 지역으로 모여들어 밤낮으로 토해내는 수십만의 남녀가 글자 그대로 견마곡격[30]인 이 곳이야말로 대중의 문화적 생활에 필요한 기관인 백화점이 존재해야 할 둘도 없는 요지입니다. 특히, 대도쿄의 실현이 눈앞에 닥친 지금, 이 신주쿠가 상점가로서, 대백화점가로서 밝은 전도를 확실히 예약한다는 점은 더 이상 논할 필요가 없다는 걸 믿는 바입니다.

이세탄의 입장에서는 '대중의 문화적 생활의 필요 기관'인 백화점을 세울 장소로서, 많은 사람들이 모이는 신주쿠의 입지가 어느 곳보다도 걸맞는다고 생각했던 것이다. 이처럼 대중을 상대하기 시작한 백화점으로서는, 대량 수송기관인 철도와의 연계는 빼놓을 수

30 견마곡격(肩摩轂擊); 어깨와 어깨가 서로 닿고 수레바퀴와 수레바퀴가 서로 부딪침. 사람의 왕래가 대단히 혼잡한 모양을 가리킴-역자주

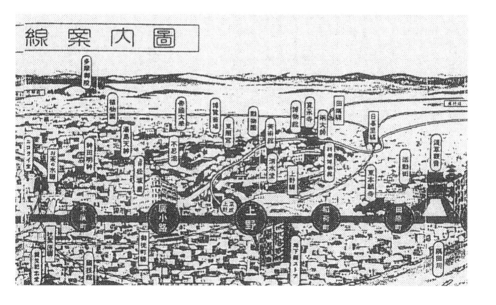

없는 중요한 요소가 되었다.

　백화점이 주로 고급품을 파는 것에 무게를 실었던 시대로부터, 생활 필수품을 완비하여 좀더 넓은 구매층을 고객으로 삼았던 다이쇼 말기부터 쇼와 초기에 걸쳐 백화점은 자본금을 증식해 가는 것과 함께 건물의 총면적을 늘리고, 게다가 경쟁적으로 각지에 지점을 설립한다.

　도쿄에 세워진 백화점을 보아도, 미쓰코시는 니혼바시 본점을 비롯, 다이쇼 14년1925에 신주쿠, 쇼와 5년1930에 긴자에 지점을 만든다. 마쓰야에서는 긴자 본점을 시작으로, 쇼와 6년에 아사쿠사에 지점을 만들고, 마쓰자카야의 경우는 우에노점 이후 다이쇼 13년에 긴자에 지점을 만든다. 이들 외에, 시라키야처럼 분점이나, 마쓰야와 같이 가정부(家庭部)를 둔 곳도 있다. 지방도시로의 진출도 적극적으로 추진된다. 미쓰코시의 예를 보면, 메이지 40년1907에 오사카, 다이쇼 15년1926에 고베, 쇼와 5년1930에 가네자와金澤, 쇼와 6년에 다카마쓰高松, 쇼와 7년에 삿포로札幌, 쇼와 8년에 센다이仙臺 등 다이쇼부터 쇼와 초기에 걸쳐 전국에 지점(분점)을 설립하였음을 확인할 수 있다.[31]

　지방으로 백화점이 진출하는 것은 다이쇼 말기에서 쇼와 초기 동안 급격하게 늘어난다. 쇼와 6년1931 10월 현재, 일본에 인구 10만 이상인 도시는 30곳이 있었는데, 그 가운데 영업면적 500평 이상의 백화점을 가지고 있지 않은 도시는 겨우 6개 도시에 지나지 않았다.[32]

　백화점이 대중화되고, 규모를 키워나가는 가운데, 그때까지 근근히 남아 있었던 각 백화점만의 독자적인 영업방침도 더 이상 찾아볼 수 없게 되고, 획일화된다. 다이쇼 13년1924에 동행자 3명과 함께

31 앞의 책, 『株式會社三越 85年の記錄』. 앞의 책, 『松屋百年史』. 앞의 책, 『松坂屋70年史』. 앞의 책, 『白木屋三百年史』. 또한 미쓰코시에서는 메이지 38년에 조선의 경성, 메이지 40년에 중국의 대련(大連)에도 지점을 낸다.

32 앞의 책, 『改訂 デパートメントストア』.

미국 시찰에 나섰던 마쓰자카야의 쓰카모토 하치사부로에 따르면,

"같은 뉴욕에서도 백화점으로선 그 영업에서 고객에게 각자 색을 달리하는 점은 우리 일본과 크게 다르지 않다. 예를 들어 워너메이커가 부르조아 대상의 사치품 매상을 자랑하는 것에 비해, 메시처럼 어디까지나 대중적인 염가품에 주력을 다하여, 매상 본위를 내거는 유명한 곳도 있다. 나는 메시를 마쓰자카야의 본보기로 차용할 필요가 있다고 보아, 모든 점들을 견학의 대상으로 골랐던 것이다."

라고 하였다. 미국과 마찬가지로 일본에 있어서도 사치품을 판매하는데 힘을 기울인 백화점과 대중적인 상품에 주력하는 백화점이 있다는 것을 인정하면서, 마쓰자카야는 대중적인 것을 판매하는 방향임을 분명히 밝히고 있다. 마쓰자카야는 '<대량 염가판매>'를 돈간판(金看板)'으로 내세우고 성장해 왔던 것이다.

한편, 이런 마쓰자카야조차 쇼와 4년1929 우에노점 건물이 준공되어 개점할 때에는

"같은 업종 가운데 당시는 마쓰야, 미쓰코시, 시라키야가 마쓰자카야와 동급의 규모였으며, 다카시마야는 아직 작은 가건물로 영업하고 있었기 때문에, 우리 판매전의 목표는 아니었다. 그런데, 우리 마쓰자카야의 구매진 입장에서 보자면, 영업상 경합을 벌이는 상대는 '같은 모회사'가 오직 유일하였다. 다른 회사와 함께 업계의 '패자(覇者)'를 짊어지고 온 만큼, '○○'는 도대체 어떤 곳인가……라는 기백(氣魄)에 불타면서 가을 이후 겨울 상품의 구매, 판매를 계기로 업계의 패자 자리를 차지하는데 재빨리 필승의 수를 갖추게끔 되었다."[33]

라며, 포부를 밝힌다. 여기서 말하는 다른 회사와 함께 인정하였던 업계의 패자는 바로 미쓰코시를 가리키는 게 분명하지만, 대지진

33 塚本鉢三郎, 『百貨店思い出話』, 쇼와 25년, 百貨店思出話刊行會.

후에는 그때까지 대량 염가판매를 주력해 온 다른 백화점도, 미쓰코시와 같은 지평에 서 있다는 것을 인식하고, 미쓰코시를 따라잡는 것을 염두에 두었던 것이다. 백화점이 대중을 상대로 해 가는 과정에서, 각 백화점이 가지고 있었던 개성은 급속하게 없어지게 되었고, 비슷하게 백화점의 획일화 양상이 보인다. 쇼와 초기에는 오복점에서 출발한 백화점과, 한큐처럼 전철회사가 만든 백화점 사이에서도 큰 차이가 보이지 않게 되었다는 것은 이미 앞에서 지적한 대로이다.

백화점이 급속하게 확대해 가는 중에서, 백화점간의 경쟁도 치열해진다. 서비스면에서 야간영업, 대방출, 복권, 무료배달 지역의 확대, 게다가 자동차로 맞이하고 보내주는 등 경합이 격렬해지는 동시에, 전람회나 연예물 등 각종 기획행사의 개최도 정례화한다. 당시의 신문은 이와 같은 상황을 다음처럼 전한다.[34]

> 소매 상점의 이중고 삼중고 따위는 아랑곳하지 않고, 대백화점은 확대하기만 하는데, 1930년은 바로 백화점 시대라는 느낌을 준다. 그에 휩쓸려서 소매점측도 너무 곤란한 나머지 백화점 형식을 취해, "뭐든지 있고 싸요"라며 박자를 맞추면서 흥을 돋우는 대중유인책을 강구하였다. 시민은 이로써 점점 백화점에 식상하는 조짐을 보일 것이다.

신문에서도 읽을 수 있듯이, 백화점이 대중을 주요 상대로 하고 있을 무렵, 그 경쟁 상대는 동업의 백화점만이 아니라 일반 소매 상점까지 확대된다.

커다란 자본력을 가진, 백화점의 공세에 대해 소매 상점은 갈수록 몰리고 있었다. 백화점에 대항해야 하는데, 처음으로 목소리를 높인 것은 도쿄 닌교초[人形町]의 상점가였다. 쇼와 3년1928 3월 20일

34 『東京朝日新聞』, 쇼와 5년 1월 28일.

닌교초 상가회의 긴급회보에는 다음과 같이 적혀 있다.[35]

"지난 10일 임시총회 백화점 대책의 결의를 기초로 13일부터 실행위원 13명은 4개 반으로 나눠, 전 시내 번영지를 다니며 연일 활동을 해왔는데, 현재 대표적 각 모임 70여 곳의 큰 찬동을 얻어, 닌교초에 가설 본부를 설치하고, 제1기 계획으로서 내일(21일) 오후 1시부터 닌교초 소우고相互 구락부(俱樂部)에서 연합회 설립에 관한 준비위원회를 개최, 오는 29일 전 시내를 대표하는 각 회가 니혼바시 구락부에 집합, 도쿄 부시 전소매업연합회를 설립한다. 기타 제반 사항을 결의할 필요가 있으니 서로 힘을 모아"

새롭게 진출하려고 하는 백화점에 대해서 각 지역의 상점가가 중심이 되어 진출 반대운동을 벌인다. 백화점에 규제를 덧붙인 백화점법을 만들려는 분위기 속에서, 한큐, 호테이야(ほてい屋), 다이마루, 다카시마야, 소고우, 노자와야(野澤屋), 마쓰야, 마쓰자카야, 마루모노(丸物), 미쓰코시, 시라키야의 11개 백화점이 가맹한 백화점협회에서는 쇼와 7년1932 8월에, 출장 판매의 폐지, 상품권의 규제, 지점 분점의 신설 조정, 부당 서비스 폐지, 무료 배달 지역의 축소, 일제 휴업의 실시를 담은 자제 협정을 발표, 다음해 8월에는 전국 24개의 대형 백화점을 망라한 일본백화점상업조합을 설립하여, 이 자제협정을 실시한다.[36] 도쿄 백화점에서 셔틀자동차가 없어지게 된 것도 이 무렵이다. 그러나 한쪽에서는 자제협정에서 다루어지지 않은 부분에서의 경쟁이 시작되는 예도 보인다. 그 후 쇼와 12년에는 백화점법이 실시되었고, 아울러 전쟁체제도 서서히 강화되어 점차 백화점을 통제하는 시대가 다가왔다.

도쿄 백화점들은 관동대지진으로 인한 피해 때문에 한때 자본금이 줄어들지만, 이후 대중을 상대로 영업해 가는 과정에서 비약적

35 人形町商店街協同組合20周年記念出版事業部 編『にほんばし 人形町』, 쇼와 51년, 人形町商店街協同組合.

36 앞의 책, 『改訂 デパートメントストア』.

으로 그 규모를 확대한다. 미쓰코시를 예로 보자면, 관동대지진 전인 다이쇼 9년1920 6월의 자본금이 1,200만엔이었던 것을, 대지진 후인 다이쇼 13년 2월에는 자본금을 줄여 700만엔으로 한다. 하지만, 그 후로 급격하게 자본금을 늘려 다이쇼 14년 2월에는 1,500만엔으로 대지진 이전보다 많아진다. 더욱이 그로부터 6년 후인 쇼와 6년1931 8월에는 3,000만엔으로 증자한다.[37] 대지진 이후 백화점의 규모가 어느 정도 확대됐는지 알 수 있다.

각 백화점의 명칭에서 오복점의 이름이 없어지기 시작한 것도 이 시기이다. 다이쇼 14년1925에는 '이토우 오복점'이 명칭을 '마쓰자카야'로 고친 것을 시작으로, 쇼와 3년1928에는 '미쓰코시 오복점'이 '미쓰코시'로, '다이마루 오복점'이 '다이마루'로, '시라키야 오복점'이 '시라키야'로, 쇼와 5년에는 '다카시마야 오복점'이 '다카시마야'로 명칭을 변경한다.[38] 이 무렵에는 이미 백화점이 오복점의 이름을 내걸 필요성이 없어졌다고 하겠다. 오복점이 가진 고급 이미지에 의지하지 않아도 괜찮게 되었다. 그보다는 오히려 오복점의 이름이 마이너스로 여겨지게끔 되었음을 뜻한다. 대중을 고객으로 삼기 시작한 것으로 인해 백화점은 오복점에서 완전히 탈피해 버렸다.

4. 신발 신은 채 입장하기 단행

백화점이 점차 대중화되어 가면서, 건축도 변하지 않으면 안 되었다. 건축상 나타난 큰 변화 중의 하나는 건물 안으로 신발을 신은 채 입장할 수 있도록 고쳤다는 점일 것이다. 백화점에 신발을 신고

37 앞의 책, 『株式會社三越 85年の記錄』.

38 앞의 책, 『松坂屋70年史』. 앞의 책, 『株式會社三越 85年の記錄』. 大丸二百五十年史編集委員會 編, 『大丸二百五拾年史』, 쇼와 42년. 앞의 책, 『白木屋三百年史』, 高島屋百五十年史編纂委員會 編, 『高島屋百五十年史』, 쇼와 57년.

입장하는 것은 다이쇼 말기부터 행해지는데, 고객이 신발을 신은 채 건물 내로 출입하도록 하는 것은 큰 문제로, 막상 실행에 직면해서는 큰 결단을 필요로 했다.

시라키야에서는 다이쇼 12년1923 5월 15일, 고베 실업은행 내에 개설한 고베 출장소의 바닥에 목조 타일을 깔아 '토족(土足)' 입장을 실시한다. 이것이 신발을 신은 그대로 입점을 인정한 백화점 최초의 예가 되는데, 고베 출장점의 실시는 도쿄 니혼바시의 본점 개축 계획을 염두에 둔 실험적 시도였다.[39]

도쿄의 백화점들이 신발을 신은 채 출입하는 토족 입장을 실시한 것은 관서보다 좀 늦은 관동대지진 이후의 일이다. 마쓰자카야에서는 대지진 후인 다이쇼 13년 12월 1일에 곳코國光 생명보험으로부터 지상 8층 지하 1층 가운데 6층 이하를 빌려 긴자점을 개점하는데, 이때 전관에 토족 입장을 실시한다. 건물의 일부분만이 아니라, 전관을 토족 입장으로 한 예로는 최초가 된다.[40] 마쓰야에서는 다이쇼 14년 5월 1일 긴자 본점을 개점한 날에 '갈아 신는 신(下足)'을 준비하는 제도를 과감하게 폐지한다. 당초 마쓰야는 당시 다른 백화점과 마찬가지로 갈아 신는 신을 준비하는 방법으로 개점에 임하였는데, 미리 준비해 둔 빨간 코가 특징인 짚신 5,000개가 다 나갔는데도 손님은 계속 늘어나기만 하여, 할 수 없이 당초 예정을 변경해 '갈아 신는 신을 없애라'라는 긴급 지령을 내린다. 즉, 신을 신은 채 관내에 들일 것을 결정하였다. 토족 입장의 문제로 마쓰야가 고민하던 모습을 볼 수 있다. 당초의 예정에서는 "오복점 시절부터 내려오는 관습이자, 물품이 밑으로 떨어져 더러워지면 곤란하다는 배려가 있었다. 긴자점에서도 마찬가지로, 가죽신, 짚신의 손님은 카바를 씌워, 나막신[41]을 신은 손님은 짚신으로 갈아

39 앞의 책, 『白木屋三百年史』.

40 앞의 책, 『松坂屋70年史』.

41 나막신[下駄]: 일본어로 게타라고 함-역자주

제7장 신중간층과 도시문화　**239**

신게끔 하였다."[42]고 한다.

미쓰코시는 본점 서관의 보수공사를 완성, 다시 개점하였던 다이쇼 14년1925 9월 20일에 갈아 신는 신을 준비하는 제도를 폐지한다. 토족 입장을 실시한 건물의 바닥은 나무쪽을 짜 맞춘 판자를 깔고, 중유를 칠하여 녹진을 흡수하는 방법이 강구되었다. 갈아 신는 신을 준비하는 제도를 폐지할 즈음에는 고객의 의견을 들을 필요가 있다는 배려에서 전년도 신문에, 그리고 이와 함께 왕복 엽서 2,000장을 발송해 고객들의 의견을 물었다. 반송 엽서의 결과는 찬반이 거의 반반씩이었는데, 신발을 신은 채 그대로 입장시키는 방법을 단행하였다.[43] 미쓰코시에서도 그때까지는 가죽신의 손님에게는 커버를 씌우고, 나막신이나 짚신을 신은 손님에게는 덧신는 짚신으로 갈아 신도록 해, 다다미 혹은 가선을 두른 돗자리가 깔린 위를 걷게 하였었다. 미쓰코시에서는 대지진 후 건물 개수를 즈음하여, 하야시 고헤이와 요코가와 공무소의 나카무라 덴지[44]가 함께 조사에 나서는데, 그때 하야시의 보고는 미국과 달리 점포의 설비가 충분하지 못한 일본에서는 갈아 신는 신을 준비하는 것을 폐지하는데 찬성할 수 없다고 보았다. 이 점에 대해서는 미쓰코시에서 PR지의 편집 등을 수행하였던 하마다 시로浜田四郎도 똑같은 생각을 가지고 있었다.[45] 새로운 시대를 향해 적극적으로 대응해 갈 것을 생각하고 있었던 사람들조차도 토족 입장에 대해서는 주저하지 않을 수 없었던 것이 실정이었다.

당시 도쿄의 도로 사정은 몹시 열악하였다. 쇼와 원년1926 시내의 도로 포장 보급률은 약 15%에 지나지 않아,[46] 비가 내리면 당시 거리는 해감을 섞은 듯한 질퍽거리는 진흙탕으로 변하였다. 아스팔트로 포장된 곳은 곤약을 밟고 걷는 것 같고, 벽돌 모양의 나무판자로

42 앞의 책, 『松屋百年史』.

43 「三越のあゆみ」編集委員會 編, 『三越のあゆみ』, 쇼와 29년, 三越.

44 나카무라 덴지[中村傳治; 1880~1968-역자주

45 濱田四郎, 『百貨店一夕話』, 쇼와 23년, 日本電報通信社

46 日本建築學會 編, 『近代日本建築學發達史』, 쇼와 47년, 丸善.

포장된 곳은 비가 내리면 떠올라, '뗏목 강물 내려보내기' 등으로 불렸다.[47]

　백화점이 고급품 판매에 주력하며, 안정된 이미지를 강하게 보여주려 했다는 점에서 점 내가 더렵혀지는 건만큼 극력 피하고 싶었기에, 신발 신은 그대로 점 내에 손님을 맞이하는 것은 커다란 문제가 아닐 수 없었다. 극소수의 단골 고객만을 상대하기만 하면 되지, 대규모의 손님을 점 내로 들이는 것은 그다지 필요하지 않았던 것이다. 백화점이 신을 신은 채 손님을 입장시키는 것을 주저한 이유도 바로 거기에 있었다. 미쓰코시가 갈아 신는 신을 준비하는 제도를 폐지하면서, 굳이 그 찬반을 왕복엽서로 고객에게 문의하였던 것도 이와 같은 이유에서 비롯된 것이다. 그렇지만, 백화점의 방침이 대중을 상대로 좀더 많은 사람들을 점 내로 끌어들이는 방향으로 바뀌었을 때, 손님이 갈아 신는 신을 준비하는 것은 반대로 그 수고로움과 장소의 확보 등 여러 면에서 큰 문제가 되었다. 한편, 손님 측에서도 출입구에서 신발에 커버를 씌우거나, 짚신으로 갈아 신는 일은 귀찮은 일이었다. 대중을 고객으로 삼아 가는 것이 백화점의 방침으로 분명하게 자리잡았을 때, 백화점은 신발을 갈아 신고 입장하는 것을 중단하지 않으면 안되었다. 이 방침에 따라 갈아 신는 신을 준비하는 제도의 폐지는 대성공이었고, 이후 손님은 급증하여 쇼와 초기 백화점의 번영을 이끌어내었던 것이다.

　대중을 고객으로 삼기 시작한 백화점의 바닥 면적이 급증하여 간점은 앞서 지적하였는데, 미쓰코시 본점을 중심으로 그 변화를 보면 <그림 7-6>과 <표 7-2>와 같다. 메이지 41년1908에 가설 영업소를 세우기 전이 약 500평(1,650㎡)의 목조 2층 건물이었던 것을 생각하면, 바닥 면적을 계속해서 늘려나갔음을 알 수 있다. 메이지 41년

47 東京百年史編集委員會 編, 『東京百年史 第4卷』, 쇼와 54년, ぎょうせい.

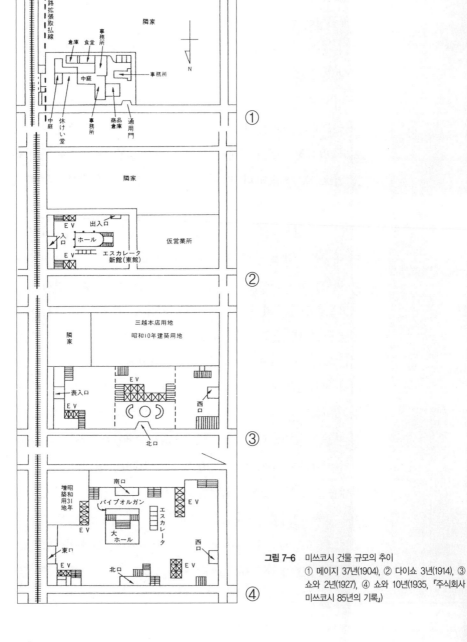

그림 7-6 미쓰코시 건물 규모의 추이
① 메이지 37년(1904), ② 다이쇼 3년(1914), ③ 쇼와 2년(1927), ④ 쇼와 10년(1935, 『주식회사 미쓰코시 85년의 기록』)

공사년도	공사 바닥 면적(m²)		건물 연 바닥 면적(m²)
메이지 41년(1908)	가설영업소	5,210 *1	
다이쇼 3년(1914)	신관	13,501.5	18,711 *2
다이쇼 10년(1921)	서관증축	13,370.9	26,872.4 *3
쇼와 2년(1927)	보수개축	28,655.9 *4	
쇼와 10년(1935)	증축	21,532.5	50,443.8 *5

*1 『株式會社三越 85年の記錄』
*2 「建築雜誌」, 다이쇼 4년 4월호
*3 「建築雜誌」, 다이쇼 10년 9월호
*4 「建築雜誌」, 쇼와 2년 11월호
*5 『日本百貨店總覽 第一卷 三越』

을 기준으로 연 바닥 면적의 변화를 보면, 다이쇼 3년1914에는 3.6 배, 다이쇼 10년에는 5.2배, 쇼와 10년1935에는 9.7배로 커진다.

백화점의 건물 크기에 대해서는 관동대지진 이전은 3천~5천평 이 표준으로, 큰 경우에 8천평(26,400m²)이었던 것이 쇼와 6년1931에는 도쿄, 오사카 2대 도시의 경우 1만평(33,000m²)으로 바뀐다. 당시 1만 평을 넘는 백화점이 도쿄에 5군데, 오사카에 3군데 있었다고 한다. 또한 지방 백화점도 쇼와 초기에는 2천평(6,600m²) 정도의 크기였다 고 한다.[48] 미쓰코시의 건물은 백화점 가운데에서도 큰 편이었는데, 그럼에도 불구하고 쇼와 초기까지 꾸준하게 바닥 면적을 계속 늘 려나간다.

5. 알 데코 양식의 건축물

48 伊藤重次郎, 「我國百貨店の發達段階」(앞의 책, 『日本百貨店總覽 第一卷 三越』).

백화점이 대중화의 길을 걷던 다이쇼 말기부터 쇼와 초기를 거치면서 건축에 나타난 또 하나의 특징으로 건축 의장의 변화를 들 수 있다. 그때까지는 르네상스 양식의 건물이었지만, 이 무렵부터 근대적인 감각을 가진 의장의 건물이 늘어난다. 도쿄의 백화점에서도 그러한 경향을 볼 수 있다.[49]

관동대지진 후 미쓰코시의 보수공사는 기초 부분과 철골 기둥을 남기고, 이들을 이용해 실시되었는데 건물 내외부의 의장과 평면 모양은 완전히 고쳐진다. 개수공사는 3기로 나눠 진행했으며, 이들 공사가 끝난 것은 쇼와 2년1927의 일이다.

개수 공사의 특징은 바닥 면적의 증대 및 의장의 간략화에 있다. 그때까지 건물의 일부분에 지나지 않았던 7층 부분을 법규의 테두리 안에서 최대한 증축하는 동시에 1층에서 5층까지 시원하게 뚫려 있던 큰 공간이 없어지고, 바닥이 깔린다. 중앙의 시원한 홀 공간을 없애고, 바닥 면적을 넓힌 것이다. 건물 중앙부에는 6대의 엘리베이터를 집중적으로 설치하여 능률적으로는 되었지만, 중앙홀이 없어진 것으로 인해 그때까지의 장중하고 화려했던 내부공간에 비해 박력이 떨어졌다. 외관도 그때까지 유지하였던 아치와 입구의 원반형 기둥을 없애는 등 간결한 근대적인 디자인이 되었다.

그 후 쇼와 10년1935에는 그 이전부터 확보하고 있었던 남쪽 용지에 증축이 이루어진다. 이 공사로 인해 건물 내부도 대대적인 손을 보아, 이전 엘리베이터 홀을 대신해서 중앙부에 1층에서 6층까지 거대한 공간을 가진 중앙홀이 다시 설치된다. 이 중앙 공간에는 대분수, 큰 계단 2층 발코니에 파이프 오르간, 스테인드 글라스를 통해 빛이 쏟아져 들어오는 톱 라이트 등 한번 없어졌던 거대한 중앙홀이 다시 부활하여, 예전 가설 영업소나 신관 건물과 같은 내부공간이 만들어진다. 관동대지진 후 개수공사로 중앙공간을 없애고,

49 初田亨・村島正彦, 「東京に建設された百貨店建築の構造 意匠の變遷(都市における繁華街の建築に關する歴史的研究 その4)」(日本建築學會, 『日本建築學會大會學術講演梗概集』, 헤이세이 3년).

바닥 면적을 늘렸던 것은 백화점이 대중화의 길을 가는 과정에서 좀더 많은 바닥면적을 필요로 했음을 말해준다. 그럼에도 불구하고, 그 다음의 증축공사에서 거대한 중앙홀을 다시 만든 사실은 바닥면적의 확보와 건물의 호화로움 사이에서 미쓰코시의 생각이 흔들리고 있었다는 것을 가리킨다.

다시 중앙홀 공간이 만들어졌지만, 거기에 시공된 장식은 이전과 크게 달라진다. 가설 영업소나 신관의 건물이 르네상스 양식으로 장식되어 있었던 것에 비해, 증축공사에서는 알 데코 풍의 양식이 사용되었다.[50] 미쓰코시의 증축공사 설계는 그때까지와 마찬가지로 요코가와 공무소의 손을 빌리는데, 중앙홀의 의장에는 미쓰코시에서 실내장식 등을 맡아온 하야시 고헤이의 아이디어도 많이 가미된다. 관동대지진으로 건물의 개수 전에 하야시 고헤이와 요코가와 공무소의 나카무라 덴지가 함께 백화점 조사를 위해 미국으로 나섰던 일은 이미 설명하였다. 하야시는 그 당시의 인상을 "뉴욕은 백화점을 연구하는 사람에게는 아주 중요한 도시이며, 모든 점에서 대표적인 곳들을 견학하는 것이 가능하다"[51]라고 설명하였다.

알 데코 양식이란 원래 1925년 파리에서 개최된 '현대 장식공업미술 국제박람회'(알 데코 박람회)에서 성공을 이룬 새로운 양식을 뜻하는 것으로, 이후 이러한 조형의 양식을 가리키게 된다. 알 데코의 조형은 건축, 의복, 가구, 장신구 등 폭넓은 분야에까지 퍼져 갔으며, 마치 광물의 결정을 생각하게 하는 기하학성, 대칭성, 직선조형, 유선형, 지그재그의 선, 반사하는 빛의 이미지 등이 특징이다. 박람회의 명칭에서도 알 수 있듯이, 공업과 장식, 그리고 상품이 연결되어 있는 곳에서 조형의 답을 찾아낸 것이 알 데코였다고도 하겠다. 알 데코 양식은 유럽에서 시작되었지만, 그것이 건축에 미친 영향

50 初田亨·加等眞哉, 「三越本店の建築について(都市における繁華街の建築に關する歷史的研究 その1)」(日本建築學會, 『日本建築學會大會學術講演梗槪集』, 쇼와 63년).

51 林幸平, 『續像を繞る人人』, 메이지 7년, 百貨店商報社

그림 7-7　쇼와 10년(1935) 증축 후의 미쓰코시 본점(『미쓰코시 사진첩』)

면에서는 미국 쪽이 더 컸다. 1920년대 후반에서 30년대에 걸쳐서 뉴욕에는 수많은 고층 빌딩이 세워져 마천루가 형성되어 갔는데, 그 마천루를 장식한 것이 알 데코 양식이었다. 그리고 같은 시기 일본의 백화점에도 이 알 데코 양식이 사용되었던 것이다.

미쓰코시의 건물과 관련해서 알 데코 양식이 사용된 것은 이때가 처음이 아니다. 쇼와 7년1932에 개통한 지하철 '미쓰코시 앞' 역으로 부터 미쓰코시의 지하 매장을 연결하는 통로의 쇼윈도, 대리석 벽화, 조명 등에는 프랑스인 르네 푸루(Rene Prou)가 설계한 장식을 이용한다. 그리고 증축공사 때에는 7층 특별식당과 4층 살롱의 설계를 그가 직접 담당한다. 르네 푸루는 공간예술가, 화가로서 활약한 인물로 1887년에 프랑스 낭트에서 태어났다.[52]

미쓰코시가 처음부터 르네 푸루에게 설계를 의뢰하기로 정했던 것은 아니다. 르네 푸루는 쇼와 6년1931에 미쓰코시 본점의 남관 증축을 결정하였을 때, "일본인이 알고 있는 이른바 프랑스형이 아니라, 실제로 현대 프랑스의 모습을 일반에게 보여주고 싶다"[53]라는 방침에 따라 초빙된 사람이다. 당시 미쓰코시 가구계 부장 야마모토 히데타로山本秀太郎과 미쓰코시 임시건축과의 하야가와 나오조早川直象가 함께 프랑스로 날아가, 일본대사관을 통해 프랑스 정부로부터 소개받은 약 10명의 디자이너 가운데 한 사람이 르네 푸루였다. 당시 그는 프랑스 살롱 데코라톨(실내장식 전람회)의 심사원이며, 미술학교의 강사로도 일하고 있었다. 미쓰코시가 르네 푸루에게 설계를 의뢰하게 된 이유는,

"현대 프랑스의 첨단을 걷는, 그렇다고 해서 너무 기발한 것도 아닌, 차분한 속에서 뭐라고 말할 수 없는 모던한 맛이 풍기는 르네 씨의 작

52 요시다 고이치[吉田鋼市] 씨의 말을 빌림. 또한, 「Allgemeines Lexikon Der Kunstler des XX Jahrhunderts」(1956)에 의할 것 같으면, 르네 푸루의 약력이 '공간예술가, 화가'로 되어 있다.

53 山本秀太郎, 「佛國裝飾藝術の權威ルネ ブルー氏を起用」(앞의 책, 『日本百貨店總覽 第一卷 三越』)

그림 7-8　(위) '미쓰코시 앞' 역의 지하철 통로(『미쓰코시의 발자취』)
　　　　 (아래) 쇼와 9년(1934) 미쓰코시 특별식당(『주식회사 미쓰코시 85년의 기록』)

품을 보고 …(중략)… 그리고, 어떻게 해서든지 사람들을 움직여서 세계적인 작품을 일본에 옮겨놓고 싶다고 생각했습니다."[54]

라고 말한 점에서 찾아볼 수 있다. 프랑스에서 첨단을 걷지만 너무 기발하지 않은 디자인을 한다는 점이 르네 푸루를 설계자로서 고른 미쓰코시의 이유였음을 알 수 있겠다.

남관의 공사에 즈음해서는 일본에서 제작할 수 없는 것, 혹은 프랑스의 독특한 멋을 표현하는데 필요한 것 가운데 일본에서는 구할 수 없는 것들을 파리에서 제작하였다. 식당의 벽면과 20여 개의 둥근 기둥은 그리스로부터 대리석을 주문해 가져와, 도쿄에서 가공한다. 레이스가 들어있는 커텐이나 물결 무늬로 얽은 벽화, 그리고 바의 유리장식이나 금붕어 사발, 은도금을 필요로 하는 유리 등을 파

54 앞과 같음

그림 7-9 이세탄의 엘리베이터 홀(『거리-메이지·다이쇼·쇼와 2 관동편』)

그림 7-10 이세탄의 외관(스미즈 건설소 소장)

리에서 제작한다.[55] 르네 푸루 이외에 샤프가 설계를 담당한 것은 입구의 문과 작은 식당의 칸막이, 금속물, 환기구의 금속물, 벽에 붙이는 붙박이형 책상 등이 있다. 그밖에도 식당 분수대 윗부분의 금빛 여인과 양모양의 조각은 포초의 작품이 사용되었다. 그리고 식기, 테이블 걸이, 종업원의 복장도 르네 푸루가 선정한다.[56] 프랑스 직수입의 본격적인 알 데코 양식의 식당이 미쓰코시에 만들어졌던 것이다. 다이쇼 3년1914에 건설된 르네상스 양식의 건물과 비교하자면, 건물의 골격을 재이용하면서 실시한 개수 혹은 증축공사였지만, 의장적면에서 전혀 다른 모습으로 다시 태어났다.

당시 기록에는 "근세식(近世式)"이라고 써 있으며,[57] 혹은 "건축은 어디까지나 명랑한 기분을 자아내는 것이 특징으로, 그 규모라든가 설비나 장식 등은 도쿄 사람으로 하여금 '앗' 하고 탄성을 지르게 한다"[58] 라고까지 묘사되었던 이세탄의 신주쿠 건물도 알 데코 양식이라고 해도 좋을 것이다. 외벽의 화강암 부각 모양이나 공작을 그린 브론즈의 파넬, 내부 엘리베이터 홀의 대나무 잎새 모양이나 엘리베이터 벽화의 계단 무늬 의장 등 알 데코와 통하는 조형을 건물 내외에서 찾아볼 수 있다.

간다에 위치하고 있었던 이세탄이 오복점에서 백화점으로 바뀌기 시작한 것은 관동대지진 이후의 일이다. 그 후 쇼와에 들어서 간다에서 신주쿠로 옮기면서, 철골철근 콘크리트 구조로 지상 7층 지하 2층 규모의 건물을 세우는데, 이는 쇼와 8년1933의 일이다. 설계는 시미즈淸水 조합이 맡았다. 이세탄에는 다른 백화점과 다를 바 없이 관례대로 많은 상품을 준비하였다. 이와 동시에 서비스 부문에 충분한 공간을 할애하여 대식당, 사진실, 이발실, 미용실, 옥상정원을 설치하고, 그밖에도 7층에는 행사장을 마련해 각종 기획행사나

55 앞과 같음.

56 早川直象,「佛國一流所の作品で豪華な設計」(앞과 같음).

57 「株式會社伊勢丹新築工事概要」(建築學會,「建築雜誌」, 쇼와 9년 2월호).

58 大橋富一郎 編,『百貨店年鑑 昭和十三年版』, 쇼와 13년, 日本百貨店通信社

그림 7-11　마쓰야 긴자점의 중앙홀(마쓰야 소장)

강연회를 열 수 있게 한다. 그리고 사무실 건물인 사무관 3층에는 아이스 스케이트장을 설치한다. 그 후 인접해 있던 푸대가게 건물을 입수하여, 두 건물을 연결하는 공사를 시행한다.[59]

다이쇼 14년1925에 개점한 마쓰야는 사무소 건물로 건축중인 건물을 빌려, 그 건물을 백화점 모양으로 바꾼다. 외관은 가능한 한 장식을 자제하였다. 건물을 건설할 즈음에 시공자였던 기다 야스조는 두 번에 걸쳐 해외에 나간다. 마쓰야의 건물에서 더욱 주목되는 부분은 중앙부에 8층까지 시원하게 뚫린 커다란 공간을 가진 홀을 만든 점이지만, 그 구상도 해외 시찰을 통해서 이루어졌다.[60] 홀에는 반원 아치하고 거대한 기둥 등 양식주의적인 건축요소도 남아 있지만, 원형의 톱 라이트, 그리고 그 주변의 의장 등 양식 건축이기보다는 근대화된 알 데코 풍의 장식이라고 하는 편이 적절한 부분도 있다.

시라키야는 관동대지진 후 당시 도쿄부의 구획정리로 인해 건설공사가 늦어졌지만, 이시모토 기쿠지石本喜久治가 설계를 맡은 제1기 건물공사가 쇼와 3년1928에, 제2기 공사가 쇼와 6년에 각각 완성된다. 건축양식은 당시 잡지에선 '니혼 인터내셔널'[61]이라고 기록하고 있다. 이시모토 기쿠지는 이 건물 직전에 독일 표현파의 영향을 받은 아사히 신문사의 건물을 설계하는 등 당시 의욕적인 신진 건축가였다. 르네상스 양식과 함께 그 무렵까지 백화점 건축에 흔히 보였던 양식주의적인 건축과는 달리, "뭐라고 할까, 양식에 구애받는 방식을 사용하지 않고, 건축물만이 가지고 있는 성질을 통해, 그 상태와 역동감을 표현하는데 중점을 두었다. 즉, 선과 색, 면의 요철(凹凸), 형태와 형태의 착종(錯綜)이 만들어내는 차이를 노렸다."[62]는 점에서 이 건물의 새로움이 돋보인다. 그리고 건물 내부에는 2층 및

59 初田亨·村島正彦, 「伊勢丹の建設について (都市における繁華街の建築に關する歷史的硏究 その3)」(日本建築學會, 『日本建築學會大會學術講演梗槪集』, 헤이세이 3년).

60 앞의 책, 『松屋百年史』.

61 「株式會社白木屋第一期新築工事槪要」(建築學會, 「建築雜誌」, 쇼와 3년 12월호). 「白木屋第二期擴張工事槪要」(동 쇼와 7년 2월호).

62 앞의 책, 『白木屋三百年史』.

그림 7-12 (위) 시라키야 백화점(『건축사진유취 백화점 시라키야 권2』)
(아래) 오사카 다이마루 1층 엘리베이터 주변(『건축세계』 쇼와 8년(1933) 7월)

부분적으로 3층까지 시원한 공간을 확보한 홀이 있었다. 건축양식은 알 데코 양식이라고는 할 수 없을지라도, 세부 장식 등에서는 거기에 가까운 조형도 보인다.

이들 건물 외에도 당시 백화점 건축에는 반원 아치를 건물의 외관에 배열한 마쓰자카야의 우에노점이나, 동양적 멋을 기조로 만들어졌던 니혼바시의 다카시마야와 같은 예도 있다. 이들 건물에서도 다이쇼 시대의 건물과 비교할 때 장식이 크게 줄고, 꽤 근대화된 의장으로 변한다. 또한 관서지역의 예이지만 오사카의 다이마루도 쇼와 8년1933에 웰리즈의 설계로 6층까지 거대한 공간을 가진, 알 데코 양식의 건물을 짓는다.[63] 다이쇼 말기에서 쇼와 초기에 걸쳐 백화점이 대중화의 길을 걷던 당시, 건물 의장은 그때까지의 르네상스 양식의 건물에서 알 데코 양식 등 근대화된 의장으로 변해 갔던 것이다.

토족 입장, 건축양식 이외에도 쇼와 초기의 백화점이 재빠르게 냉난방 장치를 가진 공조 설비를 받아들였다는 점도 주목할 필요가 있다. 열을 더하는 난방은 그렇다고 하더라도, 실내 온도를 내리는 냉방은 기술적으로 어려워서, 냉방이 되는 건물은 당시 아주 드물었다. 냉동기를 사용한 냉방은 다이쇼 10년1921부터 산업용으로 공장 등에서 사용되었지만, 일반 건축의 경우는 다이쇼 13년 오다 료지小田良治 저택을 최초로, 쇼와 2년1927에 미쓰코시에서 '미쓰코시 홀'에 사용한 예들이 이어진다. 또한 미쓰코시 신주쿠점에서는 쇼와 5년에 냉방을 설치한다. 미쓰코시 이외 도쿄에 있는 백화점으로는 시라키야가 쇼와 6년, 다카시마야와 이세탄이 쇼와 8년에 각각 냉방을 설치한다.[64]

오사카에서는 같은 쇼와 8년에 다이마루가 도입한다. 냉방을 하는 예로는 쇼와 초기에 백화점 이외의 은행이나 사무소 건축 등에

63 山形政昭,「W.M.ヴォーリズの研究(その7 大丸大阪本店建築についての調査報告)」(日本建築學會,『日本建築學會近畿支部研究報告集』, 쇼와 55년).

64 앞의 책,「東京に建設された百貨店建築の構造 意匠の變遷 都市における繁華街の建築に關する歷史的硏究 その4)」.

서도 볼 수 있었다. 그리고 다이쇼 말기 무렵부터 우물물을 이용한 냉방은 은행이나 영화관 등에서 볼 수 있었지만, 냉방 장치가 있는 건물의 수는 매우 적었다.[65] 역으로 백화점이 얼마나 빨리 냉방 설비를 받아들였는지 짐작할 수 있다.

냉방 설비는 대중의 입장에서는 꿈속의 꿈과 같이 아주 먼 존재였다. 냉방 설비는 엘리베이터, 에스컬레이터 등과 함께 백화점을 더욱더 재미있고, 마음을 들뜨게 하는 장소로 만들었다는 사실은 틀림없다. 알 데코로 장식되어진 건물은 냉방, 엘리베이터, 에스컬레이터 등과 함께 그곳을 찾은 사람들을 근대적인 화려함으로 휘감았을 것이다. 알 데코의 의장에 르네상스 양식과 같은 장중한 호화로움은 없지만, 발꿈치를 세워 손을 뻗으면 가까스로 닿을 법한, 기계로 생산한 건축재료를 이용해 만들어진 근대적인 화려함은 있었다.

대량생산이 가져다 준 풍요롭고 밝고 경쾌하게 빛나는 미래. 그것은 비록 하나의 건물이라는 제한된 세계 속에서 전개되었지만, 대중에게 끊임없이 꿈을 선물하였다. 백화점은 그러한 전당으로서 도시 한 가운데 우뚝 솟아 있었던 것이다. 쇼와 초기의 백화점은 대중들 입장에서는 입장료를 내지 않고서도 들어갈 수 있는 꿈의 세계였다. 사람들은 필요한 특정의 물품을 사러 백화점에 나섰던 것이 아니라, 백화점 안에서 필요한 물건을 발견하고, 꿈과 더불어 그것을 구입했던 것이다.

[65] 井上宇市,「空氣調和設備槪論」(空氣調和 衛生工學會,『空氣調和 衛生設備技術史』, 헤이세이 3년).

8

권공장과 백화점의 시대

1. 도시의 유람 코스

화려한 건물이 건설되고, 그 속에서는 각종 행사가 연이어 개최된다. 휴게실, 엘리베이터, 에스컬레이터, 냉난방 설비, 그리고 음악회, 미술전, 각종 기획행사 등, 백화점은 마치 무료로 이용할 수 있는 유람장과 같은 이미지를 갖고 있었다. 백화점이 가진 유람장적 성격은 점점 확대되어 갔다. 내무성 계획과의 기사인 히시다 고스케菱田厚介는 쇼와 초기에 "곳기칸國技館과 같은 대규모의 관람장[1], 혹은 미쓰코시, 시라키야와 같은 백화점, 이것들은 물건을 사기 위한 장소가 아니라 행락 장소로서 수많은 사람들을 모았다. 혹은 메이지 신궁(明治神宮)의 종합운동장과 같은 곳은 교통망 계획과 연계 없이 따로 떨어져 존재한다는 것은 생각할 수 없다"라고, 백화점을 곳기칸과 같은 관람장이나 메이지 신궁의 종합운동장과 같이 놓고서, 많은 사람들이 모이는 시설로 보며 도시계획상 소홀히 할 수 없는 존재라고 평가하였다.[2]

대중화의 길을 걷는 가운데 이처럼 백화점은 많은 사람들을 모으는 도시 속의 시설로서 성장해 갔다. 관동대지진이 있었던 이듬해 긴자 큰길을 걷는 사람들의 풍속을 조사한 곤 와지로의 말을 빌리면, 최근 세워진 두 백화점을 중심으로 길을 왕래하는 사람들이 크게 늘어나고 있으며, 백화점이 있는 동쪽 방면이 서쪽보다도 35% 정도 더 많은 사람들이 통행한다고 하였다. 백화점은 도시의 유람 코스로도 빼놓을 수 없는 존재가 되었다고 하겠다. 쇼와 3년1928에 곤 와지로가 거듭 실시한 미쓰코시의 손님에 대한 조사를 보면, 이들 중에는 지방에서 상경한 사람들이 5%나 차지하고 있다고 한다.[3] 당시, 시골에서 도쿄에 온 사람이 구경하는 곳으로는 니주바시二重

1 관람장; 원문에서는 간부츠조[觀物場]라고 하였다-역자주

2 菱田厚介, 「都市計劃と帝都の建築」(石原憲治 編, 『建築の東京』, 쇼와 10년, 都市美協會).

3 今和次郎, 『考現學』, 복각판, 쇼와 46년, ドメス出版社.

4 島田庄作, 「不足時代
の三越」(小松徹三 編,
『日本百貨店總覽 第一
卷 三越』, 쇼와 8년, 百
貨店商報社)에 따르면,
니주바시, 센가쿠지, 우
에노, 아사쿠사와 함께
미쓰코시가 상경객들이
즐겨 찾는 곳이었다고
한다.

5 小川武, 『らんでぶう
のあんない 流線型アベ
ック』, 쇼와 10년, 丸之
內出版社.

6 긴자 거리를 어슬렁어
슬렁(일본말로 부라부
라) 걸어다니던 모던 보
이와 모던 걸을 가리킨
다-역자주

7 佐藤功一, 「都市の美
觀に就て」(建築學會,
「建築雜誌」, 다이쇼 12
년 12월호).

8 初田亨, 「百貨店」(藤
森照信 初田亨 藤岡洋保
編著, 『失われた帝都大
正, 昭和の街と住い』, 헤
이세이 3년, 柏書房).

橋, 센가쿠지泉岳寺, 우에노, 아사쿠사와 함께 백화점이 들어 있었다.[4] 또한 쇼와 10년1935 무렵, 도쿄시 전기국이 발표한 유람 버스가 운행한 유람 코스에는 긴자, 후카가와 후도손深川不動尊, 하마초浜町, 기요스미淸澄 정원, 진재(震災) 기념당, 가메도 텐신龜戶天神, 고토토이바시言問橋, 아사쿠사, 우에노 공원, 야스쿠니 신사, 메이지 신궁, 노기乃木 신사, 센가쿠지, 시바 공원, 아타고야마愛宕山, 국회의사당, 사쿠라다몬櫻田門, 히비야 공원, 니주바시 등과 더불어 미쓰코시, 마쓰야, 마쓰자카야와 같은 백화점이 들어 있었다.[5] 이와 같이 백화점은 바로 도쿄를 대표하는 명소가 되었던 것이다.

건축가 사토 고이치佐藤功一는 다이쇼 12년1923에 행한 '제도(帝都) 부흥과 건축문제에 관한 강연회'에서, "도쿄의 명소라고 하면, 종래에는 우에노, 아사쿠사를 꼽습니다만, 근래에 와서는 그게 미쓰코시, 마루 빌딩으로 변하지 않았습니까. 혹은 '긴부라銀ブラ'[6] 이것은 고유명사는 아니라서 말할 수 없고요. 즉 긴자, 이러한 곳이 있습니다"라고 우에노, 아사쿠사를 대신해서, 백화점(미쓰코시)이 긴자(긴부라)나 마루 빌딩과 함께 도쿄의 명소로 자리잡아 가는 모습을 이야기하였다.[7]

쇼와 초기의 백화점은 지방에서 도쿄로 올라온 사람들에게는 구경할 만한 명소의 하나로 자리잡는다. 이와 동시에, 도쿄에 사는 사람들 입장에서도 '긴부라' 등과 마찬가지로 도시생활에 윤택함을 주는 데에 빼놓을 수 없는 존재가 되었다. 쇼와 4년1929 8월 아사히 신문에는 백화점은 하나의 공원이며, '민중의 산보로'가 되었기 때문에, 그 안에 직업 소개소나 결혼 소개소를 설치하는 것은 어떨까라는 내용의 독자투고까지 실린다.[8]

백화점을 '민중의 산보로'라고 생각한 것은 신문에 투고를 보낸 사람만은 아니다. 마치 이를 뒷받침이나 하듯이, 이 무렵 백화점에는 많은 공공 설비가 부설된다. 다이쇼 14년1925 9월에는 긴자의 마쓰야에 철도성이 세운 '철도 안내소'가 개설되고, 도쿄역을 출발 기점으로 하는 기차표의 판매 등이 이루어진다. 계속해서 12월에는 '투어리스트 · 뷰로(여행자안내소)'가 문을 연다. 같은 해 시라키야의 오사카 지점에는 애국부인회 오사카 지부의 후원을 얻어, 아동의 건강상담을 받는 '아동상담소'가 개설된다.

쇼와 9년1934 8월에는 오사카의 한큐가 건강상담이나 진료를 무료로 수행하는 '한큐 건강상담소'를, 다음해 3월에는 '결혼상담소'도 개설한다. '결혼상담소'에서는 구혼 신청자의 신분 조사를 한 후, 선 볼 상대를 추천하거나 혼인의 중매까지 실시하였다. 결혼상담소의 신청자는 많아서, 개설 후 1년 동안에 여자 450건, 남자 260건의 신청을 받는다. 쇼와 12년 3월에는 신주쿠의 이세탄은 신주쿠역 안내소를 개설한다. 그리고 쇼와 15년 5월에는 미쓰코시에 국립시설로 '우생(優生) 결혼상담소'가 설치되었다.[9]

백화점의 이와 같은 공공적 성격은 도시의 중심 지구를 달리는 대량 수송기관인 지하철과 연계되어 한 단계 더 편리해짐으로써 도시생활에 깊이 뿌리내린다. 지하철에 백화점을 연계하는 것을 먼저 제안한 쪽은 백화점 측이었다.[10] 백화점이 적극적으로 제안한 직접적인 이유는 대중을 상대하기 시작하였던 당시의 백화점들이 지하철이 좀더 많은 사람을 불러모으는데 유효한 수단이라고 생각했기 때문이다. 그렇지만, 결과적으로는 백화점의 공공적인 성격을 더욱 굳혀 가는 효과도 있었다. 다이쇼 14년1925 장차 한큐백화점으로 성장해 가는 한큐마켓이 오사카 우에다역에 개업하여, 순조로운 출발을 보여주었다.

9 社史編集委員會 編, 『松屋百年史』, 쇼와 44년. 白木屋, 『白木屋三百年史』, 쇼와 32년. 阪急百貨店社史編集委員會 編, 『株式會社阪急百貨店二十五年史』, 쇼와 51년. 伊勢丹廣報擔當社史編纂事務局 編, 『伊勢丹百年史』, 헤이세이 2년, 小松徹三, 『大三越の歷史』, 쇼와 6년, 日本百貨店調査所.

10 初田亨, 「地下鐵と百貨店」(『日刊建設工業新聞』, 쇼와 57년 5월 17일).

도쿄지하철도에 백화점과 지하철을 직접 연결하는 이야기를 처음으로 꺼낸 것은 미쓰코시이다. 미쓰코시의 제안은 지하철의 역사를 건설하는 비용을 미쓰코시가 부담하는 대신에 역에서 곧바로 미쓰코시로 출입할 수 있게끔 개찰구를 만들었으면 좋겠다는 내용이었다. 일본에서 최초로 지하철이 개통한 것은 쇼와2년1927 12월 우에노와 아사쿠사 구간이었는데, 미쓰코시가 지하철 회사에 이와 같은 제안을 한 것은 그 공사가 한창 진행중이었던 다이쇼 15년1926 3월까지 거슬러 올라간다. 관동대지진이 있은 지 약 2년 반쯤이 지난 뒤의 일이다. 이 이야기는 당시 자본 조달로 힘들어하던 도쿄지하철도로서도 매우 고마운 제안이었다. 미쓰코시와 지하철 사이의 계약은 쇼와 6년1931에 체결되었다. 미쓰코시는 '미쓰코시 앞'이라는 역명을 붙일 것 등 조건을 붙여, 역 공사비의 거의 전액에 해당하는 46만 3천여 엔을 부담한다. 그리고, '미쓰코시 앞' 역은 쇼와 7년 4월에 개통하였다. 역에는 지하철 최초로 에스컬레이터가 건설된 것 이외에 역과 미쓰코시를 잇는 통로는 이태리산 대리석으로 호화롭게 장식되었다. 미쓰코시와 계약을 추진한 뒤로 연달아 다른 곳에서도 지하철 역과 백화점을 잇는 이야기가 진척되어 (우에노) 히로코지 역을 세우는 데에는 마쓰자카야가, 니혼바시 역 건설에는 시라키야와 다카시마야가, 긴자역 건설을 하는 데에는 마쓰야가 건설비의 일부를 부담하였다.[11]

백화점과 지하철을 접속하는 것에 대해서는 지하철 측에서도 새로운 손님을 늘리는 방법이 되지 않을까 하는 기대에 적극적으로 움직였다. 쇼와 7년 12월에 아사쿠사에서 교바스京橋까지 개통할 때에는 백화점이 있는 역에서 3회까지 도중 하차가 가능한 '백화점 순회 승차권'을 발매한다. 지하철이 긴자까지 연장된 것은 그로부

11 東京地下鐵道株式會社 編, 『東京地下鐵道史』, 쇼와 9년, 實業之日本社

그림 8-1 (위) 마쓰야 1층의 철도안내소(『마쓰야 백년사』)
(아래) 쇼와 12년(1937) 2월 25일, 한큐 결혼상담소의 신문광고(『주식회사 한큐백화점 25년사』)

터 2년 후이다.[12] 쇼와 10년1935에 발행된 아베크를 위한 산보안내 책자에는 데이트 코스의 하나로서 '지하철로 5대 백화점 순례'가 소개되어 있다. 코스는 긴자의 마쓰야에서 약속해 만나는 것으로 시작한다. 쇼핑을 한 후, 지하철을 타고 니혼바시 역으로 이동, 거기에서 다카시마야와 시라키야에 들어가고, 나아가 미쓰코시앞 역에서 미쓰코시, (우에노) 히로코지 역에서 마쓰자카야로 장소를 옮겨간다. 그런 도중에 다카시마야에서는 기념 사진을 찍고, 미쓰코시에서는 휴게실에서 무료 차를 마시면서 숨을 돌린다. 그리고 마쓰자카야에서 점심을 먹고, 다시 긴자로 돌아오는 코스이다. '지하철의 편리한 백화점 순회권만으로 비가 와도 우산이 필요 없는' 산보가 가능하였던 것이다. 참고로 표는 한 사람에 15전이었다.[13] 이것을 통해 도시에 사는 사람들의 일상생활 속에 백화점이 어떻게 뿌리내렸는지 그 모습을 엿볼 수 있다.

쇼와 초기에 간다에서 신주쿠로 이전을 결정한 이세탄이 쇼와 6년1931부터 시작한 증자 신주식 취지서에는 당시 백화점의 상황을 분석하여 "고객의 입장에서 보자면, 단지 구매하는 절차와 시간을 줄이는 것만이 아니라, 이를 일종의 오락장이자 사교기관으로까지 이용한다"[14]라고 기록하고 있다. 오락장이나 사교기관으로 이용되었던 백화점의 모습은 아베크족의 데이트 코스로 추천되었던 백화점의 모습과도 겹쳐지는 부분이 많을 정도로 잘 맞물린다. 적극적으로 대중을 고객으로 삼고자 했던 쇼와 초기 백화점은, 도쿄의 명소로 오락장, 사교기관, 데이트 코스, 산보로, 도시 속의 휴게소, 그리고 쇼핑을 즐길 수 있는 공간으로서 사람들에게 사랑 받는 존재가 되었다. 다시 말해 백화점이 극히 일부의 사람들만이 들어갈 수 있는 다가가기 힘든 내용을 가진 존재가 아니라, 도시생활 속에 녹

12 帝都高速度交通營團, 『昭和を走った地下鐵』, 쇼와 52년.

13 앞의 책, 『らんでぶうのあんない 流線型アベック』.

14 伊勢丹創業七十五周年社史編纂委員會 編, 『伊勢丹七十五年の步み』, 쇼와 36년, 伊勢丹.

아든 시설이자 즐거운 장소로 널리 사람들에게 인식되었던 것이다.

2. 유행과 문화의 발신기지

쇼와 초기에 백화점은 도시생활에서 빼놓을 수 없는 존재가 되었다. 백화점의 이러한 경향은, 백화점이 적극적으로 대중을 상대하기 시작하였던 다이쇼가 끝나갈 무렵부터 더욱 두드러졌다. 그런데, 도쿄의 백화점 가운데에는 관동대지진 직후에 지금까지 본거지로 사용하던 장소를 다른 곳으로 옮긴다거나, 같은 도쿄에 지점을 늘리는 경우가 나타난다. 이세탄이 철도 승하객이 많은 신주쿠로 본거지를 옮긴 사실은 이미 지적하였는데, 이 시기에 백화점이 경쟁적으로 이전하였던 장소, 혹은 지점을 늘렸던 장소로 눈에 띄는 곳은 긴자이다. 긴자, 신주쿠 모두 사람들의 통행이 많은 번화가라는 점에서 공통적이다.

긴자에는 그때까지 백화점이 하나도 없었는데, 다이쇼 13년1924 12월 1일에 마쓰자카야가 긴자에 진출해 긴자점을 선보인 이래 그 뒤를 이어, 다이쇼 14년 5월 1일에는 그때까지 간다 이마가와바시今川橋에 있었던 마쓰야가 긴자로 본거지를 옮긴다. 그리고 쇼와 5년1930 4월 10일에는 미쓰코시가 긴자 지점을 개설한다.[15] 몇 년 사이에 3곳의 백화점이 긴자로 진출한 것이다. 번화가로의 진출이라는 점에서는 권공장이 전성기를 자랑하던 메이지 후기인 35년1902에 도쿄 시내에 있었던 27개의 권공장 가운데 7개가 긴자 거리에 들어선 상황과도 비슷하다. 그 당시의 권공장은 도시 속의 유람장이나 오락장처럼 즐거운 장소로서 사람들에게 인식되었던 시대였다. 그리

15 松坂屋70年史編集委員會 編, 『松坂屋70年史』, 쇼와 56년. 앞의 책, 『松屋百年史』. 三越 『株式會社三越 85年の記錄』, 헤이세이 2년.

고 다이쇼 후기에서 쇼와 초기에 걸쳐서 백화점도 무료로 이용할 수 있는 유람장이라는 이미지를 갖고 있었다.

긴자에 진출한 마쓰자카야에서는 서양 가구, 전기 기구, 악기, 귀금속, 도서 등 시류를 타고 이에 맞는 상품 부문을 충실하게 갖추는 데 노력하였다. 또한 마쓰야에서는 간다 이마가와바시 시대와는 비교할 수 없을 정도로 포목에서도 고급품이 많이 팔려, 이익률이 향상되는 등 실적이 비약적으로 발전하였다고 한다. 마쓰야가 중점을 두고 실시한 것은 도안관계의 부문을 충실히 한 점, 그리고 유행에 민감하게 대응한 것이다. 다이쇼 15년1926에는 '유행연구회'를 발족시킨다. 마쓰야는 긴자라는 지명을 파는데에도 적극적이었는데, 쇼와 5년1930에 유행한 '도쿄행진곡', 6년에 유행한 '긴자 세레나데'의 레코드를 사서 찻집이나 술집에 돌렸다. 그런 가운데 나눠준 레코드를 그 가게에서 틀고 있는지 않는지 돌아다니며 살핀 뒤, 음반을 틀고 있으면 신이 나서 팁을 호탕하게 쓰는 간부 사원도 있었을 정도였다. 미쓰코시에서는 대지진 후 긴자가 이전과 같은 구매력이 있는 가족이 찾는 거리가 아니라, 젊은 남자가 많이 오는 거리로 변했다는 판단에서, 개점 시간을 변경한다. 오전 중에는 거의 손님이 없는 점, 시간에 따라 손님층에 차이가 있는 점 등을 고려해서, 1층의 식료품 매장만 이른 시간부터 열고, 그 나머지는 오전 11시부터 개점하도록 했다. 그리고 야간은 오후 9시까지로 늦은 시간까지 문을 열었다.[16] 긴자에 진출한 3곳의 백화점은 각기 독창적인 방법을 썼는데, 모두들 유행을 의식하고서 시류에 맞는 상품개발에 주력했다.

쇼와 초기는 '긴자'라는 명칭이 한 지역을 가리키는 고유명사에서, 번화한 지역을 가리키는 보통명사처럼 사용되었던 시대이기도

16 앞의 책, 『松坂屋70年史』. 앞의 책, 『松屋百年史』. 市丸八郎, 「銀座支店の經營」(앞의 책, 『日本百貨店總覽 第一卷 三越』).

하다. 긴자 이외의 지역에서 'ㅇㅇ 긴자'라는 이름을 가진 상점가가 나타나기 시작한 것은 메이지부터 다이쇼에 걸쳐서인데, 이와테현岩手縣 가마이시釜石나 가고시마鹿兒島, 지바현千葉縣 다테야마館山, 야마가타현山形縣 쓰루오카鶴岡 등에서 긴자를 딴 이름들이 보이는데, 쇼와 6, 7년부터 10년경에는 더욱 급격하게 증가하여, 전국 각지로 번져간다.[17] 이시즈미 하루노스케石角春之助가 긴자의 동향을 기록할 목적으로 문헌이나 구전, 스스로 발로 모은 자료를 가지고 쇼와 초기의 긴자가 번성한 이유에 대해 다음과 같이 지적하였다.[18]

번화가의 번창 정도를 재는 척도로 일반적으로 여자, 구경거리(흥행), 식도락 등 세 가지를 꼽는데, 이들 삼박자가 다 갖춰져야 비로소 번화가로서 요건을 구비한 것이다. 그렇지만, 긴자와 같이 환락의 모습 한편에는 상업지로서 묵직한 존재감이 있는 장소인 까닭에 백화점도 당연히 그 척도의 하나로 꼽지 않으면 안 된다. 아니, 앞으로 대환락가에는 백화점의 존재가 번창의 잣대로서 무엇보다도 중요한 역할을 할 것이다. 왜냐하면, 백화점이 없을 법한 장소는 근대문화를 호흡하는 인텔리 층을 빨아들일 매력이 없기 때문이다. 더구나 긴자가 신사들의 사교장으로서 존재하는 이상 백화점은 다른 의미에서 꼭 필요한 존재인 것이다. 또한 여자들의 입장에서도 백화점은 구경거리 내지는 식도락을 즐길 수 있는 공간이었다. 긴자가 신사들의 사교장이자 국제적인 사교장인 이상, 아사쿠사와 같은 대중적인 민중 오락을 목적으로 하는 것과는 다른 점이 반드시 존재해야 한다.

즉, 긴자는 유행의 선두를 달리는 장소로서 근대문화의 첨단을 달리겠다는 모토를 갖지 않으면 안 된다. 그래서 여자, 구경거리(연극, 영화, 그밖의 모든 흥행물을 포함해서), 식도락 등 모든 것이 고급이며, 기발하고 첨예하며 스마트하기를 요구한다. 물론, 거기에는 대중적인 타협을 필요로 하지 않는다. 아니, 오히려 무리해서라도 대중에게 아첨하려는 것은 긴자가 가진 특수성을 뒤엎는 꼴이 된다. 그러니 긴자는 이들에 대해서

17 木村莊八,『東京風俗帖』, 쇼와 50년, 青蛙房.(식민지 시대 일본인들이 많이 거주하던 지역에서도 이런 현상을 볼 수 있다-역자주

18 石角春之助,『銀座解剖圖 變遷史』, 쇼와 9년, 丸之内出版社

도 어디까지나 고급으로, 울트라 모던으로, 기형적이고 첨예하게 자신의 존재를 유지한다. 그리고 그 첨예하게 모던화된 여자, 홍행물, 식도락이 서로 뒤섞이고, 뒤엉킨 거기에서 세계적인 대환락가가 비롯되는 것이다. 긴자가 대중과 타협하지 않는 점도 바로 거기에 있다.

이시즈미 하루노스케는 긴자가 상업지로 유행을 앞서 달리는 장소인 점을 인식하여, 그러한 지역으로선 대중적인 민중오락을 목적으로 하기보다는 고급스럽고 스마트하며 모던한 홍행물이나 먹거리 장소를 필요로 한다고 보았다. 또한, 긴자와 같은 변화가에는 근대문화를 호흡하고 있는 인텔리 층을 흡수할 수 있는 매력적인 백화점이 무엇보다도 필요하다는 점도 언급하였다. 아사쿠사와 긴자의 커다란 차이도 이러한 관점과 같다. 긴자쪽이 유행을 앞서 간다는 점, 게다가 백화점이 그 중심적인 역할을 해내고 있음을 지적할 수 있다. 긴자가 유행과 밀접한 장소라는 인식에 대해서는 긴자에 진출한 세 백화점인 마쓰자카야, 마쓰야, 미쓰코시의 방침과도 서로 통한다. 메이지 후기에 미쓰코시(미쓰이 오복점)를 비롯한 백화점들이 유행을 만드는 것에 적극적이었다는 사실은 이미 지적하였는데, 쇼와 초기에는 이미 백화점은 유행을 만들어내는 존재라는 인식이 확산되었다고 하겠다.

쇼와 11년1936 10월에 도쿄 시내의 상점가에 대한 조사 보고가 있는데, 이 자료에 따르면 도쿄의 상점 대부분이 걸을 수 있는 범위 안에 고객을 가지고 있는 데 비해서, 긴자의 상점은 비교적 먼 거리에 고객층을 가지고 있으며, 도쿄의 상점가에서 긴자와 견줄 만한 고객층을 가진 곳은 아사쿠사뿐이었다.[19] 백화점도 긴자의 상점가와 마찬가지로, 먼 곳에서 오는 불특정의 사람들을 고객으로 삼고 있다. 불특정 손님들이 많이 모여서, 모던하며 첨단의 유행을 만들

19 東京商工會議所, 『市內商店街ニ關スル調査』, 쇼와 11년 및 같은 회의소의 『東京市商店街調査書』, 쇼와 12년(東京都中央區役所 編, 『中央區史 中卷』, 쇼와 33년).

어내던 긴자야말로, 백화점 건설장소로서 최적의 땅이었다고 볼 수 있겠다. 유행의 선두를 달리는 긴자는 백화점을 필요로 하였으며, 백화점 또한 이러한 성격을 가진 긴자가 점포를 내는데 가장 알맞는 장소라고 평가하였던 것이다. 이로써, 긴자에서 만들어진 유행이 도쿄 전체로, 더 나아가서는 전국 각지로 확산되었다.

백화점이 유행을 만들어내는데 큰 역할을 해냈다는 것은 앞서 언급한 바와 같다. 도쿄와 지방도시의 교류가 아직 그렇게 활발하지 않았던 시대, 지방도시에 세워진 백화점이 지역사회에 끼친 영향력은 상당히 컸다. 백화점이 지방도시에 지점을 설립한 것은 이미 언급했듯이 다이쇼 말기에서 쇼와 초기에 걸쳐서였다. 미쓰코시가 삿포로에 진출하여 지역사회에 미친 영향에 대해서, 홋카이도청北海道廳 상공과의 아오야나기靑柳는 다음과 같이 지적하였다.[20]

> 그러나 일반 소비자의 입장에서 이를 보면, 미쓰코시가 지점을 세웠기 때문에 문화적 생활이라는 면에서 보더라도, 상품의 가격이라는 점에서 봐도, 여러모로 혜택받는 것이 적지 않다. 이 점은 사가미佐上 장관도 매우 기뻐하실 만한 상황이다.
>
> (중략)
>
> 도청의 산업정책이라는 면에서 이 점을 볼 때는 미쓰코시 진출로 인해 도내 각 방면의 산업이 비상한 자극을 받았으며, 일반에게 좋은 영향을 끼쳤다고 여겨진다. 또한 이로 인해 급격한 발전을 보여준 산업도 결코 적지 않은 것 같다. 예를 들어, 종래에는 매우 조악했던 도내의 각종 제품도 이른바 도쿄를 의식하여 개선 개량을 하게끔 자극이 된 것도 미쓰코시의 덕분이다. 홋카이도가 사과에 손을 대어, 이제는 아오모리靑森 사과를 능가하자고 힘을 모으게끔 이끌어 준 것은 미쓰코시의 공로가 크게 작용한 결과이다. 그밖에도 도의 모든 상품의 향상을 도모하고, 수많은 문화적 향상에 이바지해 온 면이 참으로 적지 않

20 앞의 책, 『日本百貨店總覽 第一卷 三越』.

기에 감사해야겠다. 미쓰코시의 진출로 홋카이도 문화는 10년 발전하였다고 평가받는 것도 지나친 칭찬만은 아니라고 믿는다.

삿포로는 미쓰코시의 진출로 인해 문화가 10년이나 발전하였다고 평가하는 사람이 있는 것이다. 마찬가지로 다른 지방도시에서도 미쓰코시가 진출함에 따라 문화가 발전하였다고 생각하는 사람이 있을 듯하다. 가령, 모든 것을 그대로 받아들일 수는 없지만, 가네자와와 다카마쓰에서는 미쓰코시 지점의 차장과 지점장이 다음과 같이 각각 발언하였다. 즉, 미쓰코시의 진출로 인해 "문화 향상, 상품의 고급화 등에서 큰 공헌을 계속 이룩한 점은 식자들도 똑같이 인정하는 바"라든지, "시내 상점이 눈에 띌 만큼 개선되어, 그 서비스도 한 단계 높아졌다. 또한, 물가에 표준 가격이 만들어져 다카마쓰 시가 밝아졌다는 것은 다카마쓰 사람들 모두 이구동성으로 말하는 평이다."라고 술회하였다. 백화점이 도시문화에 미친 영향은 지방도시에 머물지 않는다. 미쓰코시의 신주쿠 지점에 대해서, 당시의 신주쿠 역장이었던 호리오 마사노부堀尾義信는 "신흥 도쿄의 중심이 된 신주쿠 거리는 오늘날과 같은 번영의 출발은 미쓰코시의 진출로 인해 열려졌다고 해도 틀리지 않는다"라며 말버릇처럼 이야기했다고 한다.[21] 이처럼 대량소비사회를 맞이한 쇼와 초기에 백화점은 시대의 유행, 문화를 만들어내는 곳으로 자타가 모두 인정하는 존재가 되었던 것이다.

21 앞과 같음.

3. 도시 시설로서 상점

권공장이 설립된 당시부터 종래의 전통적인 점포 형식인 앉아서
파는 방식과는 다르게 진열판매방식을 취한 사실은 이미 밝힌 바
있다. 그리고 백화점 역시 오복점에서 탈피해 가던 첫 단계에서 진
열판매방식을 채용했던 것은 이미 지적한 대로이다. 어떤 백화점이
든 일찍이 진열판매방식을 채용하였으며, 진열판매방식을 취하는
것이 백화점이라는 이름을 내건 이상 필수 조건인 것처럼 되었다
고도 하겠다. 그 당시 일반적이었던 앉아서 판매하는 방식은, 손님
과 파는 사람의 1대 1 흥정을 전제로 성립된다. 여기서는 파는 쪽
인 주인 내지 점장(지배인)이 고객과 이야기를 해 나가는 가운데, 손
님에게 어울릴 것으로 생각하는 상품을 선정해, 일하는 점원을 시
켜 가게 안쪽에 있는 창고로부터 물건을 가져오게 한 뒤, 손님에게
보여주는 것으로 비로소 매매가 시작된다. 이처럼 앉아서 파는 방
식은 매우 번거로운 판매 방식으로, 이 시대에는 창고에서 옮겨 와
손님에게 보여주는 횟수가 적을수록 솜씨가 좋은 상인이라고 평가
받았었다.

또한 상품에 가격표는 붙이지 않았기 때문에, 같은 물건이라도
얼마만큼 비싸게 팔 수 있는가가 파는 사람으로서는 중요한 흥정술
이 되었다. 가격표에 대해서는, 권공장의 경우 출발 당시부터, 그리
고 백화점화되어 갔던 오복점에서도, 오복점 시대에서 혹은 백화점
화되어 갔던 초창기 시대부터 가격표를 붙여, 정찰제 판매를 실시
한 점도 앞서 밝힌 바 그대로이다. 권공장 초창기 무렵에 벌써 정찰
에서 맘대로 값을 깎아 판매한다든지 하는 것이 벌칙의 대상이 된
다는 규정도 있었을 만큼 엄격하였다.

손님이 자신이 가지고 싶어하는 상품을 자기 스스로 찾고, 골라내는 방법은 상점이 가격표를 붙인 상품을 진열판매하는 것으로 인해 비로소 가능해졌던 것이다. 그리고 진열판매방식을 취하고 있는 상점에서는 많은 손님을 상점으로 끌어들이는 것이 무엇보다도 중요하게 되었다. 좌식판매방식으로부터 진열판매방식으로의 변화와 가격표를 붙여 판매하는 상점은 그 이전처럼 특정한 단골손님만을 상대하던 것으로부터 불특정의 손님을 상대로 하기 시작하였다는 것을 의미한다. 상점이 세워진 곳에서 가까이 사는 주민만을 손님으로 삼는 것이 아니라, 멀리 사는 사람들도 손님으로 생각하게끔 된 것이다.

메이지 38년1905에 발행되었던 『가게 앞 장식술店前裝飾術』[22]에 따르면, 점포 장식에 관련해 주의할 것 중의 하나로 다음의 점을 들고 있다.

> 미리 가게 앞에 장식해 두는 방법을 사용한다면, 군중들이 늘어날 것이며, 이와 함께 살 생각도 없이 상점 내의 진열을 구경하거나 물건값을 물어보는 사람이 많아질 것이다. 상인은 어떤 일이 있어도 단지 구경하는 이들 손님을 귀찮아하지 말 것

여기서는 단순히 구경하는 손님들까지 중요시하지 않으면 안 된다는 점을 지적하고 있다. 이것은 당시, 상품의 구입을 직접 목적으로 하지 않고서 몇 군데의 점포를 다니며, 혹은 쇼윈도에 진열되어 있는 상품을 구경하면서 거리의 떠들썩한 분위기에 휩싸이는 것 자체를 즐기는 사람들이 늘기 시작하였다는 것을 가리키는 동시에, 점포가 이러한 불특정 다수를 손님으로 상대하지 않으면 안 된다는 것도 의미한다.

22 土屋長吉, 『店前裝飾術』, 實業之日本社

메이지 30년1897경에 권공장을 찾은 사람들 가운데는 상품 구입을 목적으로 하지 않고서 점포에 정리되어 있는 물품을 보러 다니는 것 자체를 즐기려는 사람들을 많이 볼 수 있었다. 이들과 비슷한 경향의 사람들이 마치 권공장과 교체하듯 도시의 번화가에 세워졌던 백화점에도 많이 찾았다는 사실은 지금까지 언급한 대로이다. 사람들은 특정의 상품을 사기 위해서 권공장이나 백화점에 온 것이 아니라, 권공장이나 백화점에 와서 비로소 갖고 싶은 물품을 찾아냈다라는 현상이 나타나게 된 것이다. 때로는 충동 구매하는 손님도 보였다. 참고로 안도 고세이[23]는 거의 메이지 말기가 다 되어서 도시를 향락의 대상으로 삼고서 걸어다니는 '거리 구경'[24]이라고 부를 수 있는 행위가 도쿄에서 보이기 시작하였다고 밝혔다. 권공장이나 백화점에 진열되었던 상품을 그냥 쳐다보면서, 그 화려함에 취하는 것을 즐기던 사람들 중에서 거리 구경의 선구자적인 모습을

그림 8-2 메이지 말기의 니혼바시 큰길의 거리 풍경(「건축잡지」 메이지 42년(1909) 8월)

[23] 안도 고세이[安藤更生]; 1900~1970, 미술사학자-역자주

[24] 원문은 街衢鑑賞-역자주

찾아볼 수 있을 것 같다.

메이지 39년1906부터 실시된 시구(市區) 개정의 속성계획에 즈음하여, 간다의 만세이바시에서 교바시에 이르는 도로변 상점들은 흙으로 만든 전통적인 창고를 가진 점포에서 서양풍의 점포로 변해 갔다. 이 때, 점포형식도 앉아서 파는 형식에서 진열판매방식으로 변하는데,[25] 거리 구경을 즐기던 사람들의 행위 이면에는 이러한 건축의 변화도 작용하였을 것이다. 사람들이 거리 구경을 즐기게 된 이상, 그 무렵까지 손님과 파는 사람 사이의 1대1 흥정을 전제로 한 좌식판매방식을 대신해, 손님이 그들 스스로 자유롭게 상품을 보고 고르는 것이 가능한 진열판매방식의 점포 출현이 필요했다. 1대1로 앉아서 파는 점포에서는 구입하려는 목적이 없는 사람이 점포를 찾는 일은 불가능하였다. 이런 의미를 놓고서 볼 때, 권공장과 백화점이 비교적 이른 시기부터 진열판매방식을 채용하였던 점은 중요하다. 메이지 말기에 있었던 시구 개정의 속성계획에 따른 도로 확장 공사로 인해, 상점이 점포를 다시 세워야 했을 때, 권공장이나 백화점이 번창하는 모습을 보고서 진열판매방식을 받아들이기를 결정한 사람도 많았을 것임에 틀림없다.

메이지 말기에 출현한 거리 구경을 즐기는 행위는 이윽고 다이쇼 시대의 '긴부라'로 계속해서 이어져, 좀더 분명한 존재로 부상하였다. 이는 다이쇼 4, 5년1915, 1916 무렵부터이다.[26] 다이쇼 10년 말에는 '긴부라'라는 다방이 긴자에 생겼으며,[27] 적어도 이 무렵에 긴부라라고 하는 행위가 사람들 사이에 널리 인식되었던 것 같다. 그리고, 쇼와 초기에는 도쿄의 긴자를 걸어다니는 '긴부라' 이외에 관서에서는 오사카의 신사이바시스지를 걷는 '신부라'라든가 도톤보리道頓堀의 '톤부라', 교토의 시조四條 길을 걷는 '시조부라', 고베의 모

25 初田亨, 『都市の明治路上からの建築史』, 쇼와 56년, 筑摩書房.

26 初田亨, 「銀ブラは市電にのって 銀座, その街としての歴史」(『銀座101人』, 헤이세이 4년, 時事通信社).

27 安藤更生『銀座細見』昭和16年 春陽堂

토초元町를 걷는 '모토부라' 등의 새로운 말도 생겨났다.[28] 거리 구경이 다이쇼 시대부터 쇼와 초기에 걸쳐서 새로운 도시문화로서 좀더 많은 사람들에게 정착해 갔음을 알 수 있다. 물론, 이들 행위에서 그 중심 역할을 맡은 이들은 도시에서 계속 늘고 있던 도시 월급생활자인 회사원이나 학생 등이라는 점은 다시 언급할 필요가 없을 것이다.

권공장과 백화점이 불특정한 손님을 상대로 하는 상점이라는 점에서 건물 자체에도 사람들의 관심을 모을 수 있는 특별한 방법이 필요했다. 건물 자체가 광고로서 사람들의 주목을 끌지 않으면 안되게 된 것이다. 탑 모양의 집을 건물 위에 올리는 등 특이한 외관의 건물을 가진 권공장이 많이 건설되었던 점, 백화점 건물이 르네상스 양식이나 알 데코 양식을 이용해 화려하게 만들어진 점, 엘리베이터, 에스컬레이터나 냉난방의 설비를 재빠르게 받아들인 점도 이러한 이유에서이다.

권공장은 메이지 전기에 식산부흥이라는 기치를 내세우고, 발명품이나 새롭게 고안된 산업생산품을 진열판매하는 장소로서 출발한다. 처음에는 도쿄부가 나서서 세웠지만, 곧이어 민간인이 설립하는 상점으로 바뀌었다. 민간 경영이 되자 그 성격도 변해 가서, 메이지 후기에는 도시의 번화가에서 눈에 띄게 늘어났으며, 싼 상품을 진열하는 상점으로도 변모하였다. 이 무렵에는 '권공장 물건'이라는 말이 싼 물건의 대명사처럼 사용되기까지 한 것이다. 당시 권공장은 식산흥업과는 전혀 거리가 먼 존재가 되었지만, 그 친숙한 싼값과 번화가로의 진출, 재빠르게 토족 입장을 채용한 것 등으로 인해 누구든지 부담 없이 들어갈 수 있는 점포로서, 도시에 생활하는 사람들에게 즐거움을 선사해 북적거렸다. 사람들은 권공장을

28 橡內吉胤, 『日本都市風景』, 쇼와 9년, 時潮社

일종의 유람 장소로 인식하였던 셈이다.

　오복점이 새로운 형식을 받아들여, 백화점으로 변해 갔던 것도 메이지 후기이다. 그 후, 권공장이 쇠퇴하기 시작한 메이지 말기 무렵에 백화점은 자체 기획으로 박람회를 여는 등, 사람들에게 새로운 시대의 꿈을 전해주는 존재가 되기도 하였다. 권공장에서 팔린 상품이 '권공장 물건'이라고 불려, 권공장이 싼 물건의 대명사였던 시대에, 백화점은 권공장과는 반대로 고급 이미지를 정착시킨다. 백화점은 귀족의 살롱, 혹은 접대소로서의 역할을 가진 시설이었던 '제국극장'과 어깨를 나란히 하는 존재로도 거론된다. 백화점에서 열린 기획행사나 그 곳에서 판매되는 상품은 장차 새로운 시대의 문화적 가정생활에 걸맞은 상품으로서 빼놓을 수 없는 것이라고 사람들은 인식하였다.

　당초엔 생활수준이 높은 사람들을 주요 고객으로 삼아 출발한 백화점도 다이쇼 중기 무렵부터 차츰 대중을 상대하기 시작한다. 특히 관동대지진 이후 각 백화점은 더욱 적극적으로 대중에게 다가가 일용품 판매 등을 하는데, 이때에도 물론 고급 이미지는 남아 있었다. 백화점에 진열되었던 상품이나 백화점에서 개최되었던 각종행사 등을 통해 사람들은 앞으로 있어야 할 문화생활이나 가정의 생활방식을, 단지 머리 속에서만 생각하는 것이 아니라 구체적인 형태로 알 수 있게 되었다. 쇼와 초기의 백화점은 지방에 살고 있는 사람들에겐 도쿄의 명소 가운데 하나가 되었고, 도쿄에 사는 사람들에게는 오락장, 도시 속의 산보로나 휴게소로도 이용되었다. 한편, 백화점에서 만들어낸 유행은 도시생활에 바람직한 앞으로의 문화로서 도쿄 및 전국으로 확산되어 갔다.

　권공장이 근대 도시생활 속에서 소비를 하는 즐거움을 사람들에게 심어주었다면, 백화점은 그 즐거움을 계속 이어받아 그 소비행위를 통해 새로운 근대적인 가정생활을 연출할 수 있게 하였다. 즉, 권공장, 백화점 속에서 사람들은 근대의 도시생활이 지니는 즐거움과 새로운 생활의 구체적인 방식을 찾아내었던 것이다.

후기

번화가의 건물을 통해서 일본 도시가 근세에서 근대로 변모해 가는 과정을 볼 수 있지는 않을까. 번화가야말로 많은 사람들이 모여서, 즐기고, 때로는 현실을 깨닫는 장소이기도 하다. 번화가는 시대의 변화를 잘 반영해 내는 까닭에 도시를 이해하는데 가장 적합한 곳임에 틀림없다. 그런 점을 생각하면서 백화점에 줄곧 흥미를 가져 왔다.

백화점은 내 자신 즐거운 추억이 많이 담긴 곳이기도 하다. 어렸을 적 나를 즐겁게 만들어주었던 것은 엘리베이터, 에스컬레이터이며, 유원지와 비슷하게 만들어진 옥상이었다. 백화점에는 즐거운 꿈이 가득 차 있었다. 그리고, 오늘날 백화점은 미술전 등 수많은 기획행사로 나를 즐겁게 해 준다. 백화점의 기획행사는 요 근래 더욱 성황을 이루게 되었는데, 미술전, 연극 등 곧잘 수많은 화제를 뿌리고 있다. 미술전이나 극장(홀)을 백화점이 개설하는 예는 꽤 이른 시기부터 보이는데, 최근 그 시설은 점점 더 충실해진 느낌이다. 백화점 측에는 미안한 생각이 들지만, 백화점을 즐기는 나의 방법은 상품을 구입하는 것보다도 거기서 이루어지는 혹은 체험하는 것에 있을 듯하다.

백화점은 단지 상점이라는 틀을 뛰어넘어, 유원지 같은 옥상이나 미술관, 극장 등 각종 문화시설을 가지고서, 다채로운 기획행사를 개최하는 것으로 도시문화의 육성에도 커다란 역할을 다해왔다. 일본의 근대 도시문화를 중심이 되어 연출하였고, 추진해 온 것이 바로 백화점이 아닐까 생각한다. 일본 백이 구미의 디파트먼트 스토아의 영향을 받아 만들어진 것은 분명하지만, 구미의 디파트먼트 스토아에서는 바겐 세일의 수가 많을지라도 일본의 백화점처럼 많은 기획행사를 적극적으로 개최하는 예는 별로 볼 수 없다. 이와 같은 일본 백화점의 특징은 언제쯤부터, 어떻게 해서 만들어져왔을까. 또한, 그것이 근대 일본의 도시문화 형성에 어떠한 역할을 해왔을까. 이러한 점들을 생각해 보고 싶다는 것이 이 책을 쓰게 된 계기였다.

이 책을 정리하면서 많은 사람들의 도움을 받았다. 무라마쓰 데지로村松貞次郎 선생, 후지모리 데루노부藤森照信 선생, 요시다 고이치吉田鋼市 선생, 후지오카 히로야스藤岡洋保 선생, 오카와 미쓰오大川三雄 선생, 하시쓰메 신야橋爪紳也 선생들로부터 귀중한 자료를 제공해 받았다. 도쿄도공문서관(東京都公文書館), 도쿄도립중앙도서관(東京都立中央圖書館), 도쿄도중앙구립 교바시도서관(東京都中央區立京橋圖書館), 오사카부립 나카노시마도서관(大阪府立中之島圖書館)에서는 사료 열람 등 많은 신세를 지었다. 또한, 미쓰코시, 다카시마야, 마쓰자카야, 마쓰야, 이세탄, 한큐, 도큐, 소고우, 다이마루 등 각 백화점의 홍보실 및 자료실 등에서 제공해 받은 자료도 많다. 그 중에서도 미쓰코시 자료편찬실의 마쓰자와 메구미[松澤惠] 씨에게는 참으로 많은 신세를 졌다. 이 글을 빌어 감사를 전한다.

백화점에 대해서 도시문화의 관점에서 연구해 보고 싶다고 생각한 지 벌써 5년 이상이 경과하였다. 그 동안, 고우가쿠인 대학 야마자키 히로시山崎弘 선생한테서는 많은 가르침을 받았다. 그리고, 자료수집을 하는 과정에서는 당시 대학원생이었던 가토 신야加藤眞哉

군, 무라시마 마사히코村島正彦 군의 협력을 받았다. 원고 작업에 뛰어들 초기 단계에서 내가 사고를 당한 일도 있어서, 완성은 예정보다도 많이 늦어지고 말았는데, 그 동안 시종 귀중한 조언과 격려를 아낌없이 해 주신 산세이도三省堂의 마쓰모토 히로키松本裕喜 씨에게 깊은 감사의 말을 드리고자 한다.

1993년 10월

하쓰다 토오루

문고판을 위한 저자 후기

이 책을 출판한 해(1993년)을 끼고 십여년간 일본의 백화점은 크게 변해 왔다. 도쿄 이케부쿠로池袋에는 그때까지 정체해 있던 파르코가 젊은 사람들을 상대로 한 상품을 갖춰 각광을 받았으며, 세이부에서는 미술관을 만들어 도시, 근 현대를 대상으로 한 많은 기획전을 개최하여 주목을 끌었다. 그리고 백화점이 활성화되어감에 따라 이와 함께 이케부쿠로 거리 자체도 활기가 돌기 시작하였다. 신주쿠의 미쓰코시에서도 미술관이 만들어졌다. 시부야 도큐東急에서는 분카무라文化村가 만들어져, 연극이나 영화, 미술전 등을 즐길 수 있게끔 되었다. 또한, 파르코나 세이부가 시부야에 진출하여, 거리의 번화함을 한층 더 높였다. 도시의 재개발에서도 백화점이 중요한 역할을 하였던 것이다.

활기가 도는 백화점을 찾아볼 수 있게 된 이 무렵, 여전히 북적거림을 자랑하고 있던 전통적인 백화점 옥상을 찾은 적이 있다. 백화점 옥상은 어린 시절의 나를 어느 곳보다도 더 즐겁게 해 주었던 추억의 장소였다. 하루 종일 우에노에서 니혼바시, 긴자, 시부야, 신주쿠를 걸어다녔지만, 백화점이 다시 각광 받기 시작하였던 옥상은 나로서는 무척 쓸쓸한 곳으로 비쳐졌다. 일부 백화점 옥상에는 가족 동반으로 즐길 수 있는 시설도 있었지만, 일요일이 아닌 평일이라는 점도 있어서 그런지 가족을 데리고 온 손님은 거의 없었다. 그것보다도 내 인상에 남은 것은 회사원으로 보이는 3, 40대 남성이

의자에 앉아서 낮잠을 자는 모습이었다.

　새롭게 만들어진 시부야의 백화점에도 가 보았는데, 거기에 옥상은 있었지만 놀이시설은 전혀 없었다. 그리고 옥상에는 어느 한 사람도 없었다. 건물 안을 다시 한번 둘러보니, 그 곳을 찾은 사람들은 많았는데, 대부분 10대 후반에서 20대 젊은 사람이라는 사실을 깨달았다. 이러한 점을 생각하면서 몇 군데 백화점을 둘러보자, 각 백화점은 제각기 젊은 사람들이나 고령자 등 고객의 연령층을 좁혀서 대응하고 있다는 사실도 알 수 있었다. 예전의 백화점은 가족 동반의 손님이 찾기 쉽게끔 시설을 갖춰 가는 것으로 발전해 왔지만, 현대 백화점으로서는 가족 동반으로 찾는 손님을 주요 대상으로 삼지 않게 된 것이다. 현대 백화점 입장에서는 더 이상 옥상은 그다지 중요한 장소가 아닌 셈이다. 그렇지만, 이런 점은 반대로 현대에서도 백화점이 도시를 비춰내는 시설로서 유효한 존재라는 사실을 나에게 가르쳐 주었다.

　그리고, 최근 몇 년 백화점은 다시 크게 변하려고 하고 있다. 어느 백화점에서는 미술관을 폐쇄하였으며, 또 어느 백화점에서는 일부 지점을 없애기로 하였다. 오래된 백화점의 하나인 시라키야(도큐 니혼바시 지점)가 폐점할 당시에는 며칠 동안 신문이 이 기사를 크게 다루었다. 전통적인 백화점이 문을 닫은 사실은 사회의 큰 화젯거리가 되었다. 도시가 어떻게 변화해 왔는지, 또는 앞으로 어떤 모습으로 변해 갈 것인가, 일본의 근대 도시생활이 어떤 것이었는지 등등을 생각하는데 백화점은 아직 많은 정보를 제공해 준다.

　문고본을 내는데 있어서 문장의 일부에 조금 손을 보았다. 표제어도 몇 개인가 늘렸지만, 문장을 이해하기 쉽게 하기 위한 수정으로, 본문의 흐름을 바꾼 것은 없다. 다행스러운 일은 바로 도시나

사회를 연구하고 있는 요시미 순야吉見俊哉 씨가 해설을 써 주신 점이다. 요시미 씨의 연구는 나도 일찍이 주목하고 있었으며, 저서 등을 통해 많은 점들을 배워왔다. 그러한 요시미 씨가 해설을 써 주신다는 사실을 참으로 기쁘게 생각한다. 또한, 출판을 하는데 지쿠마 소보筑摩書房의 구마자와 도시유키熊澤敏之 씨와 마치다 사오리町田さおり 씨에게 많은 신세를 졌다. 다시 한번 감사의 말을 전하고자 한다.

『백화점』과 백화점 연구의 현재

요시미 순야吉見俊哉

19세기말 이후 도시공간의 역사를 생각하는 사람들에게 백화점=디파트는 가장 흥미로운 분야이다. 그렇지만, 아직 다 연구되었다고 할 수 없는 연구 대상이다. 건축사나 상업유통사, 광고와 마케팅, 디자인에서 소비와 젠더(性), 근대성이라는 테마에 이르기까지 이 공간은 도시에 일으킨 수많은 시대의 문제들을 집약하고 있었다. 일본에 있어서도 메이지 30년대에 미쓰코시가 본격적으로 백화점에 발을 담근 이래 백화점은 오랫동안 도회생활을 대표하는 공간으로 이어왔다. 이 책의 저자는 이미 『도쿄 도시의 메이지(東京 都市の明治)』에서 권공장에 대한 선구적인 연구를 발표한 이래, 건축사의 관점을 축으로 백화점과 상업공간의 근대 일본도시 속 발전과 변용을 꼼꼼하게 분석하는 작업을 진행해 왔다.

특히, 권공장에서 백화점으로의 역사에 초점을 맞춘 이 책은 일본 디파트 연구에 든든한 기반을 다져 준 필독 문헌이 되었다. 저자는 여기서 메이지 10년대부터 20년대에 걸쳐서 권공장의 탄생과 발전, 30년대 이후의 백화점 성립과 고객 전략의 전개, 나아가 다이쇼 말기 이후 터미널 디파트의 탄생에 이르기까지 백화점사를, 주요 대상으로 도쿄의 미쓰코시, 시라키야, 마쓰야, 마쓰자카야, 다이마루 등에 초점을 두고서 자세하게 정리하였다. 그 중에서도 유난히 흥미로운 점은 백화점이 근대 일본의 도시 속에서 구체적으로 어떠한 공간이었는지를 사람들의 행락 체험과 연결시켜 보여준 점이다. 이러한 관심에서 하쓰다는 백화점이 언제쯤부터 어떠한 공간적인 장치를 끌어들이게 되었는지 주목하고 있다.

예를 들어, 일본의 백화점은 메이지 30년대부터 40년대 전반에 걸쳐 앉아서 파는 방식에서 진열판매방식으로 조금씩 전환하게 되는데, 이 무렵 진열판매를 보완하는 장치로서 쇼윈도와 휴게실이 함께 설치된다. 먼저, 미쓰코시에서는 메이지 33년1900에 본점 전체를 진열판매화한 데 뒤이어, 메이지 36년에는 점포의 장식연구를 위해 도요이즈미 마스미豊泉益三를 뉴욕에 파견, 다음해에 쇼윈도를 설치한다. 시라키야에서는 메이지 36년에 신점포를 건설할 무렵 전 점포를 진열판매를 실시, 중앙 출입구 좌우에 쇼윈도를 함께 설치하였고, 마쓰자카야는 메이지 40년1907, 다이마루는 메이지 41년에 점포의 총진열판매화와 쇼윈도 설치를 행한다. 마찬가지로 미쓰코시에서는 메이지 33년에 휴게실을 만들어 고객의 휴식과 약속장소로 이용할 수 있게 하였다. 마쓰야는 메이지 40년, 다이마루는 메이지 41년, 시라키야는 메이지 44년 연달아 점 내에 휴게실을 설치한다. 하쓰다는 이러한 전개를 쫓아가면서 이 시기, 도시시설로서 백화점이 단지 진열판매방식으로 바뀐 것만이 아니라 공중의 쉼터를 함께 만들어갔던 점을 중시하였다.

하쓰다가 주목한 것은 쇼윈도나 휴게실만은 아니다. 엘리베이터와 에스컬레이터, 식당, 옥상정원도 백화점으로서는 빼놓을 수 없는 장치였다. 그 중에서도 식당과 옥상정원은 일본의 도시문화로서 백화점의 특징을 결정짓는 중요한 요소였다. 하쓰다에 따르면, 시라키야에서는 메이지 36년1903에 건물을 개축할 당시 목마와 시소 등 완구를 설치한 놀이터를 만드는데, 다음해 그 일부에 팥죽, 메밀 국수, 초밥 등의 가게를 열었다. 본격적인 식당이 백화점 안에 모습을 드러낸 것은 메이지 40년대 이후로 시라키야에서는 메이지 44년, 가설로 지은 점포가 개량되어 100명이나 되는 손님들이 들어갈 수 있는 본격적인 식당이 탄생한다. 마찬가지로 메이지 40년에는 미쓰코시와 마쓰야가, 메이지 41년에 다이마루가 점 내에 식당을 개설한다. 그밖에 옥상정원의 설치가 진행된 것도 메이지 40년대 이후이다. 미쓰코시가 '공중정원'이라고 명명한 옥상정원을 개원한 것은 식당 개설과 같은 메이지 40년의 일이었다. 같은 해 마쓰야는 '유람소'라고 이름 붙인 전람소를 설치하여 앉을 곳을 만들었다. 교토의 다이마루는 다이쇼 원년, 점포 신축을 즈음해서 옥상에 롤러스케이트장과 음악실을 설치한다.

그리고, 이러한 각각의 변화를 전부 포함한 것으로 백화점 건물을 서양풍으로 건축한 경향을 들 수 있다. 하쓰다에 따르면, 이 변화는 메이지 40년대 이후 천천히 진행되다가 다이쇼 시대가 되면서 본격화되었다고 한다. 예를 들자면, 마쓰야는 메이지 40년1907, 간다 이마가와바시今川橋점을 전통적인 창고형 건물에서 목조 3층짜리 서양풍 건축으로 개축한다. 미쓰코시도 같은 메이지 41년에 목조 3층의 가설영업소를 니혼바시에 건설할 때, 그때까지 검은 옻칠의 건물을 서양풍 건축물로 바꾼다. 다이마루도 같은 해, 도오리하타고초通旅籠町에 있었던 점포를 다시 치장하여 '전부 청동판'의 서양풍 건물로 하였다. 그리고 다이쇼 3년, 미쓰코시는 지상 6층, 지하 1층의 호화스러운 '르네상스식'의 새로운 본점을 완성시키는데. 그때의 장관은 '수에즈 운하 동쪽으로 제일 최고'라고 불릴 만한 것이었다. "건물 내부의 매장에는 중앙부에 폭 6칸 반, 깊이는 10칸의 계단을 배치한 대형 홀이 만들어진다. 홀은 1층에서 5층까지가 바람이 시원스레 빠지게끔 되어 있었으며, 대리석으로 만든 10개의 코린트식 거대한 기둥들이 놓여 있었으며, 그 위에 아치가 이어져 있었다. 건물 외관 및 내부에 거대한 기둥을 가짐으로써 좀더 건물을 화려하게 만들었다는 점으로 보자면, 단지 르네상스 양식이라고 하기보다도 바로크 양식을 가미한 (네오) 르네상스 양식"이라고, 하쓰다는 내부의 모습을 묘사하였다. 이러한 미쓰코시의 움직임에 영향을 받아, 우에노의 마쓰자카야는 다이쇼 5년1916, 시라키야는 다이쇼 6년 등 많은 백화점이 호화로운 서양풍의 건축으로 점포를 건설해 갔다.

이상의 개략적인 그림을 통해 밝혀진 것은 일본 백화점이 바로 러일전쟁 후에 해당하는 메이지 40년 전후부터 일제히 그러한 건축적인 특징을 갖춰, 오늘날에도 '디파트'라든지 '백화점'이라는 말에서 그려지는 공간을 구성하게 된 것이다. 일본에서 '백화점의 탄생'은 독특하게도 러일전쟁 시기의 도시문화 속에서 탄생하였다. 이 책은 이런 의미를 여러 각도에서 고찰하고 있다. 여기서 특히 중요한 것은 가족적인 유람 장소로서 백화점을 바라본 시점이다. 메이지 말기 이후 백화점은 아이들을 데리고 온 부인들이 하루 종일 즐길 수 있는 장소로 변모해 간다. 실제로 이 책 안에서도 특히 시사하는 점이 많은 부분은, 이러한 백화점이 가족적인 유람장이 되어 가는 과정을 다룬 제5장에서 제6장에 걸친 기술이다. 그리고, 결론부에 해당하는 제8장에서, 필자는 '백화점이 지닌 유람장적 성격은 확실히 확대되어 갔다.'는 점을 재확인한다. 이로 볼 때, 쇼와 시대까지 백화점은 도쿄에서 없어서는 안 될 관광명소가 되어, 신문에서는 "디파트는 하나의 공원이자, '민중의 산보로'가 되었기에, 그 안에 직업소개소나 결혼소개소를 두는 건 어떨까라는 의견까지 보내왔다"고 할 만큼 인기가 있었다.

이러한 분석을 통해, 이 책이 제기하는 중요한 논점 가운데 하나가 분명해진다. 저자는 이미 『도쿄 도시의 메이지』에서 권공장에 대해 논할 무렵부터, 이 메이지 10년대부터 20년대에 걸쳐서 전성기를 구가하였던 진열판매의 공간이, 도시 속의 유람장이라는 성격을 짙게 가지고 있었다는 점을 강조하였다. 이 책에서도 권공장이 '상업'의 공간이라기보다도 '유람'이 공간으로서 널리 받아들여진 점을 강조한다. 특히, 이렇게 인식되어진 것은 실제로 유원지적 시설을 갖추고 있었던 초기 권공장만이 아니라, 좀더 상업적인 성격을 가지고 있엇던 후기 권공장에서도 마찬가지였다는 점, 즉 그 당시까지는 찻집이나 휴게소를 갖추지 않아도 상품을 보며 다니는 것 자체를 즐겁게 경험할 수 있었음을 뜻한다. 그렇다고 한다면, 이러한 메이지 권공장의 유람성과 다이쇼 이후의 백화점이 확대시켜 나갔던 유람성은 어떻게 연속되며, 어느 점이 다른 것일까? 예를 들어, 벤야민이 파리의 파사쥬[1]에 대한 언급에서 포착한 것처럼 근대도시 속의 유보성(遊步性)은 근대 도쿄에서 이것이 어떻게 변화 수용되었고, 어떻게 자리매김될 수 있었을까. 이 책의 독자들도 꼭 생각해 보았으면 하는 점이다.

그렇다면 여기서 하쓰다 이외, 최근 백화점 연구의 몇 가지 흐름에 대해서도 간단히 언급해 두고 싶다. 일본 안에서 하쓰다와는 다른 시점에서, 오히려 백화점이 어떻게 해서 유행을 리드하였고, 소비를 조직화해 가려고 했는지를 미쓰코시의 유행전략에 초점을 맞춰서 살펴본 연구로 진노 유키(神野由紀)의 『취미의 탄생』(勁草書房)이 있

[1] 비를 피할 수 있는 천장이 설치되어 있는 작은 아케이드 내지 상점가—역자주

287

다. 진노는 저서에서 '취미'라는 말이 메이지 40년경부터 테이스트 (Taste), 기호의 의미로 신문이나 잡지, 회화 가운데 자주 사용하게끔 된 점에 주목한다. 미쓰코시의 활동은 이렇게 부상한 '취미=테이스트'라는 말을 축으로 사람들의 소비감각을 리드해 가려고 한 점이었다.

진노는 미쓰코시의 활동 가운데에서도 PR지가 해낸 역할과 각종 기획행사를 뒷받침하면서 미쓰코시 취미 보급을 촉진시켰던 학자, 문화인들의 살롱 활동에 주목한다. 한편으로, 미쓰코시는 메이지 32년1899에 최초의 PR지 「하나고로모(花ごろも)」를 간행한 이래, 각종 책자를 차례차례 발행하여 메이지 36년부터는 「지코우時好」를 정기적으로 간행한다. 이들 PR지에는 유행에 관한 논문이나 문예작품을 저명인들이 집필한 부분과, 포목의 무늬에 유행이 있다는 의식을 고객들에게 심어주기 위해 상품 카타로그적인 부분 등 두 가지 요소가 함께 포함되어 있었다. 이러한 두 가지 요소를 공유하는 토대 위에서 '미쓰코시'라는 장소에 대한 이미지를 넓혀 나갔던 것이다. 사실, 이들 잡지에는 가끔 '미쓰코시 점 내 견물기(三越店內の見物記)'라는 제목이 붙은 에세이가 게재되는데, 이것은 '미쓰코시에 내점한 손님이 매장이나 휴게실, 식당 등을 둘러본 감상을 파노라마풍으로 써 묶은 것으로 영업안내도 겸한 것'이었다. 「지코우」는 메이지 41년1908에 「미쓰코시 타임즈みつこしタイムス」, 메이지 44년부터는 「미쓰코시」로 바뀌었지만, 이들 디자인을 담당한 이는 스기우라 히수이杉浦非水였는데, 그로 인해 미쓰코시 이미지의 비주얼적인 연출은 더욱 세련되어진다.

이처럼 미쓰코시가 러일전쟁 이후 도시인의 문화적 테이스트를 연출해 나가는 선도적인 역할이 가능해진 배경의 하나로 진노가 자

세하게 논한 '유행연구회(유행회)'의 활동이 있었다. 유행회는 미쓰코시가 '의상, 세간 등의 유행, 사회풍속의 경향 등을 연구하고 검토하여 미쓰코시에 어드바이스를 한다'라는 목적으로 학자, 예술가, 저널리스트 등을 모아 메이지 38년1905에 결성한 조직이다. 그 활동은 주로 포목의 무늬나 문예작품의 현상모집과 심사, 전람회와 강연회의 개최, 유행에 관한 연구 등이었다. 예를 들면, 이 유행회에 의해 매년 봄과 가을에 미쓰코시에서 열린 옷감 모양 현상공모는 그 계절의 유행을 좌우하는 커다란 영향력을 가진 이벤트였다고 하며, 다이쇼 3년1914 이후가 되면 광고의장 전람회, 연극에 관한 전람회, 에도 취미 박람회, 여행에 관한 전람회, 산수(山と水) 전람회 등 미쓰코시 점 내의 이벤트를 차례차례 주최해 나갔다.

유행회에 관여한 사람들에는 이와야 사자나미嚴谷小波, 이시바시 시안石橋思案; 1867~1927, 문학가], 마쓰이 쇼오우松居松葉; 1870~1933, 극작가, 연출가], 이노우에 센카보우[井上劍花坊; 1870~1934, 센류(川柳) 시인으로 1905년 잡지 「川柳」를 창간] 등 문화인의 이름들이 보이는데. 이 모임이 발족하게 된 복선으로 진노가 주목한 것은 오자키 고우尾崎紅葉와 히비 오스케日比翁助의 교류이다. 진노에 따르면, 미쓰코시와 코우의 관계는 메이지 32년 미쓰코시 최초의 PR지 「하나고로모」에 고우가 단편소설을 기고할 무렵부터였다. 그 후 고우는 의뢰에 응해 수차례 미쓰코시를 위해 소설이나 노래를 써서, 메이지 34년에는 스스로 새로운 PR지 편집에도 관여한다. 이와 같이 고우와 미쓰코시의 관계는 가끔 단편 작품을 기고하는 수준이 아니었다. 겐유사硯友社 시절부터 고우의 친구이자, 역시 미쓰코시의 문화전략에 깊이 관여해 갔던 이와야 사자나미가 술회한 것처럼, 고우는 '세간의 유행이라는 것에 대해 무척 주의해서', '스스로 유행을 만들려고 하는 것'에 고민을 많이 하였지만, '자기 자신이 유행 그 자체'이기도 하였던 것이다. 이러한 고우는 '유행을 만들어 내어, 유행 그 자체가 되지 않으면 안 되는' 미쓰코시로서도 없어서는 안 될 대변자였다.

진노에 따르면, 미쓰코시가 고우에게 기대하였던 테이스트 메이커로서의 역할은 메이지 36년1903 고우의 사후, 곧바로 그의 주변 인맥을 모아 유행회의 활동으로 결실을 맺는다. 그리고, 이 유행회를 기점으로 미쓰코시는 에도 취미연구회, 아동용품연구회 등 각종 모임을 조직하여, 지식인들의 발언을 자기들의 기업 이미지에 슬기롭게 접목시켜 나간다. 바야흐로 '유행'은 단지 백화점의 상업적인 전략의 산물이 아니라, 쓰보이 마사고로坪井正五郎의 인류학적(考現學的) 유행조사이든, 다카시마 헤이쟈부로高島平三郎의 심리학적 유행론이든 아카데믹한 담론 속에 자리매김되어야 할 대상이 되었다. 뒤집어 말하자면, '유행'이나 '취미'를 둘러싼 지식인들의 담론이 백화점 마케팅 전략의 일환이 되어갈 가능성도 나온 것이다. 진노는 일련의 연구분석을 통해 유행회의 활동이 '최신유행의 연구'에서 그 다음에 '사람들에게 '좋은 취미'를 지도한다.'라는 방향으로 변질해 갔음을 지적하였다. 그럴 경우, 유행회가 표방한 '좋은 취미'는 미쓰코시의 상품이나 광고, 점포공간과 불가분의 관계를 가지게 되며, 미쓰코시에 가는 행위로 몸에 익힐 수 있는 취미라고 상정해 가는 것이다.

하쓰다 연구와 진노 연구는 몇 가지 점에서 시점이 다르다. 먼저, 하쓰다 연구가 주요 관심을 기울인 것은 백화점의 도시공간으로서 실상(존재방식)이며, 메이지부터 다이쇼에 걸쳐서 일본 도시공간 속의 백화점 문화의 형성과정에 대한 것이다. 그밖에 진노 연구는 오히려 백화점에 있어서 '지(知)'의 형성과정과 그 전파 미디어에 초점을 맞추고 있다. 또한, 하쓰다가 연구를 통해 밝혀내 보여준 것이 백화점이라는 공간의 가족성이라고 한다면, 진노가 밝혀간 것은 백화점이라는 담론의 첨단성이다. 즉, 하쓰다 연구에서 메이지 말기 이후 백화점의 고객전략이, 특히 중산 계층의 가족에 향해 있었음을 지적한 것에 비해, 진노의 연구에서는 그런 가운데 사회적인 테이스트의 창출이라는, 오늘날에는 좀더 세련된 방법으로 전개되는 담론전략의 싹이 보였다는 점을 지적하고 있다.

이러한 차이에도 불구하고, 양자는 일본에 있어서 백화점 문화의 탄생을, 메이지 40년대부터 일반화된 현상으로 포착하고 있다. 이 책에서 메이지 40년대 이후 백화점에 병설되어 가던 식당이 메이지 36년1903에 개설되었던 히비야 공원에 마쓰모토루松本樓 등과 같은 음식점과 동일한 이미지로 받아들여졌다는 사실을 지적한 것을 기억했으면 좋겠다. 히비야 공원은 에도 시대까지 신사 경내였던 땅이 공원화되어 갔던 우에노나 아사쿠사, 시바 등과는 전혀 다른 전통적인 관련이 전혀 없는 토지에 새롭게 건설되었던 서양식 공원이었다. 당초부터 이 공원에는 복장이 불량스러운 사람이 입장하는 것이라든지, 각종 예능인, 행상인 등의 출입이 금지되어 있었다. 그리고, 다이쇼 시대까지는 정장을 갖추고 가족을 동반해 히비야 공원에 외출하여, 마쓰모토루에서 양식을 먹는 것이 시민들의 동경이었다고 한다. 미쓰코시를 시작으로 하는 백화점은 단지 그 자체만이 독립해서 발전했던 것이 아니라, 히비야 공원, 마루젠丸善, 긴자라고 하는 여러 공간과 병행하면서 러일전쟁 이후 도시문화의 변용과정의 하나로서 근대도시 도쿄, 오사카 속에서 대두하였던 것이다.

우리들은 앞으로 하쓰다를 비롯한 이들 연구를, 좀더 몇몇 방향으로 발전시켜가는 것이 가능할 것 같다. 예를 들어, 메이지 말기 이후 백화점의 대두를 동시대 도시문화의 공간적 맥락 속에서 자리매겨가는 작업 같은 것들이 그것이다. 하쓰다가 보여준 것처럼, 이 시대의 백화점은 공원이나 극장, 길거리, 철도를 포함한 동시대의 문화의 토폴로지 그래픽컬(위상기하학적) 편성과 불가분의 관계로 발전해 갔다. 백화점을 하나의 거점으로 하는 대중적인 공간의 네크워크는 도시라고 하는 표상의 질서를 재구성하여, 동시대에 있어서 도회생활의 이미지도 변형시켜 갔다. 백화점 문화의 성립이란 백화점이 자기 스스로를 광고장치로서 발견해 나간 과정이기도 하며, 그것은 또한 도시 속 사람들의 새로운 유보(遊步)의 경험과도 이어졌다.

이밖에 메이지 말기 이후의 백화점이 도대체 누구의 어느 구석을 조준하면서, 갖은 전략을 작동시켜 갔는가도 문제로 남는다. 하쓰다의 논의를 바탕으로 하자면, 일본의 백화점이 타깃으로 삼았던 것은 어린이를 동반한 가족, 즉 여성과 아동이었다. 메이지 말기부터 다이쇼에 걸쳐서 백화점은 여성과 아동의 몸을 소비하는 주체, 소비되는 대상으로 상업적인 표상질서 속에 편성하려고 했다는 것이며, 또한 그렇기 때문에 더욱 그런 것들이 동시대의 문화를 대표하는 위치에 오르게 되었던 것이다. 그렇다고 한다면, 이 시대 여성과 아동의 몸을 둘러싼 근대일본의 도시는 과연 어떤 전략을 펴나가고 있었던 것인가. 말할 필요도 없이, 이 논점은 근래의 젠더 연구의 시점과 깊은 관련을 맺고 있다. 그러한 젠더론적인 시점을 기반으로 하면서 백화점이라는 도시공간의 역사를 다시 파악하는 일은 하쓰다 연구의 한층 발전된 방향이다.

물론 백화점 연구에 대한 앞으로의 가능성은, 이러한 두 가지 방향에서만 머물러서는 안 된다. 실제, 여기서는 언급하지 않았지만, 근래 해외 소비문화사연구에서는 백화점과 부르주아 문화, 젠더, 식민지주의 등과의 관계까지 시야에 넣어서 더욱 다양한 전개양상을 보여주고 있다. 또한, 최근 해외의 일본연구자나 젊은 연구자들 사이에서는 일본의 백화점사를 연구 테마로 고르는 사람들이 늘어나고도 있다. 이 책은 그러한 모든 사람들에게, 그리고 그런 연구자들만이 아니라 백화점에서 쇼핑하기를 즐기는, 바겐세일의 계절이 되면 한번쯤은 백화점에 가지 않고서는 직성이 풀리지 않는 많은 사람들에게도, 틀림없이 중요한, 전체적인 시야와 고찰의 출발점을 제공해주는 책이 되어 갈 것이다.

일본백화점 연표

연도		내용(월,일)	당시 국내외 상황
1611	마쓰자카야	– 나고야 혼마치에 포목방물상(吳服小間物商) 창업	– 1603년, 도쿠카와 이에야쓰의 에도 막부 시작
1612	시라키야	– 에도 니혼바시 2정목에 포목방물상 창업(8월)	
1673	미쓰코시	– 에도 니혼바시 1정목에 오복점 에치고야越後屋 창업(8월)	
1681	미쓰코시	– 원 안에 우물정(井)을 넣고, 다시 삼(三)의 글자를 넣은 점포 마크를 결정	
1682	미쓰코시	– 에도 대화재로 점포 소실(12월 28일)	– 텐나天和 2년, 사치스런 간판금지령
1683	미쓰코시	– 에도 스루가초駿河町로 이전, 환전점 신설 개업(5월) – '현금은 양심가격으로 판매(現金掛け値なし)'라는 간판 등장, 광고지 배포	– 이 무렵 포장지와 라벨이 등장
1687	미쓰코시	– 오복점 맞은 편에 면만을 다루는 면(綿) 전문점 개설(10월)	
1688	미쓰코시		– 1696년, [고후쿠키누吳服絹]간행
1691	미쓰코시	– 오사카 코우라이바시 1정목에 오복점, 환전점 개점	
1717	다이마루	– 교토 후시미伏見 교초京町에 오복점 다이분코야大文子屋 창업	
1726	다이마루	– 오사카 신사이바시스지心齋橋筋에 오복점 마쓰야松屋 개점(11월)	
1728	다이마루	– 나고야 혼마치 4정목에 오복점 다이마루야 개점(11월)	

연도		내용(월,일)	당시 국내외 상황
1743	다이마루	– 에도 오덴마초大傳馬町 3정목에 개점	
1745			– 1760년대 영국의 산업혁명
1757	미쓰코시	– 에치고야의 이름을 딴 가게들이 속출, '틀리지 않도록 조심'이라는 광고지를 배포	
1768	마쓰자카야	– 에도 우에노 히로코지에 '마쓰자카야 이토우 오복점' 개업(4월)	
1783	미쓰코시	– 광고지 50만 매를 배부	
1805	마쓰자카야	– 에도 오덴마초에 목면 도매상 '카메텐龜店' 개업	– 프랑스혁명(1789)
1830	소고우	– 오사카에 중고옷가게 '다이와야大和屋' 창업	– 그 무렵, 교토에서 비로도 생산
1831	다카시마야	– 교토에 중고옷가게 '다카시마야' 창업(1월 10일)	
1852	海外	– 파리에 '봉 마르세' 창업	– 1851년 런던에서 세계 최초의 박람회
1854	海外	– 파리에 '루브르' 창업	
1856	海外	– 파리에 '바자르 드 로텔 드 빌' 창업	
1858	海外	– 뉴욕에 '메시즈' 창업	– 미일수호통상조약 체결(6월)
1859	마쓰코시	– 요코하마 개항지에 오복점과 금은보석가게 개점(6월 1일)	– 요코하마, 나카사키, 하코다테箱館 개항(6월 2일)
1861	海外	– 필라델피아 '워너메이커' 창업	
1863	海外	– 영국에 '화이트레' 창업	
1865	海外	– 파리에 '프랭탕' 창업	– 케이오우慶應 3년, 파리 만국박람회에 막부 참가
1869			– 도쿄와 요코하마 사이 전신 개통 (12월) – 도쿄와 요코하마 사이에 승합마차 개통
1870	海外	독일에 〈웰트하임〉 창업	– 메이지 4년, 교토에 최초의 박람회
1872			– 신바시와 요코하마 사이의 철도 개통, 문명개화의 시작. – 문부성 박람회, 박물관 개관

연도		내용(월, 일)	당시 국내외 상황
1874	미쓰코시	– 본점, 신점포 개축(5월 15일 전통적인 창고형 2층 건물) – 도쿄 니치니치신문日日新聞에 최초의 광고 게재	– 메이지 6년, 빈 만국박람회에 신정부 참가 – 신바시와 아사쿠사를 운행하는 승합마차 등장 – 〈요미우리신문〉 창간
1875			– 보스턴 미술관 개관(1876년)
1876	다카시마야	– 교토점에 최초의 외국인 방문(3월)	
1877	소고우	– 오사카 신사이바시에 '소고우 오복점' 개업	– 도쿄 우에노에서 제1회 내국권업박람회
1878	다카시마야 시라키야	– 외국인 대상 양탄자 전문점 개점(3월) – 신축 개점(11월 1일 전통적인 창고형 1층 건물)	– 최초의 권공장 개업(1월)
1881	다카시마야	– 제2회 내국권업박람회에서 수상	– 도쿄 우에노에서 제2회 내국권업박람회
1882	다카시마야	미술염직품 제작을 위해 화가, 기술자 초빙	– 우에노에 국립박물관 구관 완성
1886	다카시마야 시라키야	– 교토염직품공진회에 미술염직을 출품, 입상 – 오복점 최초의 양복점 개업(10월 1일)	– 황후가 양장을 함
1887	다카시마야	– 교토점 무역부 설립(11월), 진열판매 개시	– 도쿄미술학교, 도쿄음악학교 창립
1888	다카시마야	– 화공실(畵工室) 개설(3월) 화가 입점. 자수(刺しゅう)공장 개설 – 바르셀로나 만국박람회에 최초로 미술염직품을 출품, 수상	– 〈도쿄아사히〉〈오사카마이니치〉창간 – 도쿄 천문대 완성 – <기미가요君が代> 악보 완성
1889	시라키야 마쓰야	– 맞춤 양복을 배달하기 위한 마차 6대 구입 – 파리 만국박람회에서 수상 – 국회의사당의 의원 의자 및 장관실 등을 수주 – 도쿄 간다 이마가와바시에 마쓰야 오복점 개점(12월 21일)	– 대일본제국헌법 공포(2월) – 파리 만국박람회, 에펠탑 완성
1890	시라키야 다카시마야	– 점포 안에 전등(5월) – 군함의 천황기, 황후기, 황태자기, 황족기를 제조	– 동경 우에노에서 제3회 내국권업박람회 – 〈교육칙어〉 발포
1892	시라키야	– 전화를 설치(2월)	
1893	미쓰코시 다카시마야	– 오복 우표 발행 – 무역점 설립(6월 1일), 글라스 케이스 판매	– 시카고 콜럼버스 만국박람회 – 오사카와 고베 사이에 전화 개통

연도		내용(월,일)	당시 국내외 상황
1894	다카시마야	– 벨기에, 프랑스 만국박람회에서 수상	
1895	미쓰코시	– 다카하시 요시오高橋義雄 이사 취임(8월) – 본점 2층을 진열판매(11월) – 의장실 신설(12월), 시마자키 류우島崎柳塢 등 유명 화가 입점	– 교토에서 제4회 내국권업박람회 – 교토에 일본 최초의 시가전차 개통
1896	미쓰코시 다카시마야	– 〈다테 모양〉 발표, 오사카점 진열판매 – 교토점에 쇼윈도 설치	
1898	미쓰코시 다카시마야	– 히비 오스케日比翁助 부지배인으로 취임 – 신사이바시에 오사카점 개점(5월 29일) 진열판매, 윈도	
1899	미쓰코시	– 시마자키 류우가 그린 미인 간판을 내걸음 – 백화점 최초의 PR지「하나고로모」발행(1월) – 제1회 기모노 도안 공모(8월) – 최초의 현상 모집 – 프랑스 리옹에 출장소 개설(2월)	– 신바시에 최초의 비어홀 개업 – 서양풍을 좇거나, 유행에 따라 멋을 부린다는 '하이칼라' 라는 유행어가 등장 – 시세션 시작(시세션; 19세기말경의 예술혁신운동)
1900	미쓰코시 다카시마야	– 본점의 좌식판매방식 전면 폐지하고 진열판매방식으로(10월) – 전화, 금전등록기, 휴게실 설치(12월) – 교바시에 도쿄점 개점(11월), 외국인 대상 판매점 개설	– 파리 만국박람회, 과거 최대규모의 만국박람회 – 신바시 우에노역에 공중전화
1901	미쓰코시 다카시마야 마쓰야	– 제1회 새로운 무늬(新柄) 진열회(4월) – 시대참고품 전람회(10월) – 고베 모토마치에 출장소 개설 – 간다점 진열판매	도카이도선東海道線에 식당차 등장
1902	미쓰코시 다카시마야	– 양품잡화, 외국인 대상 판매점 설치(5월) – 기사풍 신문광고를 연일 게재 – 월간 PR잡지「신이쇼新衣裝」발행	– 이 무렵, 권공장 번성 – 영일동맹 체결
1903	시라키야 다카시마야	– 니혼바시점 서양식으로 신축(10월 1일, 목조 3층) – 진열판매, 쇼윈도, 양품잡화, 휴게실 설치 – 백화점 최초의 '식당' 유희실 개설 – 어린이 유희실에 보모를 채용 – 월간 PR잡지「지코우」창간(8월), 계간 PR잡지「미야 코부리」발행	– 도쿄, 오사카에 시가전차 개통 – 오사카에서 제5회 내국권업박람회 – 히비야 공원 완성(6월) – 처음으로 상설 영화관 '덴키칸電氣館' 아사쿠사에 등장 – 소학교 국정교과서 시작

연도		내용(월,일)	당시 국내외 상황
1903		– 백화점 처음으로 화물자동차를 구입해서 매상을 올리기 위해 배달(4월) – 여성 점원의 제복 디자인 공모(8월)	– 라이트 형제, 최초의 비행 성공 (12월)
	다카시마야	– 런던에 출장소 개설(12월)	
1904	시라키야	– 독자적으로 '식당' 개설 – PR지「가정의 벗」간행(7월), 잡화부 설치, 통신판매 개시	– 러일전쟁 발발(2월) – 담배 전매제도(7월)
	미쓰코시	– 본점에 쇼윈도 설치 – 고린풍 도안 공모(5월)(겐로쿠풍의 계기) – 백화점 처음으로 〈오가타 고린尾形光琳 유품 전람회〉(10월) – 전승 만화 상품 제작(3월) – 히비 오스케 입점	
	다카시마야	– 세인트루이스 만국박람회에 파빌리언 출점, 금상 수상.	
	마쓰야	– 간다점 쇼윈도 설치	
	이세탄	– 육군에 손수건 150만 매 납입	
	모든 백화점	– 러일전쟁 승전 기념으로 세일 성행	
1905	마쓰자카야	– 나고야점 진열판매, 의장계 설립 – 겐로쿠 패션쇼 개최(8월)	– 잡지「쇼쿠라쿠食道樂」창간(5월) – 소금(鹽) 전매 – 히비야 공원에 음악당 완성
	미쓰코시	– 디파트먼트 스토아 선언(1월 2일) – 겐로쿠 춤 공연(3월), 겐로쿠풍 도안 모집(5월) – 겐로쿠 연구회 발족(7월), 유행연구회 발족, – '겐로쿠 시대 참고품 진열회'(10월) – PR지「지코우」창간 – '겐로쿠 미인' 포스터	
	소고우	– 여성점원 처음 채용	
	마쓰야	– 요코하마점 쇼윈도 설치	
1906	마쓰자카야	– PR지「이도라쿠衣道樂」간행(9월) – 나고야점 쇼윈도 설치(9월)	– 미일해저전선 부설 – 만철 설립 – 철도국유법 공포(3월)
	시라키야	– PR지「가정의 벗」을 「유행」으로 이름 변경	
	미쓰코시	– 백화점 처음으로 피아노와 바이올린 연주 – 양복부 재개(10월), 아동복 발매(10월)	
	다이마루	– 의장연구회 발족	
	다카시마야	– 유행발표회 '아라모드 진열회' 시작(9월)	
	마쓰야	– PR지「이마요今樣」간행, 여성 점원 채용	

연도		내용(월,일)	당시 국내외 상황
1907	마쓰자카야	– 우에노점 개축(4월 1일, 목조3층) 진열판매, 쇼윈도 설치	– 도쿄권업박람회
	미쓰코시	– 본점에 사진실, 식당, 공중정원 개설	– 제1회 문부성미술전람회(문전) 개최
		– 처음으로 본점에 미술부(9월), 오사카점(12월)에 개설	– 싱어 미싱 할부판매
	다이마루 다카시마야	– PR지 「이쇼衣裝」 간행(1월)	
		– 요코하마 무역점 신축(3월 1일, 목조 2층)	
		– 오사카점 서양식 증개축(6월), 진열판매, 쇼윈도	
	마쓰야	– 간다점 서양풍으로 증개축(11월 15일, 목조 3층)	
		– 쇼윈도에 야스모토 가메하치安本龜八의 인형 작품을 전시	
		– 백화점 처음으로 사진판형의 신문광고를 게재	
1908	시라키야 미쓰코시	– 기성복 판매 실시(4월 1일)	– 아카사카 모리나가赤坂森永의 서양과자 포스터
		– 본점 처음으로 서양식 가설 영업소 신축(4월 1일, 목조 3층)	– 화학조미료 '아지노모토味の素' 발매
		– 교토 센묘인泉妙院에서 처음으로 '오가타 고린 법요식' 거행(6월 2일)	– 메이지야明治屋의 광고 자동차가 화제가 됨
		– 본점에서 '고린제'(10월)	– 니혼게이자이 신문에 처음으로 안내광고 게재
		– 유행연구회 처음으로 강연회(11월)	– 처음으로 브라질 이민 출발
		– 후지산에 선전 간판 설치(7월)	
		– PR지 「지코우」 폐간, 「미쓰코시타임즈」 발행(6월)	
	다이마루 마쓰야	– 도쿄, 오사카, 고베점 진열판매, 쇼윈도 설치	
		– 요코하마점 진열판매	
		– 간다점에서 백화점 처음으로 바겐(3월)	
		– 간다점에 50전 균일 판매소 개설(4월)	
1909	시라키야 미쓰코시	– 메신저 보이 채용	– 도쿄시가 워싱톤시에 벚꽃나무 기증
		– 본점에 백화점 최초의 '소년음악대' 발족(2월)	– 인력거 바퀴에 고무를 둘러 소음을 줄임
		– 제1회 아동박람회에 '소년음악대' 초연(4월)	– 특허, 의장, 상표, 실용신안법 공포
		– 아동용품연구회 발족(5월), 메신저 보이 채용(9월)	
	다카시마야 마쓰야	– 오사카, 교토점에 '현대명가백폭화' 개최	
		– 백화점 처음으로 쿠폰 발행, 10장으로 추첨권 배포.	

연도		내용(월,일)	당시 국내외 상황
1910	마쓰자카야 미쓰코시	– 극장 '쿠라하 클럽' 완성, 벽화는 직녀상 – 미술부 처음으로 '제1회 미술공예품전' 개최 (10월) – 게임「신가정의상안제안(新案家庭衣裝あはせ)」 발행(1월) – 포스터 '동양의 미녀가 세계에 바친다'(10월)	– 교토에 상품진열소 완성 – 영일박람회(런던)
	다이마루 소고우 다카시마야 마쓰야	– 도쿄점 '시대복(時代服)전람회' 개최(3월) – 오사카점에 의장도안부 설치, 화가 입점 – 뉴욕에 출장소 개설(10월) – 영일박람회에 파빌리언 특설 – 요코하마점 신축(목조 3층) – 철도원과 제휴해서 '기차박람회'	
1911	마쓰자카야 시라키야 미쓰코시 다카시마야 마쓰야	– 나고야점에 소년음악대 발족(4월) – 도쿄점 증축(10월 1일, 목조 3층) 백화점 처음으로 회전문, 엘리베이터, 극장 설치 – 소녀음악대 발족(10월) – 소년음악대 히비야음악당에서 연주(10월) – PR지 「미쓰코시」 발간(3월), 전화판매계 설치 – 백화점 최초의 포스터 디자인 현상모집(1월) – 오사카점에 미술부 개설(11월) – 백화점 처음으로 '창고대방출; 재고품 정리를 위한 염가 판매'(5월)	– 제국극장 완성(3월 1일) – 다카라쓰카(寶塚) 온천 개업(5월 1일) – 요코하마 미쓰이물산 빌딩 완성 – 처음으로 마네킹 인형 수입 – 축음기와 레코드 보급 – 긴자에 카페 개점 – 튜브에 들어 있는 치약 발표 – 도쿄에 일루미네이션 보급
1912	마쓰자카야 시라키야 다카시마야 미쓰코시 다이마루	– 나고야에 '어린이박람회' – 오사카점 진열판매, 쇼윈도 설치 – 교토점 신축(6월 1일), 백화점 처음으로 철근 콘크리트 3층 건물 – 오사카점에 소년음악대 발족(11월) – 교토점 신축(10월 1일, 목조 3층) – 백화점 최초의 실내화 폐지, 무료배달, 소년음악대 발족(10월)	– 영국 타이태닉호 침몰 – 메이지 천황 서거(7월 30일), 다이쇼 시대 개원 – 일본활동사진(일활) 창립 – 청나라 멸망, 중화민국 성립
1913	시라키야 미쓰코시 다카시마야	– 도쿄점 윈도에 스모 속보(1월) – 제2회 '무늬 포스터 디자인 현상모집'(3월) – 오사카점에 도안부 신설(노치노 설계부) – 미술염직품 제작 공로자 추도회(7월) – 옷감 신무늬 발표회 '햐쿠센카이(百選會)' 시작	– 다카라쓰카 소녀창가대 발족 – 아카사카 모리나가 밀크카라멜 발매

연도		내용(월,일)	당시 국내외 상황
1913	소고우	– 임산부육아용 PR지 「보시소母子草」 간행	
1914	마쓰자카야	– 미쓰코시 소년음악대 다이쇼박람회에서 경연(4월)	– 도쿄다이쇼박람회
	미쓰코시	– 본점 신축(10월 1일, 철근 콘크리트 5층, 설계 요코가와 다미스케)	– 다카라쓰카 소녀가극 처음으로 공연(4월)
		– 백화점에 처음으로 에스컬레이터, 사자상 등 설치	– 제1차 세계대전 반발
		– 구관에서 〈재흥일본미술원전〉 개최(10월)	– 도쿄역 완성(12월)
		– 유명한 카피 문구 '오늘은 제국극장, 내일은 미쓰코시 백화점' 등장	
	다카시마야	– 오사카점에서 '재흥일본미술원전' 개최(11월)	
1915	미쓰코시	– 교토에 '오카타 고린200년 기념법요'(6월)	– 흰색 앞치마를 두른 여종업원이 있는 카페가 크게 번성
		– '오카타 고린200년기 유품전'(6월), '니카카이ニ科會'(10월)	– 전국중등학교야구대회 시작
		– 유행연구회 기획행사 '에도취미전', '유행에 관하여', '극에 관하여' 전시 호평	
	다이마루	– 의장부, 사진부 신설	
1916	다이마루	– 옷감신무늬발표회 시작	– 천도 50년기념박람회(우에노)
	다카시마야	– 교바시에 도쿄점 신축(12월 1일, 목조 3층)	– 채플린 영화 인기
	이세탄	– 통신판매용 PR지 간행	– 인도 시인 타고르 방일
1917	시라키야	– 도쿄점 서양식으로 개축(10월 30일, 설계 기다 야스조木田保造)	– 아사쿠사 오페라 시작
	다카시마야	– 도쿄점에 상품시험실 개설	– 러시아 혁명
1919	다이마루	– 신사이바시에 오사카점 완성	
	미쓰코시	– 본점, 오사카점, 처음으로 '판화전람회' 개최(1월)	
1920	마쓰자카야	– 우에노점 신축	– 한큐전철, 직영식당 개업(11월 5일)
		– 우에노점에 도안회가 발족. 일본옷 기모노와 도자기, 칠기에서 포스터까지 디자인을 현상 공모	– 국제연맹 발족(1월) 일본 가맹
	시라키야	– 오사카 우메다梅田의 한큐빌딩 1층에 개점(11월 1일)	– 처음으로 메이데이 실시됨
	미쓰코시	– 오사카점 동관 증축	– 제1회 국세(國勢)조사 실시
		– 도쿄역과 본점 사이에 손님 운송용 '빨간 자동차' 운행	– 미국에서 처음으로 라디오 방송
	이세탄	– 비행기에서 전단지 배포, 공중 광고 시도 최초.	

연도		내용(월,일)	당시 국내외 상황
1920	모든 백화점	– 도쿄 모든 백화점 셔틀자동차 운행. 도쿄역 ↔ 미쓰코시 본점(1920년 8월), 신바시 유라쿠초 ↔ 마쓰자카야 긴자점(1925년 3월), 우에노역 ↔ 마쓰자카야 우에노점(1929년 12월), 도쿄역 ↔ 시라키야(1927년 4월), 도쿄 야에스 출구 ↔ 다카시마야(1930년 4월), 도쿄 신바시역 ↔ 마쓰야 긴자점(1931년 4월)	
1921	미쓰코시	– 본관 서관 증축, 고탑(高塔) 완성	전통 일본옷에 서양식 양말 등 화양절충이 유행
1922	다이마루	– 오사카점 제1기 신축 – 백화점 처음으로 주휴제도(월요일) 도입	– 평화기념도쿄박람회 – 처음으로 누드사진 포스터 – 제국 호텔 완성
1923	마쓰자카야 시라키야 다카시마야 모든 백화점	– 니혼바시에 오사카점 완성 – 나고야점에서 '문화띠'(文化帶; 일명 나고야대) 발매 – 백화점 처음으로 상품가격이 들어 있는 광고 실시 – 오사카점에 '다카시마야 밴드' 발족 – 이 무렵부터 실내화로 갈아 신는 제도를 폐지하는 백화점이 증가. 처음으로 다이마루 교토점(1912년 10월), 시라키야 고베점(1923년 5월), 시라키야 도쿄점(1923년 11월), 마쓰자카야 긴자점(1924년 12월), 마쓰야 긴자점과 마쓰자카야 나고야점(1925년 5월), 시라키야 오사카점(1925년 7월), 미쓰코시 본점(1925년 9월)	– '소녀구락부' 창간 – 「문예춘추」 창간 – 관동대지진(9월 1일)
1924	마쓰자카야 시라키야 다카시마야 마쓰야 이세탄 모든 백화점	– 긴자점 신축 – 옥상에 동물원 – 이 무렵, 식당에 식권 채용 – 가설영업소 식당에 음식물 견본 채용 – 교바시점에 소년선전대 발족(2월) – 간다점(8월 1일), 요코하마점 신축(3월 15일) – 간다점 신축 – '오복회'를 '일본백화점협회'로 개칭, 가맹점수 증가	– 미터법 실시(7월) – 도쿄 시영 승합버스 운행 – 고시엔 야구장 완성
1925	미쓰코시	– 본관 서관(9월 20일), 신주쿠점 신축(10월 1일)	– 파리에서 현대장식공업미술 국제박람회, 알 데코 양식 유행

연도		내용(월,일)	당시 국내외 상황
1925	마쓰야 한큐	– 긴자점 신축(5월 1일) – 우메다에 '한큐마켓' 개점(6월)	– NHK 라디오 방송 시작(7월) – 세일러복 유행 – 모던 보이, 모던 걸 유행 – 미국에서 텔레비전 발명
1926	시라키야 미쓰코시	– 도쿄점에 로마자로 상점명 네온 조명 – 고베점 개점(7월 6일)	– 도쿄부 미술관 개관(5월)
1927	미쓰코시 다카시마야 모든 백화점	– 본점 수리복원 완성(4월 7일) – 교바시에 도쿄점 신축(9월 10일) – 오사카점 '니코 박람회' 성황 – 다카시마야 도쿄점, 미쓰코시 본점에서 처음 으로 패션쇼 개최	– 처음으로 지하철, 아사쿠사 ↔ 우에노 구간 개통 – 기본요금 1엔짜리 택시가 크게 유행 – 한권 1엔짜리 문학전집 붐 – 신주쿠 나카무라야中村屋에서 라 이스 카레 발매
1928	마쓰자카야 다이마루 모든 백화점	– 월간PR지 「마쓰자카야」 발행(5월) – 시조四條에 교토점 완성(11월) – 이 무렵, 상점명에서 '오복점'이라는 명칭 폐지. 마쓰자카야(1925년), 미쓰코시와 다이 마루(1928년 6일), 시라키야(1928년 8월), 이세탄(1930년 9월), 다카시마야(1930년 12 월), 소고우(1940년 4월), 마쓰야(1948년 4 월)	– 상공성 '공예 지도소' 개설 – 라디오에서 체조방송 개시(11월)
1929	마쓰자카야 한큐	– 우에노점(4월 1일) – 처음으로 터미널 백화점 개업(4월 15일)	– 뉴욕증시 폭락, 세계공황 시작 – 뉴욕 근대미술관 개관
1930	마쓰자카야 미쓰코시 마쓰야	– 우에노점에 처음으로 백화점과 지하철을 직 접 연결 – 긴자(4월), 신주쿠(10월), 가네자와(11월) 개 점 – 본점에 '어린이용 양식' 메뉴 등장 – 긴자점에 야스모토 가메하치 인형 전시 – 요코하마점 요시다바시吉田橋에 개점(10월)	– 전기냉장고, 전기세탁기 처음으 로 국산화
1931	마쓰자카야 시라키야 마쓰자카야 한큐	– 교토점에 '염직참고관' 설립(10월) – 니혼바시점 완성(9월 19일) – 도쿄 처음으로 터미널백화점 아사쿠사에 개 점(11월 1일) – 제2기 증축(12월 1일), 중화식당 개설 – 중앙 홀 완성, 포목 판매장 개설	– 엠파이어 스테이트 빌딩 완성 – 만주사변 발발 – 국산 발성영화 제작 – 전광 뉴스 시작 – 우에노에 과학박물관 개관

연도		내용(월,일)	당시 국내외 상황
1932	마쓰자카야	– 미술부 PR지 [마쓰자카야 미술] 간행(1월), 시즈오카静岡 개점(11월)	– 만주국 건설 선언(3월) – 채플린 일본 방문
	시라키야	– 니혼바시점 화재(12월 16일)	– 다이얼 방식 공중전화 등장
	미쓰코시	– 삿포로 개점(5월), 본점에 지하철 '미쓰코시 앞' 역 개설(4월)	
	마쓰자카야	– 니혼바시점 개점 사전 선전에 만화 신문광 고(11월)	
1933	마쓰자카야	– PR지 [마쓰자카야 만화] 간행	
	시라키야	– 대화재 후 수리해서 개점(10월 1일)	
	미쓰코시	– 센다이점 완성(4월 1일)	
	다이마루	– 오사카점 완성(5월 11일)	
	소고우	– 산노미야에 7층짜리 고베점(10월 1일)	
	다카시마야	– 니혼바시점 완성(3월 20일)	
	이세탄	– 신주쿠점 신축(9월 28일)	
		– 아이스 스케이트장, 극장 개설	
	한신	– 한신마트 우메다에 개업(3월 29일)	
1934	마쓰자카야	– 오사카 니혼바시점 완성(10월 1일) – 본점에 특별식당 개설(10월)	– 한큐전철 플랫폼에 조식식당 개 설
	미쓰코시		
	다카시마야	– 니혼바시점 부인복부에서 미국인 디자이너 초빙	– 국산자동차, 닛산에서 만든 소형 승용차 '다트선' 대량생산
	소고우	– 오사카점 완성(10월 1일)	
	도요코	– 도요코東橫 백화점 개업(11월)	
1935	마쓰자카야	– 소년음악대, '마쓰자카야 심포니'로 개칭(3 월)	– 다방 성행
			– 제1회 아쿠타가와상, 나오키상
	미쓰코시	– 본점 전관 완성(10월 1일), 현재의 대형 홀 공간 완성	– 양복, 자전거 월부판매 유행
1936	다이마루	– 고베점 증축(3월 5일)	– 오사카시 미술관 개관
	이세탄	– 신주쿠점 증축(3월 25일)	– 일본 민예관 개관
	한큐	– 우메다 제4기 증축(3월 21일)	– 제국의사당(국회의사당) 완성
		– 일본 제일 큰 규모의 식당 오픈	– 베를린 올림픽
1937	마쓰자카야	– 오사카점 증축(3월 5일), 마쓰자카야 클럽 설립	– 제1회 문부성 미술전람회 개최
			– 문화훈장 제정
		– 나고야점 전관 완성(3월 15일)	– 플라스틱 식기 등장
			– 중일전쟁 시작(7월)
1938			– 전쟁관련 도서 출간 붐
			– 국가총동원법 공포(4월)
			– 현, 도쿄국립박물관 완성(11월)

연도		내용(월,일)	당시 국내외 상황
1939	다카시마야	히틀러에게 바치는 미술염직품 제작	– 공정가격 결정(3월) – 제2차 세계대전 시작(9월 1일) – 애드벌룬, 네온 금지
1940	미쓰코시 세이부西武 모든 백화점	– 하와이에 '하우스 미쓰코시' 개점(11월) – 이케부쿠로에 무사시노武藏野백화점 개점(3월) – 기원 2600년 기념행사를 성대하게 거행	– 국민복 제 – 일본 독일 이탈리아 삼국동맹 조 인(9월)
1941			– 소학교를 국민학교로 개칭 – 승용차 가솔린 사용금지 – 태평양전쟁 발발(12월 8일)
1942	모든 백화점	– 이 무렵, 판매장을 군사용으로 제공하여 면 적 축소	
1943	미쓰코시 모든 백화점	– 군용선박 건조를 위하여 '미쓰코시 조선' 설 립(9월) – 포장지 절약, 엘리베이터용 냉온방설비 의 금속 공출	– 학도 동원 실시(6월) – 재즈 레코드 금지
1945	모든 백화점	– 공습으로 막대한 피해 – 미군정기 미군들이 전관 접수	– 미군, 오키나와 본도 상륙(4월) – 독일, 무조건 항복(5월) – 히로시마 나가사키에 원폭 투하 (8월) – 태평양전쟁 종결(8월 15일) – 전국 복권 발매(10월) – 교과서 검열(먹칠을 함)
1946	미쓰코시 다카시마야	– 미쓰코시 극장 재개(11월) – 출판부 설립(10월 1일)	– 일본국헌법 공포(11월 3일) – 제1회 '일전(日展)' 개최
1947	다카시마야	– 오사카점에서 '미술원전', '니카가이전' (1949년까지 개최)	– 6334제 신학제 실시 – 100만엔 복권 발매
1948	마쓰자카야	나고야점에서 '미술원전'(1958년까지 개최)	
1949	세이부	무사시노 백화점을 세이부西武 백화점으로	– 유카와 히데키湯川秀樹 노벨상 수 상(11월)
1950	마쓰자카야 미쓰코시	– PR지 「신소新裝」 계간으로 복간 – 오사카점에서 '미술원전'(1956년까지 개최)	– 1000엔 지폐 발행 – 제1회 미스일본 선발대회
1951	미쓰코시	– 포장지 '하나히라쿠花ひらく' 사용(7월)	– 라디오 민간방송 시작(9월) – CM송 등장
1953	미쓰코시	– '디자인과 기술전'	– NHK텔레비전 방송 개시(2월)

연도		내용(월,일)	당시 국내외 상황
1953		– 니혼바시점 쇼윈도를 오카모토 타로[岡本太郞; 1970년 오사카 만국박람회 상징탑을 설계한 조각가] 가 제작	– 처음으로 슈퍼마켓 등장, 기노쿠니야[紀伊國屋]가 도쿄 아오야마에 개점 – '일본항공' 처음으로 국제선 취항
	다이마루 마쓰야	– 도쿄점 개점(10월 20일) – 고베점, 가게앞 장식 국제콩쿠르 입상 – 긴자점 '굿 디자인 섹션' 개설	– 청소기, 세탁기, 냉장고 3종이 3대 생활가전으로 크게 유행
1955	다카시마야 마쓰야	– 니혼바시점 '파리1955년전' (4월) – 긴자점 '굿 디자인 코너' 개설(11월)	– 제1회 도쿄국제견본시(見本市) 개최
1956	다카시마야	– 전후 처음으로 '이탈리아 페어' 개최	– 영화 '80일간의 세계일주' – 일본 국제연합 가맹
1957	마쓰자카야 한큐 모든 백화점	– 교토에 '염직참고관' 신축(11월) – 소년음악대 발족 – 마쓰자카야 '스웨덴전', 다이마루 '덴마크전'	– G마크 제정(10월) – 5000엔 지폐, 100엔 화폐 등장, – 남극에 쇼와기지 설치(1월) – 소비에트 연합, 처음으로 인공위성 발사 성공
1958	시라키야 소고우 다카시마야	– '핀란드 덴마크전'(6월) – '보헤미안 글라스전'(6월) – 백화점 최초의 해외 진출, 뉴욕에 개점(10월)	– 도쿄타워 완성(12) – 3대 가전용품 가운데 청소기를 텔레비전으로 대체하여 인기 – 1만엔 지폐 등장 – 훌라후프 유행
1959			– 황태자 결혼(4월)
1960	미쓰코시 다이마루 마쓰야	– 본점 중앙홀에 '천녀상(天女像)' 완성(4월) – 홍콩에 개점(11월) – 제1회 '굿 디자인상' 수여	– 미일안보조약 조인 – 컬러 텔레비전 본방송 시작 – 전기냉장고 보급

|조선 백화점 및 박람회 관련 연표

*이태문 정리

1883년	보스턴 박람회를 보빙사 민영익 일행이 관람, 비공식적인 참가였지만 조선물품이 전시
1886년	인천 ↔ 용산간 증기선 운항
1887년	한성 거류 일본인들이 상업의회(商業議會)를 결성
1889년	파리 박람회에 조선물품 소개, 박물대원으로 민영찬 파견
1890년	일본 제18은행 인천지점이 모토초本町에 개점
1891년	'노점영업규칙' 제정으로 일본인들 남대문과 진고개 주변 진출이 가능해짐
1893년	시카고 박람회 조선정부 정식으로 참가
1894년	남대문통에 최초로 일본인 점포가 개업
1897년	최초의 철도 경인선 기공식
1897년	대한제국 수립
1898년	서대문 ↔ 청량리 전차선 완공
1899년	종로 ↔ 남대문 전차선 완공
1900년	파리 만국박람회에 한국관 설치
1900년	경인선 개통식 거행
1901년	남대문 ↔ 구용산 전차선 완공
1901년	경부선 기공식
1902년	오사카 제5회 내국권업박람회 참가
1902년	경성 ↔ 인천간 전화 개국
1903년	루이지애나 박람회 참가
1903년	하와이 이민단 인천항 출발
1904년	파리 만국박람회 참가
1905년	경부선 전구간 개통
1905년	미나카이三中井 대구점 개업(건물은 1985년 철거)
1905년	스페인 박람회 참가

1906년	미쓰코시 포목점 경성출장소 설치
1906년	경의선 개통
1907년	기차박람회 개최(조선신보사 주최)
1907년	경성박람회 개최
1908년	부산 ↔ 신의주간 직통 급행열차 융희(隆熙)호 운행
1910년	동양척식회사
1910년	8월 종로 ↔ 동자동 전차선 완공
1910년	12월 창경원 전차선 완공
1911년	자동차 도입
1911년	만주까지 직통급행 운행
1912년	조선은행 사옥 준공
1912년	모토마치元町, 황금정(黃金町) 전차선 완공
1913년	경북물산공진회 개최
	평남 · 황해 · 평북연합물산공진회 개최
1914년	조선총독부 시장의 신설과 운영을 각 도지사의 허가제로 시장을 종류별로 나누어 4종으로 구분하는 '시장규칙'을 제정
1914년	전북물산공진회, 함남물산공진회, 경남물산공진회 개최
1914년	조선호텔
1914년	왕십리 전차선 완공
1915년	조선물산공진회 개최 가정박람회 개최(매일신보사 주최)
1915년	경성우체국 건물 준공
1916년	김윤배가 김윤백화점(金潤百貨店) 설립. 잡화점에 가까움.
1916년	최남(崔楠)의 덕원상회(德元商會) 설립
1917년	광화문 ↔ 통의동 전차선 완공
1917년	조선양조품품평회 개최(조선총독부 상품진열관)
1918년	동양식산은행
1918년	유재선(劉在善)의 계림상회 설립
1919년	경성 5곳에 공설시장 개장
1919년	동아부인상회 설립
1920년	이돈의(李敦儀)의 고려양행 설립

1921년	조지야丁字屋 백화점 경성 진출
1922년	조선수이출곡물공진회(全鮮輸移出穀物共進會) 개최
1922년	미나카이 백화점 경성점 개업
1922년	기차박람회 개최(조선중앙경제회가 인천 축현역에서 주최)
1922년	안창남 경성 ↔ 인천간 왕복비행 성공
1923년	조선부업품공진회 개최
1923년	혼마치本町에 최초의 다방 '후다미ニ見' 개업
1923년	부산수산공진회 개최
1923년	종로 ↔ 안국동, 통의동 ↔ 효자동 전차선 완성
1926년	라디오 방송 시작
1926년	조선박람회 개최
1926년	전남물산공진회, 영동6군연합 물산품평회 개최
1926년	신구범(愼九範)의 금강상회 설립 김윤수(金潤秀)가 경성상회 설립
1926년	히라다平田 백화점 개업
1928년	버스 운행
1929년	조선박람회 개최
1929년	최윤석이 최윤석상점(崔潤錫商店) 설립
1929년	총독부 ↔ 안국동 전차선 완성
1929년	박흥식(朴興植)이 화신상회(和信商會) 설립
1929년	미쓰코시 백화점 경성지점으로 승격
1931년	화신상회 금전등록기 도입, 상품권 증정 및 사은대매출 실시
1932년	미나카이 경성점 현대식 건물 완성
1933년	라디오 이중방송을 시작하여 수신율이 좋아짐
1933년	부산 ↔ 선양(瀋陽)간 국제급행 운행
1934년	미쓰코시 현대식 건물 완성
1934년	화신상회 화재로 전소
1935년	산업박람회 개최
1935년	화신 현대식 건물 완공, 화신백화점으로 개명
1937년	미나카이 부산점 개업(구 부산시청 옆) 당시 최고 높은 5층 건물에 엘리베이터와 옥상공원으로 인기가 높았던 관광명소

1937년	한상억(韓相億)이 동양백화주식회사 설립
1939년	조지아 현대식 건물 완성
1939년	부산 ↔ 베이징(北京)간 직통급행열차 운행
	경부선 복선화
1940년	조선대박람회 개최 조지아 백화점에서 '기원 2600년 봉찬 전람회' 개최

■당시 경성에 있던 백화점과 극장

미쓰코시三越	지금의 신세계
조지야丁字屋	지금의 미도파
미나카이三中井	충무로 4가에 있었으나 해방 후 없어짐
히라다平田	충무로 입구에 있었으나 해방 후 없어짐
다카라츠카寶塚극장	지금의 을지로 4가의 국도극장
와카쿠사若草극장	스카라극장
대륙大陸극장	단성사
메이지좌明治座	지금의 명동 대한투자신탁 건물
동양극장	지금의 서대문 적십자병원 건너편 농협 옆 건물
광무극장(光武劇場)	왕십리
우미관(優美館)	종로
희락관(喜樂館)	충무로 4가 여기서는 순일본 무술영화만을 상영

찾아보기